林丰民 主编

北大中东研究

Middle East Studies of PKU

2016年第1期
（总第2期）

社会科学文献出版社
SOCIAL SCIENCES ACADEMIC PRESS (CHINA)

《北大中东研究》编委会名单

目录

CONTENTS

语言与文学研究

历史与文化研究

中东研究

书 评

CONTENTS

Linguistic and Literature Studies

Historical and Cultural Studies

Middle Eastern Studies

Book Review

语言与文学研究

民族史诗沟通伊斯兰前后伊朗文化的桥梁作用*

刘英军 **

【内容提要】伊朗的史诗文学传统历史悠久。随着萨珊王朝于7世纪中叶亡于阿拉伯征服，伊朗进入了长达数个世纪的伊斯兰化时期。9世纪，达里波斯语成为伊朗新的通用语和文学语言，一大批以这种语言写成的伊朗民族史诗问世于随后的三百年间。伊朗民族史诗大多以伊朗口头传说和文人笔记为蓝本，以散佚的巴列维语文献片段以及诗人的文学再创作为补充，对伊朗古老的口头传统和书面传统均有所继承。通过重述传说中的伊朗上古君王世系与英雄故事，以及记录某些源自琐罗亚斯德教思想的文化元素，伊朗民族史诗对沟通伊斯兰化时期前后的伊朗文化起到至关重要的作用，甚至有助于伊朗族群身份认同在伊斯兰时代的重构。

【关键词】伊朗　民族史诗　桥梁作用　伊斯兰时代　前伊斯兰时代

7世纪中叶，波斯人建立的萨珊王朝（Sāsāniyān / Sassanid Empire，224~651）随着阿拉伯大军的入侵而倾覆，伊朗社会发生了一系列巨变。在政治上，伊朗成了阿拉伯哈里发帝国的行省，原本有着根深蒂固的优越感的伊朗人成了“二等公民”；在思想上，由于阿拉伯征服者恩威并用，伊朗民众逐渐放弃了原有的琐罗亚斯德教信仰，改信伊斯兰教；在语言文字上，

* 本文是国家社科基金重大项目《东方文化史》（批准号：11&ZD082）的前期成果。

** 刘英军，北京大学历史系博士后，主要研究伊朗文学和伊朗文化。

"阿拉伯人在传播伊斯兰教的同时，推行阿拉伯语，并采取各种措施限制伊朗民族语言巴列维语（Pahlavī）[①] 的流行，销毁巴列维语书籍"[②]，但"直到 10 世纪，巴列维语并未完全消亡"[③]。最终，在阿拉伯语和萨珊时期的书面语——巴列维语角力的过程中，达里波斯语（Fārsī-yi Darī）[④] 悄然兴起。达里波斯语原本是一种中古波斯语口语形式，[⑤] 在采用阿拉伯语字母体系拼写后发展成为新的伊朗书面通用语，并逐渐上升为文学语言。9 世纪以后，受舒毕思潮[⑥] 的影响，伊朗的文学创作转向主要使用达里波斯语。此后的一段时间，伊朗社会各阶层，尤其是各地方王朝的贵族和文人，积极主张恢复伊朗古代文化传统，鼓励波斯语文学创作。于是，记录伊朗古代文化遗存、颂扬伊朗古代君王与英雄、激发伊朗族群集体自豪感与凝聚力的大批伊朗民族史诗在这一时期纷纷涌现，起到帮助古老的伊朗文化传统在伊斯兰时代传承的作用。伊朗民族史诗之所以能够起到如此重要作用，首先要归因于历史悠久、作品繁多的伊朗史诗文学创作传统。

一　伊朗史诗创作传统概述[⑦]

1. 前伊斯兰时代的伊朗史诗文学传统

伊朗著名文学史家扎毕胡拉·萨法（Ẓabīḥ Allāh Ṣafā）认为，原始伊朗

① 据《伊朗百科全书》（*Encyclopaedia Iranica*），巴列维语有两个指向，其一为书面中古波斯语（literary Middle Persian）；其二是米底－帕提亚方言（Medo-Parthian dialects）。参见 *Eir*, vol. VII, p.34：DARĪ。本文中的巴列维语均指书面中古波斯语。

② 张鸿年：《波斯文学史》，昆仑出版社，2003，第 30 页。

③ 张鸿年：《波斯文学史》，昆仑出版社，2003，第 30 页。

④ 亦称新波斯语，常简称波斯语（Fārsī 或 Pārsī）。

⑤ 参见 *EIr*, vol. VII, pp.34–35：DARĪ。与中古波斯语口语形式相对应的中古波斯语书面语形式就是巴列维语。二者之间的关系类似于古汉语中的文言和白话，这一类比的提出参见李江《达里波斯语：从口语到文学语言的演变》，《东方文学研究通讯》2002 年第 1 期，第 20 页。

⑥ "舒毕思潮是各被征服民族共同反对阿拉伯统治者的思潮。这种思潮虽不是伊朗人所专有，但是在伊朗却表现得最为强烈。"（张鸿年：《波斯文学史》，昆仑出版社，2003，第 30 页。）

⑦ 本节主要内容整理自扎毕胡拉·萨法的著作。参见 Ẓabīḥ Allāh Ṣafā, *Ḥamāsa-sarāyī dar Īrān*（《伊朗史诗创作》），Tehran：Amīr Kabīr，1954（H. S. 1333），pp.21–390。另，本文所参考波斯语文献出版年份均为伊朗太阳历（Hijrī-yi Shamsī）纪年，该纪年与公历纪年的每年天数相同而元旦不同，因此本文在注释中列出波斯语文献出版信息时，将伊朗历纪年亦置于经换算的公历纪年后面的括号内明示。H. S. 即 Hijrī-yi Shamsī 的缩写。

神话形成于伊朗初民迁徙和战争的过程中，与之相伴而生的伊朗史诗创作也肇始于伊朗族群形成初期。历经阿维斯塔语（Avistāyī / Avestan）文学时期和巴列维语文学时期的不断积累和流变，直至达里波斯语文学时期，在特殊的历史背景下，通过对巴列维语文献以及民间口传故事的收集和整理，大量伊朗民族史诗以书面形式呈现并保存下来。

创作始于公元前10世纪以前，并在阿契美尼德王朝（Hakhāmanishiyān / Achaemenid Empire，前550~前330）时期进一步完善的《阿维斯塔》（*Avistā*），作为琐罗亚斯德教经典广为人知，同时它还是伊朗民族传说的第一部总集性文献。其中赞颂琐罗亚斯德教各助神的诗歌体颂词，例如《梅赫尔·亚什特》（*Mihr Yasht*）、《扎姆亚德·亚什特》（*Zāmyād Yasht*）[①] 等，因其反映了一些在伊朗族群形成初期伴随着伊朗初民的迁徙以及他们与原住民、入侵者的战争而形成的原始、古老的伊朗民族传说与神话，被认为是最早的伊朗史诗性质文学作品。

萨珊王朝时期巴列维语文学逐渐繁荣，出现了一系列以伊朗族群传说与史诗性质故事为主要内容的巴列维语文学作品，比如《缅怀扎里尔》（*Yādigār-i Zarīr*）、《巴赫拉姆·楚宾的故事》（*Dāstān-i Bahrām Chūbīn*）、《阿尔达希尔·巴伯康业绩书》（*Kārnāma-yi Ardashīr Bābakān*）、《鲁斯塔姆与埃斯凡迪亚尔的故事》（*Dāstān-i Rustam va Isfandiyār*）和《皮兰·维塞的故事》（*Dāstān-i Pīrān Vīsa*）等。

2. 伊斯兰时代的伊朗史诗创作

随着萨珊王朝面对阿拉伯大军遭到彻底的军事失败，以及伊朗进入社会动荡不安与政治运动此起彼伏的时代，表现爱国主义和维护伊朗民族传统与荣耀的伊朗民族史诗类文学作品迅速繁荣。在达里波斯语兴起的初期，伊朗大地上流传着一些由说书人讲述的口头传说故事。在伊朗的民族尊严和民族自豪感亟待重塑的时代背景下，众多文人投身于把口头传说转化为书面作品的工作中。这期间，仅《王书》（*Shāhnāma*）就出现了多部，包括阿卜·姆耶德·巴尔黑（Abū al-Mu'ayid Balkhī）的《王书》、阿布·阿里·巴尔黑（Abū Alī Balkhī）的《王书》、阿布·曼苏尔（Abū Manṣūr

① 《亚什特》（*Yasht*）是《阿维斯塔》的五大组成部分之一。

Muḥammad b. Abd al-Razzāq）的《王书》。此外还有其他一些史诗性质的故事被编撰成散文体裁的书籍。这些作品的整理成书也包含部分收集散佚巴列维语文献的工作。12 世纪以后，随着突厥人的入侵与征服，伊朗民族史诗创作走向衰落，历史史诗和宗教史诗的创作随之兴起。

按照扎毕胡拉 · 萨法的划分，伊斯兰时期的伊朗史诗作品大致分为三大类。

第一类是民族史诗（ḥamāsa-yi millī），多在 10 至 13 世纪成书。这类史诗的创作大抵植根于经由文人收集整理的民间口头传说故事，同时融入了一些散佚的萨珊时期书面资料以及作者本人的文学再创作内容。不同于后来出现的讲述与诗人同时代的君王和将领业绩的历史史诗，伊朗民族史诗的主角多为伊朗古代传说中的著名君王和民族英雄。这类作品包括玛斯乌迪（Mas'ūdī Marvazī）的《王书》（*Shāhnāma*，成书于 912 年前后）[①]，塔吉基（Daqīqī）的《古什塔斯帕王纪》（*Gushtāspnāma*，成书于 976~977 年），菲尔多西（Firdawsī）的《列王纪》（作于 977~1020 年）[②]，阿萨迪 · 图西的《戈尔沙斯帕传》（*Karshāspnāma*，成书于 1063~1065 年）[③]，阿塔伊 · 拉齐（'Aṭā'ī Rāzī）的《布尔祖传》（*Burzūnāma*，成书于 1077 年之前），佚名作者[④]的《法拉玛尔兹传》（*Farāmarznāma*，完成于 1100 年前后），伊朗尚 · 本 · 阿比尤黑尔（Īrānshān b. Abī al-Khayr）[⑤]的《巴赫曼王纪》（*Bahmannāma*，成书于 1100 年前后）和《库什王纪》（*Kūshnāma*，完成于 1107~1110 年），佚名作者的《巴努[⑥]-古莎斯帕传》（*Bānū-Gushaspnāma*，成书于 1106 年之前），奥斯曼 · 穆赫塔里 · 伽兹纳维（'Usmān Mukhtārī Qaznavī）的《沙赫里亚尔传》（*Shahriyārnāma*，作于 1098~1113 年）、《阿扎尔巴尔兹因传》（*Āzarbarzīnnāma*）、《比让传》（*Bīzhannāma*）、《卢赫拉斯帕王纪》（*Luhrāspnāma*）、《苏珊传》（*Sūsannāma*），由数位诗人相继合作而成

---

① 已知第一部以文人整理的散文体《王书》为蓝本，经诗人再创作而成的伊朗民族史诗。

② 因有多部 *Shāhnāma* 存在，为了把菲尔多西的 *Shāhnāma* 从中区别出来，将其按照已有汉译本译作《列王纪》，余者皆译为《王书》。

③ 又作 *Garshāsbnāma*。

④ 一说作者名为 Khusraw Kay-Kāvūs。

⑤ 关于这位诗人的名字尚存争议，一说应作伊朗沙赫 · 本 · 阿比尤黑尔（Īrānshāhb. Abī al-Khayr）。

⑥ 意为贵族女士。

的《库克·库赫扎德的故事》（*Dāstān-i Kuk-i Kūhzād*）[①]，《沙伯兰格的故事》（*Dāstān-i Shabrang*）、《贾姆希德的故事》（*Dāstān-i Jamshīd*），笔名为玛德赫（Mādiḥ）的卡塞姆（Qāsim）所作的《贾杭吉尔传》（*Jahāngīrnāma*）以及哈朱（Khᵛājū）的《萨姆传》（*Sāmnāma*，成书于 1300 年前后）[②] 等。

第二类是历史史诗（ḥamāsa-yi tārīkhī），指文人仿照民族史诗的形式，用以赞颂当时在位君王的功业以及记载重要历史事件的作品，这类作品在伊朗通常被当作重要史料看待。历史史诗的创作始于 12 世纪末，一直延续到 19 世纪，主要作品包括内扎米·甘泽维（Niẓāmī Ganjavī）的《亚历山大王纪》（*Iskandarnāma*，作于 1194 年或 1196~1200 年）以及内扎米的模仿者们所写的多部《亚历山大王纪》[③]、帕伊齐（Pāyīzī）的《王中王纪》（*Shāhanshāhnāma*，完成于 1203 年前后）[④]、哈姆杜拉·穆斯陶菲·伽兹维尼（Ḥamd Allāh Mustawfī Qazvīnī）所作的《战功书》（*Ẓafarnāma*，大约完成于1334年）[⑤]、大不里齐（Tabrīzī）的《王中王纪》（*Shāhanshāhnāma*，作于 1329~1337 年）、拉比伊（Rabī'ī）的《廓尔特书》（*Kurtnāma*，1305 年之后开始创作）、塞菲（Sayfī）的《萨姆传》（*Samnāma*，1316 年之后开始创作）、阿扎里·图西（Āzarī Ṭūsī）的《巴赫曼王纪》（*Bahmannāma*，作于 1461 年之前）、哈提菲（Hātifī）的《帖木儿王纪》（*Tīmurnāma*）和《王书》（*Shāhnāma*，作于 1520 年之前）、卡塞米（Qāsimī）的《王书》（*Shāhnāma*，成书于 1533 年）和《沙哈鲁王纪》（*Shāhrukhnāma*，成书于 1542 年）、伽德里（Qadr ī ）的《格什姆战争书》（*Jangnāma-yi Kishm* 或 *Jangnāma-yi Qishm*，作于 1622 年）与《贾隆书》（*Jarūnnāma*，大约作于 1622 年），以及萨巴（Ṣabā）的《王中王纪》（*Shāhanshāhnāma*，作于 1822 年之前）等。伊朗历史史诗数量众多，除了上面提到的这些主要作品以外，目前已知至少还有二十余部存世，此处不一一赘述。

第三类是宗教史诗（ḥamāsa-yi dīnī），这类作品的创作年代覆盖了从

① 又名《鲁斯塔姆与库克·库赫扎德的故事》（*Dāstān-i Rustam bā Kuk-i Kūhzād*）。

② 诗中提到诗人名叫哈朱（Khᵛāju），扎毕胡拉·萨法认为这位哈朱就是 14 世纪波斯语叙事诗大诗人哈朱·克尔曼尼（Khᵛājū Kirmānī）。

③ 伊朗历史史诗类别中的多部《亚历山大王纪》均以亚历山大东征这一历史事件为叙事主线，但大都在行文中混合进去大量传奇故事。

④ 第一部在形式上模仿菲尔多西《列王纪》，是用以赞颂当时君王的文人史诗。

⑤ 又译作《胜利之书》。

15世纪前半叶至19世纪后半叶的数百年时间，其内容主要涵盖宗教史（多为伊斯兰教史）、宗教故事和对教义的宣讲。这类作品包括伊本·胡萨姆（Ibn Ḥusām）的《哈瓦兰书》（*Khāvarānnāma*，作于1426年）、佚名作者的《福星书》（*Ṣāḥibqirānnāma*，成书于1662年）、米尔扎·穆罕默德（Mīrzā Muḥammad Rafī‘ Khān Bāzil）所作的《黑达里的进攻》（*Ḥamla-yi Ḥaydarī*，大约作于1721年）、阿卜杜列扎格·贝克（‘Abd al-Razzāq Bayk）的《穆赫塔尔传》（*Mukhtārnāma*，成书于1545年）、黑拉提（Ḥayratī）的《王书》（*Shāhnāma*，成书于1545年）、阿西里（Asīrī）的《圣战书》（*Ghazvnāma*，完成于1559年）、拉吉（Rājī）的《进攻之书》（*Kitāb-i Ḥamla*，成书于1847年之前）、法塔赫–阿里·汗·萨巴·卡善尼（Fatḥ-‘Alī Khān Ṣabā-yi Kāshānī）的《圣人传》（*Khudāvandnāma*）、索鲁什·伊斯法罕尼（Surūsh Iṣfahānī）的《奥尔迪贝赫什特书》（*Urdībihishtnāma*，作于1867年之前）、米尔扎·古拉姆–阿里（Mīrzā Ghulām-‘Alī）的《打开心扉之书》（*Dilgushānāma*，创作开始于1718年，完成于1785年之前）、阿塔西（Ātashī）的《战争书》（*Jangnāma*，作于1854年之前）以及穆罕默德·塔黑尔·本·阿布·塔利布（Muḥammad Ṭāhir b. AbūṬālib）所作的《阿里·阿克巴尔的故事》（*Dāstān-i ‘Alī Akbar*，完成于1880年）等。

伊朗民族史诗这个类别是扎毕胡拉·萨法在研究伊朗史诗的过程中提出的概念，而着眼点不同的西方学者另有其他观点。捷克学者吕浦卡（Jan Rypka）认为，如同围绕着荷马史诗有一系列相类似的再现式诗歌（cyclic poems），《列王纪》周边也有各种衍生史诗出现，这些作品按照内容的不同可被分作两类，一类是次生史诗（secondary epics），一类是历史史诗（historical epics）。次生史诗主要包含扎毕胡拉·萨法分类法中《列王纪》之后的伊朗民族史诗，它们以骑士传奇和英雄冒险故事为主要内容；历史史诗则基本囊括了扎毕胡拉·萨法分类法中的后两类，均以讲述历史事件为主要内容。[①] 吕浦卡主张将荷马史诗与《列王纪》类比，并对它们周边的“衍生史诗”另做一种分类，自有一定道理，但本文的论述还是依据扎毕胡拉·萨法的分类原则。毕竟本文的主旨并不是要就伊朗史诗错综复杂的分

① 参见 Jan Rypka, *History of Iranian Literature*（Dordrecht-Holland：D. Reidel Publishing Company，1968），p.162。

类问题给出结论，而是要从文本研究的角度来探讨伊朗民族史诗对沟通伊斯兰前后伊朗文化传统起到的重要作用。在上述三大类伊斯兰时代波斯语史诗中，伊朗民族史诗在这方面起到相对重要的作用，其原因需要从这类史诗本身所具有的特点入手探寻。

二 民族史诗对伊朗人集体记忆的重构

1. 民族史诗对伊朗书面传统的继承

伊朗民族史诗在采用素材方面的一大特点是对包括前伊斯兰时代在内的历史悠久的伊朗书面传统有所继承。菲尔多西创作《列王纪》采用的文献资料就包括成书于萨珊王朝晚期的巴列维语史书《帝王纪》（*Khudāynāma*）以及成书于萨曼王朝（Sāmāniyān / Samanid dynasty，892~999）时期的散文体曼苏尔《王书》，后者亦可视作前者经翻译与改编后的达里波斯语版本。[①]

至于《戈尔沙斯帕传》，"在琐罗亚斯德教经书《阿维斯塔》中就有关于戈尔沙斯帕故事的记载。在阿卜·姆耶德的散文体《王书》以及《锡斯坦史》（*Tārīkh-i Sīstān*）中也记述了戈尔沙斯帕故事。据说，阿萨迪的叙事诗中的故事与姆耶德《王书》中的相关故事略同。因此有人认为阿萨迪的叙事诗情节就是取自这本《王书》，只不过把散文改写成诗歌罢了"[②]。

《库什王纪》则在一开始就讲道：

他对我说：如果你对此有意，我有一个关于秦王的故事
任何一个理智地读它的人，都会从库什的作为中获益良多
我看了这本有益处的文书传记，从头至尾全是知识、见解和劝谕
它是一个春天但是有烦忧的雨，它是一个美人然而遭到欺凌
除非我从世界的创造者那里得到，比这更多的一段时间在世上
让我从知识中带来这益处，把整部文书传记写成自己的诗联
让我把它装点得如同春天的花园，让我擦掉它铜锈般的颜色

① 张鸿年：《列王纪研究》，北京大学出版社，2009，第 28、37~38 页。
② 张鸿年：《波斯文学史》，昆仑出版社，2003，第 88 页。

（第 132~138 联）[①]

直言诗人家乡城中的一位老者教导诗人知悉了“秦（Chīn，中国）王的故事”，并把这些故事的散文文本提供给他，诗人据此进行了诗歌创作。诗人在此强调这些故事不是自己的创造，他的主要工作是把一部文人笔记吟诵成诗歌，对其做了审美文学意义上的修饰与再创作。

另外,《列王纪》和《库什王纪》中都存有一部巴列维语文献的部分波斯语译文。该文献是作于萨珊王朝时期反映琐罗亚斯德教思想的书籍，原书作者名字在波斯语中有 Buzurgmihr、Buzurjmihr 和 Būzurjmihr 等多种转写。在汉译《列王纪全集》中，此人的名字被译为“布扎尔吉迈赫尔”;《库什王纪》的校注者贾拉尔·马提尼（Jalāl Matīnī）将该人名写作 Buzurgmihr，故而本文将其汉译为“博佐尔格梅赫尔”，将书名——*Andarznāma-yi Buzurgmihr Ḥakīm* 译作《博佐尔格梅赫尔智者劝谕书》[②]。贾拉尔·马提尼在《〈纪念博佐尔格梅赫尔〉的另一部诗歌体翻译》（“Tarjuma-yi Manẓūm-i Dīgar-ī az *Yādigār-i Buzurgmihr*”）这篇论文中，就这部书的部分内容被收录于《列王纪》和《库什王纪》中的情况做过详细阐述；[③] 又在其校注出版的《库什王纪》有关内容的注释里做了如下归纳：“《博佐尔格梅赫尔智者劝谕书》的巴列维语文本有 264 段（band）。开头的 4 段包括关于博佐尔格梅赫尔写的一些自我介绍，同时还有几项概述内容也被提及。剩下的 260 段中，菲尔多西把其中的 123 段在《列王纪》中以‘布扎尔吉迈赫尔（Būzurjmihr）对阿努席尔旺（Kisrā Nūshīnravān）[④] 的劝谕’为题写成了 178 联诗句。在《库什王纪》中，前述讨论的巴列维文本中的 100 段在‘卡姆达德（Kāmdād）对塞尔凯特（Silkit）的测验’和‘卡姆达德向巴尔玛因（Barmāīn）询问知识以及他的答复’两个标题下呈现为 103 联诗句。诗中描

---

① Īrānshān b. Abī al-Khayr, *Kūshnāma*（《库什王纪》）（Tehran：‘Ilmī，1998）（H. S.1377），pp.152–153.

② 该书名又作 *Yādigār-i Buzurgmihr*，即《纪念博佐尔格梅赫尔》。

③ 参见 Jalāl Matīnī, “Tarjuma-yi Manẓūm-i Dīgar-ī az *Yādigār-i Buzurgmihr*,”（《〈纪念博佐尔格梅赫尔〉的另一部诗歌体翻译》），*Īrānnāma*（《伊朗文书》），1986（H. S. Pāyīz 1365），17，pp.115–142。

④ 即波斯萨珊王朝的库思老一世，或称霍斯劳一世（不朽的灵魂）。《旧唐书》中称他为库萨和。王治来在《中亚通史》中称其为胡思老一世（Khusrau I Anushirvan）。参见王治来《中亚通史》（古代卷上），新疆人民出版社，2004，第 167 页。

述的情景是，阿贝廷（Ābtīn）[①] 的大臣卡姆达德替阿努席尔旺提出了这些问题，由塞尔凯特和他的大臣巴尔玛因给出答复。”[②] 这是伊朗民族史诗对前伊斯兰时代伊朗书面传统有所继承的又一证据。

2. 民族史诗对伊朗口头传统的继承

按照学界现有观点，伊朗民族史诗又都有继承古老的伊朗口传故事文化传统的特点。格雷戈里·纳吉（Gregory Nagy）在为奥尔伽·默克·戴维森（Olga M. Davidson）所著《波斯语〈诸王之书〉中的诗人与英雄》（*Poet and Hero in the Persian Book of Kings*）一书所作前言中写道：“对于我们如何能够把一种经典文学形式（a classical literary form）解释为一种更早的口头传统（an earlier oral tradition）的延续这个问题，《列王纪》这部中古时期的波斯语史诗做出了重要的回答……戴维森的著作紧扣《列王纪》的自我反映（self-reflexiveness），将其与伊朗吟唱文化的历史和史前史联系起来，阐明在这种文化中，一本书不会与口头传统完全不相容。更重要的是，这部史诗的观念本身也成了口头传统的一个驱动性象征。”[③] 在伦敦大学东方与非洲学院获得波斯文学和伊朗学博士学位的日本学者山本久美子（Kumiko Yamamoto）曾对波斯语史诗的口传背景做过专题研究，并在其著作中借助对伊朗社会故事讲述者的讲述行为（Naqqālī）以及伊斯兰时代早期口传故事传统的考察，通过对《列王纪》做实例分析，清理出口头表述模式（the oral performance model）的一系列形式标准（formal criteria）和主题标准（thematic criteria），并把这个模式再应用于分析《列王纪》之后的波斯语史诗——以《戈尔沙斯帕传》为实例，她得出这样的结论：“口头传统对波斯语史诗的影响是有说服力的然而是间接的。口头传统持续影响着人们讲故事和听故事的方式，它深刻地贯穿了波斯史诗。这是由史诗诗人与他们的读者共享并共同发展的，它是共享知识和经验之储存的一部分。”[④]

前文曾论及，《列王纪》以《帝王纪》和曼苏尔《王书》作为重要材料

① 伊朗传说中上古君王贾姆希德（Jamshīd）的曾孙，法里东（Firīdūn）之父。

② Īrānshān b. Abī al-Khayr，*Kūshnāma*（《库什王纪》），p.379.

③ Gregory Nagy, “Foreword,” in Olga M. Davidson, *Poet and Hero in the Persian Book of Kings*（Ithaca and London：Cornell University Press，1994），p.ix.

④ KumikoYamamoto，*The Oral Background of Persian Epics*：*Story telling and Poetry*（Leiden·Boston：Brill，2003），p.143.

来源。《帝王纪》本就包含大量历代流传的神话、历史传说和英雄故事;曼苏尔《王书》更是阿布·曼苏尔·迈玛利(Abū Manṣūr al-Ma‘marī)奉萨曼王朝呼罗珊(Khurāsān)总督阿布·曼苏尔·本·阿卜杜列扎格(Abū Manṣūr Muḥammad b. ‘Abd al-Razzāq)之命,从锡斯坦(Sīstān)和呼罗珊等地召集数位熟悉古代典籍和民间传说之人来口述,同时命人记录整理成书的;[①] 此外,菲尔多西还直接采用了一些流传在民间的传说故事。一言以蔽之,《列王纪》采纳了非常广泛的口传故事作为其创作素材。

阿卜·姆耶德的《王书》本是一部基于流传在伊朗民间的口头传说写成的书面作品,因而阿萨迪·图西以这部文献为蓝本创作而成的《戈尔沙斯帕传》也是受到伊朗口头文学传统深刻影响的史诗作品。

《库什王纪》作者明言诗作改编自一部文人笔记,而这部笔记又源于口传故事,在诗作自身的文字中可以找到支持性证据。诗中多次有“说书人”(gūyanda)和“讲古人”(gūyanda-yi bāstān)等称谓出现并且其起到连接故事情节的作用,明确表示叙事者把从说书人处听到的一些内容写进了作品里,比如:

> 见多识广的人说道正如我听说的那样,当佐哈克擢拔了库什
> 把他从巴克特里亚[②] 派往秦,把哈瓦尔[③] 的土地整个都交给他
> (第 930~931 联)[④]

以及:

> 现在我们讲了关于阿贝廷,又说了关于库什和法里东
> 当我再请说书人接着讲,他给我讲述了这个古老的故事
> (第 5565~5566 联)[⑤]

---

① 张鸿年:《列王纪研究》,北京大学出版社,2009,第 38 页。
② Bākhtar.
③ Khāvar.
④ Īrānshān b. Abī al-Khayr, *Kūshnāma*(《库什王纪》),p.200.
⑤ Īrānshān b. Abī al-Khayr, *Kūshnāma*(《库什王纪》),p.442.

其他伊朗民族史诗在材料选取上也经常与《列王纪》形成互补的关系，它们往往讲述一些未见于《列王纪》的故事，但作品的素材来源仍多与口传故事有关，主要内容也是对伊朗英雄业绩的颂扬。例如《库克·库赫扎德的故事》讲述了鲁斯塔姆（Rustam）与多年盘踞在扎布尔（Zābul）[①] 附近高山中的一位强大英雄作战并最终战胜他的故事。[②] 按照扎毕胡拉·萨法的观点，当伊朗民族史诗创作兴起之时，在锡斯坦和呼罗珊地区流传着一些关于鲁斯塔姆的长短不一的故事。这些故事在当时既处于口口相传的状态，又被记录在一些文人笔记里。菲尔多西创作《列王纪》时，从中选取了一些有助于他编纂古伊朗历史的材料，把它们作为对曼苏尔《王书》内容的补充。其后，另有几位诗人把这些与鲁斯塔姆相关的传说吟诵成诗，并相继编纂在一起，遂形成了《库克·库赫扎德的故事》这部史诗。[③]

3. 从重述到重构

通过上述例证，我们看到有时伊朗文人先把口传故事记录为散文体书面作品，而后诗人在其基础上进行史诗创作；有时诗人直接将其听到的口传故事吟诵成诗歌，并使之成为自己史诗作品的构成部分。总之，大量口传故事以及文人笔记是伊朗民族史诗创作共有的肥沃土壤，从对伊朗文学的继承来说，伊朗民族史诗无论在书面传统上，还是在口头传统上，均属对前伊斯兰时代伊朗文化传统的继承之作。与赞颂诗人同时代君王的功业和记载重要历史事件的历史史诗，以及记录宗教史、宗教故事和宣讲教义的宗教史诗相比，民族史诗是对过去的伊朗人集体记忆进行重述的产物。这些伊朗人的集体记忆在漫长的历史时期中不断经历转述，在代代相传的过程中会不可避免地发生演变。伊斯兰时代的诗人们在使这些记忆定型为书面史诗之时，又往往受到个人主观创作倾向的影响而在吟诵过程中加入自己再创作的内容，故而伊朗民族史诗实际上是对过去的伊朗人集体记忆的某种重构。

---

① 又作 Zāvul，地处锡斯坦的一处城镇，鲁斯塔姆家族的故乡。

② 参见 *Dāstān-i Kuk-i Kūhzād*（《库克·库赫扎德的故事》）（Tehran：Mu'asasa-yi Chāp va Intishārāt-i Dānishgāh-i Tihrān，2003）（H. S. 1382）。

③ 参见 Ẕabīḥ Allāh Ṣafā，*Ḥamāsa-sarāyī dar Īrān*（《伊朗史诗创作》），pp.318–322。

三　民族史诗对伊朗民族身份认同的建构作用

1. 传说中的君王与英雄世系之于伊朗民族身份认同

根据故事中主要人物的区别，伊朗民族史诗又可分为两类。一类是传说中的上古伊朗君王的传记，即有关贾姆希德–法里东（Jamshīd–Firīdūn）家族诸君王的故事。这类作品的情节框架建立于萨珊时期的巴列维语史料和琐罗亚斯德教文献记载的基础上，具有“伊朗民族史”的特点。如玛斯乌迪的《王书》、《古什塔斯帕王纪》、《列王纪》、《巴赫曼王纪》、《卢赫拉斯帕王纪》、《贾姆希德的故事》等。另一类以起源于锡斯坦地区的民间传说为主要内容，即有关戈尔沙斯帕–鲁斯塔姆家族的英雄故事，具有“地方家族史”特点，如《戈尔沙斯帕传》、《布尔祖传》、《法拉玛尔兹传》、《巴努–古莎斯帕传》、《阿扎尔巴尔兹因传》、《沙赫里亚尔传》、《库克・库赫扎德的故事》、《沙伯兰格的故事》、《贾杭吉尔传》、《萨姆传》等。《库什王纪》是与伊朗人敌对的异族君王传记，但其所载均为发生在第一主角象牙库什（Kūsh-i Pīldandān）及其伯父佐哈克（Żaḥāk）与贾姆希德、阿贝廷、法里东、玛努切赫尔（Manūchihr）、凯卡乌斯（Kay-Kāvūs）等伊朗君王之间的故事，由是可被归入第一类。《比让传》和《苏珊传》的主角分别是伊朗和土兰的其他将领，然而在这两部史诗的情节中，最为突出的英雄形象分别是鲁斯塔姆和法拉玛尔兹，故可被归入第二类。两者之间虽非泾渭分明，但可大致做出这样的划分。然而，这两类伊朗民族史诗的主要内容都是对上古伊朗英雄赫赫战功的歌颂，这些伊朗英雄又皆为伊朗神话传说中的世界上第一位人王——凯尤玛尔斯（Kayūmars）的后裔，与伊斯兰时代初期穆斯林史家在大量重述历史之作中记录的以阿丹（Ādam）为人祖、以努哈–易卜拉欣（Nūḥ–Ibrāhīm）家族为上古先知和诸王正统世系的闪族文化传统相异。因而伊朗民族史诗作品在伊斯兰时代的伊朗大地上广为流传，客观上具有帮助伊朗民族身份重建的作用。

多数伊朗民族史诗的创作集中在 10 世纪至 13 世纪这 300 年间，这一现象有其深刻的历史根源。在经历了异族征服的时代背景下，伊朗民族史诗通过传唱与歌颂伊朗上古诸王的荣耀，重塑了生活在伊朗大地上的人们之尊严，激发了他们的集体自豪感，加强了伊朗族群的凝聚力。有关鲁斯塔姆家族的地方勇士故事被部分吸收进《列王纪》等伊朗民族史诗之后，为服务于凝聚伊朗族群意志的创作倾向，勇士们的英勇壮举常被诗人们赋予抵抗外族入侵或拯救伊朗君王与民众的色彩，即他们的功业是为伊朗集体利益而不是为其个人利益所建。于是，伊朗民族史诗通过突出颂扬伊朗族群的集体荣誉，强化了具有相近文化背景的伊朗人群的文化心理认同。

2. 前伊斯兰时代宗教思想残留之于伊朗民族身份认同

此外，可以看到，琐罗亚斯德教思想和伊斯兰教思想经常共存于伊朗民族史诗作品中。包括菲尔多西在内的伊朗民族史诗作者基本上都是穆斯林，按当时的长篇叙事诗惯例格式，他们所作史诗的前言部分多有赞颂真主、赞颂伊斯兰先知等内容，而在正文的叙事中亦多见琐罗亚斯德教元素。

《列王纪》开篇“对造物主的颂词”中用波斯语专名胡达万德（Khudāvand）指代伊斯兰教的唯一至高神——真主，后面讲述前伊斯兰时代故事的行文中则频繁以琐罗亚斯德教神祇的统称——耶兹丹（Yazdān）指代真神，而安拉（Allāh）之名在全诗中从未出现。张鸿年指出,《列王纪》成书时，伊斯兰教传入伊朗已有300年之久，阿拉伯语已成为伊朗的宗教和科学用语，菲尔多西力避使用“安拉”这个明显带有阿拉伯和伊斯兰色彩的词，当不会是无意而为。[①] 除耶兹丹以外，琐罗亚斯德教祭司——穆巴德（Mūbad）等前伊斯兰时代伊朗文化元素在《列王纪》中的出场也非常频繁，以至于张鸿年就此评论说:“整部《列王纪》就是伊朗传统的民族精神的颂歌，史诗从头到尾都充满了琐罗亚斯德教思想。”[②] 其他伊朗民族史诗中的情况也大致如此，即常以胡达万德或胡达（Khudā）特指真主，以耶兹丹表真神，并且另有多个从属于琐罗亚斯德教文化的专名可见于这些作品中，比如索鲁什（Surūsh，天使之一）、圣火精（Āzargushasb）、穆巴德（祭司）等。前文所及《博佐尔格梅赫尔智者劝谕书》这部书里讲到十个魔鬼（Dīv）[③] 之名，如贪婪（Āz）、欲求（Niyāz）、愤怒（Khashm）、嫉妒（Rashk）、耻辱（Nang）、仇恨（Kīn）等，这些魔鬼名称也在《列王纪》、《库什王纪》、《法拉玛尔兹传》等伊朗民族史诗中被部分提及。正如有伊朗

① 张鸿年:《列王纪研究》，北京大学出版社，2009，第68页。
② 张鸿年:《列王纪研究》，北京大学出版社，2009，第71页。
③ 又作Dur ū gh，本意为谎言，用作魔鬼称谓时常音译作多鲁格。

学者已经指出的："在包括《纪念博佐尔格梅赫尔》和《戈尔沙斯帕的故事》（*Dāstān-i Garshāsb*）在内的一些中古波斯语文献中出现的十个魔鬼之名，是存在于伊朗神话中的一种古老观念的遗存。"① 这些天神和魔鬼之名亦皆属琐罗亚斯德教思想范畴，在伊斯兰时代随着伊朗民族史诗创作的繁荣被广泛记载并保存下来。

除上述专名以外，同样源自琐罗亚斯德教经典文献传统、属于古代伊朗文化遗存的三善思想、对理智的赞颂、善与恶以及光明与黑暗的二元对立、以灵光（Farr）作为正统君王合法性的象征、大地七境域（Haft Kishvar）地理观等观念，也广泛见诸伊朗民族史诗中。

在伊朗文化自琐罗亚斯德教时代向伊斯兰教时代过渡的时期，已经统一在伊斯兰旗帜下的阿拉伯人为了实现其武力征服的各强势族群在文化上的半自愿同化，刻意淡化各族群除宗教信仰以外其他属性的区分。穆斯林大军在对外扩张的过程中主张，凡是信奉伊斯兰教和使用阿拉伯语的人就都是穆斯林，人人平等，近似于用宗教（伊斯兰教）和语言（《古兰经》的语言）来标示"民族"属性。中古的哈里发帝国时期，穆斯林群体犹如一个"大民族"。但是，曾经创造辉煌文明的伊朗人不甘于被彻底同化。萨曼王朝取得相对独立的政治地位后大力复兴古代伊朗文化，做出把伊朗人群体从穆斯林群体中区分出来的努力。待到塞尔柱王朝（Saljūqiyān / Seljuk Empire，1037~1194）时期，哈里发帝国对伊朗地区的宗主权已名存实亡；同时，突厥人建立的塞尔柱王朝在文化和语言上又表现为高度波斯化。于是，自萨曼王朝到塞尔柱王朝这段时间，也就是伊朗民族史诗创作最为集中的一二百年间，伊朗社会基本完成了文化双核化的进程，即在社会思想上，经过整合与重塑的伊朗人群体逐渐成了包含琐罗亚斯德教传统残留的伊朗文化和外来的伊斯兰文化两者的承载体。在这一时期，以《列王纪》为代表的大批伊朗民族史诗作品通过强化语言、思想观念等文化属性，唤起大众对伊朗文化的认同，再辅以对伊朗人的血缘、地域等自然属性的强调，最终起到帮助重塑伊朗人这个族群概念的作用。

---

① Akbar Naḥvī, "Dah Dīv az Fārsī-yi Miyāna tā Manẓūma-yi *Farāmarznāma*,"（《从中古波斯语到〈法拉玛尔兹传〉的十个魔鬼》）*Shi'r Pazhūhī*（《诗歌研究》）（2012）（Zimistān H. S. 1365），10，p.183.

四　结语

问世于伊斯兰时代卷帙浩繁的伊朗民族史诗具有收集和记录伊朗古代口头与书面传说的重要文献价值，是文学对伊朗民族记忆的某种重构，与其同时期成书的穆斯林历史地理著作均属伊斯兰时代的文人学者重述历史的产物。而伊朗民族史诗对前伊斯兰时代的伊朗文化在伊斯兰时代的存续尤其起到了不容忽视的关键作用。扎毕胡拉·萨法就此曾有深刻评价："《列王纪》乃是一座宝库。它反映了一个民族在自身发展的过程中，从一种信念过渡到另一种信念，从一种宗教过渡到另一种宗教，从一种传统过渡到另一种传统的过程。设想如果没有反映这种过渡的几部著作（《列王纪》是其中最为重要的一部）作为两个时代的中介和桥梁，可能在世事错综复杂的变化中，皈依了伊斯兰教的伊朗民族会完全忘记自己的古老传统。他们会与其他皈依伊斯兰教的民族一样，完全变成另外一个民族。"①《列王纪》与其周边的多部同类作品相关互补，共同构成了一个具有史传性质的波斯语叙事文学传统——伊朗民族史诗这个有机整体，亦即扎毕胡拉·萨法所说的"反映这种过渡的几部著作"。以《列王纪》为代表的伊朗民族史诗多为鸿篇巨制的波斯语书面作品，使包含大量古代伊朗文明特有的神话、传说、历史故事、宗教传统和风俗习惯等内容的前伊斯兰时代伊朗人集体记忆得以记录和保存，并以其朗朗上口的诗歌韵律令上述内容在伊斯兰时代的伊朗大地上广为流传，在伊朗伊斯兰化时期对伊朗社会思想和民族文化的走向产生了重要影响，起到沟通伊斯兰化时期前后伊朗文化传统的桥梁作用。

伊朗民族史诗因重述伊朗上古君王世系和英雄家族世系并记录琐罗亚斯德教思想而具有沟通伊斯兰化时期前后伊朗文化的桥梁作用，进而在伊斯兰时代帮助重塑了伊朗人的族群概念。在伊朗民族史诗创作繁荣时期之后的一千年里，该伊朗人族群概念一直得以保持，使伊朗人相对独特的身份从广大穆斯林群体中被标示出来，甚至最终影响到近现代伊朗民族身份认同的建构和伊朗民族国家的形成。

① 原文载《菲尔多西〈列王纪〉问世千年研讨会论文集》，德黑兰：德黑兰大学出版社，1995，第 47 页，译文转引自张鸿年《列王纪研究》，北京大学出版社，2009，第 67~68 页。

The Role of National Epic as a Bridge for Communicating the Iranian Culture during the Pre-Islamic and Islamic Eras

LIU Yingjun

Abstract: The epic literary tradition has a long history in Iran. With the fall of the Sasanian Empire and its defeat by Arab conquerors in the mid-7th century, Iran entered the period of Islamization, which lasted for several centuries. In the 9th century, New Persian (Fārsī-yiDarī) became the new lingua franca and literary language of Iran. A large number of Iranian national epics written in this language came forth in the next three hundred years. Taking Iranian oral legends and literary notes as the chief source of writing, supplemented by fragments of Middle Persian (Pahlavī) works as well as poets' literary recreation, most of the Iranian national epics inherited both ancient Iranian oral and written traditions. By restating the line age of Iranian legendary kings, retelling the Iranian heroic stories and recording certain cultural elements derived from Zoroastrian thought, Iranian national epics played a crucial role for communicating Persian culture during the pre-Islamic and Islamic eras. It even contributed to the reconstruction of Iranian ethnic identity in the Islamic era.

Keywords: Iran; National Epic; the Role as a Bridge; Islamic Era; Pre-Islamic Era

论嘉黛·萨曼《贝鲁特75》对写作主体的探寻

史　月*

【内容提要】《贝鲁特75》是叙利亚著名女作家嘉黛·萨曼的第一部长篇小说。作品预言了黎巴嫩内战的爆发，是作家长期从事短篇小说创作后的结晶，也是其小说叙事逐渐走向成熟的标志，及对身份认同重新整理和界定的分水岭，是她正视过去、反省自我的开始，也是她逐渐开始将个人命运与国家命运结合、明确主体意识并试图建构身份认同之路的第一步。

【关键词】嘉黛·萨曼　女性写作　主体　客体　身份认同

1975~1990年连绵不断的内战是黎巴嫩挥之不去的梦魇，所幸战争带来的并不只有悲苦，还有觉醒、呐喊与反抗。战争阻碍了文学创作的发展，却又引发了战争文学的诞生，女作家书写的战争文学更以其犀利观点和独特视角在其中一枝独秀，而其中嘉黛·萨曼书写的以贝鲁特内战、黎以冲突的不断升级为背景的内战三部曲《贝鲁特75》（以下简称《75》）（1974）、《贝鲁特梦魇》（1976），及《十亿之夜》（1986）尤为引人瞩目。

《75》是嘉黛·萨曼所书写的第一部长篇小说。在此之前，她已经在短篇小说及散文创作方面浸淫多年，且颇有建树。《75》的写作，并非只是写作体裁的重大转变，也意味着其写作题材的重要转型。嘉黛的早期作品虽

* 史月，博士，上海外国语大学东方语学院阿拉伯语系讲师，主要研究方向：阿拉伯文化及现代文学，特别是阿拉伯女性作家及文学。

然不乏对政治和国家的关心，但以表现女性的困顿、被压抑的痛苦、对婚姻的理解和对爱情的渴望为主。1967 年第三次中东战争的惨败曾一度让她不再局限于女性的私人叙事，强烈的社会责任感促使她开始转向战争的书写，将目光投向更广阔的社会政治问题，剖析战争失败的原因，试图重新树立阿拉伯人的信心。当然，这种转变并非一蹴而就，她的创作思想并未彻底转变，爱的呢喃和絮语仍然是她写作的主题。

黎巴嫩内战爆发前，贝鲁特——这个被称为中东巴黎的繁华都市——已经尽显颓势，在其光鲜靓丽的外表下的，是无尽的痛苦。满目疮痍的悲惨景象深深地触动了她。短篇小说或其他文学体裁由于篇幅所限难以对现实进行充分的表达，而长篇小说则可以将承受政治、经济等外部压力的个体的焦虑表现得淋漓尽致。① 鉴于长篇小说具有的这些特点，经过长期的散文和短篇小说等体裁的创作后，以长篇小说的形式反映内战便成了她在写作体裁上的最终选择。

“艺术的崇高就在于寻找，捕捉自身的真正生命。”② 她深谙写作的意义，因此对写作的思考从未停止，对真正生命的捕捉是对写作主体的捕捉，这意味着她对身份认同的探寻也从未停止。因此，《75》不仅是她长期从事短篇小说创作后的结晶，也是其小说叙事逐渐走向成熟的标志，及对身份认同重新整理和界定的分水岭，是她正视过去、反省自我的开始，也是她逐渐开始将个人命运与国家命运结合、明确主体意识并试图建构身份认同之路的第一步。

嘉黛通过写作所要确定的身份认同主要体现为四个方面：其一为性别身份认同，即作为一位女作家，她如何在作品中体现自己的女性主义观点，如何看待男性与女性的关系；其二为政治身份认同，作为被叙利亚政府剥夺国籍而入黎巴嫩籍的作家，作品中的人物也同样表现出对政治身份认同的迷茫；其三为文化身份认同，这体现为在东西方文化的碰撞中，对本民族文化之根的坚守，对阿拉伯民族文化生存状态的考量；其四为宗教身份认同，作者在作品中通过不同教派的冲突，体现了对宗教的看法。

事实上，这些不同的认同指向在嘉黛的作品中往往融为一体、难分彼

---

① أبو المعاطي أبو النجا:**فن الرواية**، العربي، العدد ٥٠٤، نوفمبر ٢٠٠٠، ص ١٤٨.

② 蔡毅:《创造之秘——文学创作发生论》，人民文学出版社，2002，第 141 页。

此但又各有侧重，这与她对主体性的探索轨迹极为一致。《75》中所体现的身份认同主要为对性别认同的探讨，也不乏对政治、宗教身份认同的思考，作品透露出这种倾向，是由于嘉黛当时对自身女性知识分子的写作主体尚未明确，因此《75》中的主人公便在主体和客体之间游离，尽管如此，这部长篇小说在嘉黛・萨曼写作生涯中所具有的意义仍然不言而喻，这使她向知识分子的转变成为可能，也促使她不断明确对身份认同的探寻方向。《75》的标题虽然表明小说发生的年代为 1975 年，但实际却完成于 1974 年，嘉黛只用了短短两个星期便已完稿，并在一个月后即 11 月 22 日定稿。《75》中主人公叙利亚姑娘雅思敏（ياسمين）和青年法里哈（فرح）的命运本来毫无交集，但他们却同样厌倦已有生活、幻想一夜暴富。怀抱着相同梦想的主人公在一辆出租车上相遇，共赴“梦想之地”贝鲁特，他们的旅途虽然始终为死亡气氛所笼罩，但最终还是抵达了目的地。他们努力向梦想靠近，而当梦想实现却发现它本是梦魇的化身，背离了祖国的他们在异乡无法找到归属，最后一死一疯。除了这两位未满三十岁的年轻人，小说还提到了几个贝鲁特人，即刚从欧洲求学归来踌躇满志的托昂（طعان）、被迫辍学的少年穆斯塔法（مصطفى）、老年一代的渔民艾布・穆斯塔法（أبو مصطفى）和古迹看守者艾布・马拉（أبو الملاء），他们的命运殊途同归，而且生死由同样的人控制。

一 《75》中的阿拉伯青年形象

《75》中不同人物的大量内心独白占据了大部分文本。它的开篇突破了原有的小说框架，五人在抵达贝鲁特后各奔东西，他们的故事在各自的轨道上进行，几乎没有交集。有作家据此认为《75》并非长篇小说，而是五个并不相干的短篇小说的组合，它们的连接点只是小说的题目。[①] 事实并非如此，这种让每个人物充分发出声音的叙述方法使每个人的故事都自成一体，这并非用多重声音来构成一个故事，而是用多重声音提供多元化的故事，但这种多重声音也并非集体型的叙事，因为这些叙述声音似乎都指向了嘉黛・萨曼单一的叙事意识。在作品中，每个人都曾试图通过努力扭转

① عفيف الفراج، **الحرية في أدب المرأة**، بيروت، مؤسسة الأبحاث العربية، ط ١٩٨٠، ص ١٠٧.

命运，但最终逃不过同一只黑手的翻云覆雨，不同个体的悲剧最终融为一体，成为整个黎巴嫩社会，甚至阿拉伯世界的悲剧。

1. 两次出走的雅思敏——名誉罪的祭品

来自大马士革的姑娘雅思敏本是一个教师，但这份在他人看来的体面工作让她觉得自己像是“手术台上被麻醉的身体”（第 9 页），于是她迫不及待地挥别母亲，奔向她憧憬的自由世界——贝鲁特。在那里，她成了富家子纳米尔猎艳的对象。为此她放弃工作去追寻所谓的爱情以及随之而来的财富和婚姻。但纳米尔却选择了政治婚姻，雅思敏无法忍受贫穷，只能继续充当纳米尔婚前的玩物，任由她敝帚自珍的爱情被践踏。豪华轿车撞倒穷人孩子却扬长而去的一幕终于让她觉醒，她两手空空投奔哥哥，然而不能再给哥哥带来任何好处的雅思敏被哥哥以名誉罪的名义毫不留情地砍下了头颅。

小说对雅思敏的家庭背景并未着墨太多，只提到她的母亲送别她时戴着头巾，据此推断，她应该出身于穆斯林家庭。雅思敏对母亲并不留恋，甚至对她的哭泣显得十分厌烦。雅思敏抱着“不赚到大钱不出名就绝不回来”（第 7 页）的决心，毅然离开了母亲与家庭，这也意味着她力图完全舍弃自己所属的文化传统。对一个民族或者国家而言，文化意味着特定的民族或地区所持有的不同的风俗习惯、传统、价值理念、精神生活、语言等的总和。文化传统是一些群体中的成员共同的纽带维系，而雅思敏在竭力摆脱“藏在她的身体里的外界的声音和母亲的声音”（第 13 页）的同时就背离了传统文化，因此便无法在贝鲁特找到自己的定位，她鄙弃自己所属的阶级，却发现自己始终是其中的一员。雅思敏想要挣脱困扰她的桎梏，却一头扎进了纳米尔的金鸟笼。

雅思敏并非易卜生笔下的娜拉，自以为脱离了父权压迫的雅思敏在肉体的欢愉中寻找物质和精神的归属感，却不知她找到的依靠纳米尔只不过是父权制——或者也可以称夫权制——的另一个代理人。当最终决定离开纳米尔时，她仍然不敢相信自己的命运竟会如此，同时心里却产生了这样的疑问：“如果在纳米尔之前遇到的是另一个男人，也能让我在大马士革过上一样的生活，我还会沦落到今天的境地吗？”（第 88 页）她满腹委屈投奔哥哥，是为了诉说失恋的痛苦，她甚至还没有想好怎样从奢华的生活中回归平凡，也没想到自己根本没钱去讨好哥哥，这只能让她的出走成为一种负气。更何况，她的第二次出走仍然没有逃离父权的统治，唯一的不同就在于她臣服的对象由“夫权制”改为“兄弟制”。雅思敏的两次出走都未能使其找到自我的主体性，因此她始终无法蹁跹化蝶，只能成为乌龟，缩进父权制、夫权制、兄弟制构成的壳里寻求庇护。

雅思敏本来有一份稳定的工作，也幻想自己的诗作能变成铅字刊印在黎巴嫩的杂志上，但金钱梦战胜了她的文学梦，她在放弃工作的同时也就失去了自立的资本和勇气。让雅思敏继续成为玩偶的还有她奉为圭臬的男女平等的口号，当她为爱献身的时候，却发现这只不过是政客竞选时的政治资本。东方男子一方面呼吁女性解放，但另一方面却紧抓传统中的落后思想。针对这种对待女性的双重标准，嘉黛借雅思敏之口向东方青年发出质问，谴责他们在女性解放问题上言行不符。男性很难接受女性成为独立的自由个体，贬低女性的传统已深深根植于其内心，于是在坚守传统习俗和接受女性作为社会进步的同盟军上心口不一。因此，男性应该首先从这种旧俗中解脱出来，如果他们自己的思想还被禁锢，又怎能投入领导和解放女性的斗争？

然而，纳米尔对雅思敏的答复正说明了阿拉伯女性解放运动不彻底之处。被视为阿拉伯女权运动里程碑的理论著作《妇女解放》和《新女性》的核心要义便是指导女性如何更好地扮演贤妻良母的角色，而在标志阿拉伯女性投身民族独立斗争发轫的 1919 年革命中，那些挥舞着民族旗帜高呼独立的女性，也只不过是得到深受西方教育思想影响的丈夫或父亲的允许和指导的中上层女性。由此可见，阿拉伯女权主义运动就是在“为取得政治独立、确立民族认同和使社会现代化的民族主义斗争的背景中”，作为“男性主导的民族主义团体的一翼或附属部分”① 而存在的。政客们鼓吹的男女平等让雅思敏以为找到了冲破传统枷锁的武器，但握在手中时她却发现它只是虚妄的肥皂泡。

名誉罪是流行于中东的一种习俗，目的是通过杀死有通奸行为的妇女来维护家族荣誉，而对妇女执行死刑的通常是该女子的父亲或兄弟，因为阿拉伯人认为：“一个男人的荣誉‘与家庭中的妇女的举止有密切联系，甚

① Kumari Jayawarden, *Feminism and Nationalism in the Third World*, London, 1986, pp.3, 8，转引自陈顺馨、戴锦华选编《妇女、民族与女性主义》，中央编译出版社，2004，第 75 页。

至超过他自己的行为举止'。"[①] 因此，哥哥立刻在她所犯的"名誉罪"中找到了展示男子气概的机会，他在众人钦佩的目光中昂首挺胸，甚至不惜在纳米尔的利诱下诬陷妹妹人尽可夫。纳米尔如愿维护了名声，如释重负。纳米尔及雅思敏的哥哥的合作代表的正是阿拉伯社会根深蒂固的父权制度，父权的尊严远比她的死更重要。

2.“男子汉”歌手法里哈——在性别错位中疯狂

法里哈来自叙利亚的杜马，他和雅思敏有同样的发财梦，而实现这一梦想的唯一途径便是投奔同样来自杜马但已经发了大财的尼香。法里哈在阿拉伯语里意为"快乐的"，但他始终愁眉紧锁，充满忧伤。雅思敏想和过去完全隔绝，因此对母亲极不耐烦，但他却对家乡恋恋不舍，不让母亲送行是不忍看到她泪眼婆娑。法里哈喜欢哲学，总是陷入思考和感伤，这使他显得敏感阴郁，当雅思敏踌躇满志时，他预感到了不祥，但他"就像是一艘无法摆脱沉没命运的船"（第 20 页），无力自主。

初到贝鲁特时，他始终没有打开行李，这意味着他还幻想再回家乡。孤独感如影随形，反而让他能以旁观者的身份见证这个城市的混乱、疯狂以及贝鲁特人的麻木与冷酷，也让他更感无助和绝望。拿着介绍信的法里哈起初并不想投靠尼香，但一个月的游荡和彷徨让他深感痛苦，"觉得自己越来越卑微，变成了一只可以任人践踏的蟑螂"（第 43 页）。用仅剩的钱吃了一顿大餐后他返回旅馆，却又将行李留在了原处，想要封存对过去的回忆。

法里哈向这个城市的潜规则屈服了：为了实现欲望，没有什么不可以用来出卖。他像浮士德一样和魔鬼达成了交易，尼香将他包装成"男子汉歌手"，而他则必须投尼香所好，成为其禁脔，因为尼香喜欢男子气概，通过对男子汉的征服更能证明自己的权威。初到贝鲁特的他虽然没有金钱，但至少拥有尊严和自信："我的身躯比夜晚还长，连大海都不够给我当床铺，我满怀雄心壮志，连缀满星辰的夜幕也无法将我的抱负尽数容纳……"（第 106 页）但当他以绝对服从换来了足够的金钱时，却发现自己失去了性能力，也失去了思考和阅读的能力。失去自我的法里哈开始化妆，并以女装

---

① Committee Against Repression and for Democratic Rights in Iraq, *Saddam's Iraq: Revolution or Reaction*?（London: Zed Books Ltd., 1986），p.132. 转引自李英桃主编《女性主义国际关系学》，浙江人民出版社，2006，第 300 页。

示人。

小说结束时，他从疯人院逃出，并偷走了疯人院的铭牌，将它挂在贝鲁特的城门口。直到此刻，法里哈才第一次露出笑容，他的放声大笑并非出自喜悦，而是充满愤怒的歇斯底里的狂笑。

女性在社会中被压迫，被歧视，被摒弃在社会活动之外，是父权制度的牺牲品，但男性也不例外，他们同样沦为落后观念的牺牲品和受害者。“事实上，阿拉伯女性并没有要求与阿拉伯男性获得同样的平等对待，因为他们自己都未曾享有过这种权利。从这一点来说，女性斗争必须融入为所有的阿拉伯人美好幸福的明天而斗争的熔炉中去。”① 因此，法里哈得知雅思敏的死讯后，真正感到与她密切相连，将她称为自己的孪生妹妹（توأمة，第 95 页）。孪生意味着他们来自同一个母体，有着同样的归属，也意味着他们在遭受共同的压迫下将会有同样的归宿，那就是死亡或死亡的另一种形式——疯狂。

法里哈的悲剧带给读者的痛苦比雅思敏更甚，如果说雅思敏是在不自知的情况下步入深渊，那么法里哈对自己命运的走向的认识则始终清醒，他就像困在透明塑料袋里的鱼，徒劳无功地想冲破这看似不存在，但却无处不在的隐形牢笼，然而即便他冲破这层束缚，也无法摆脱死亡的命运，因为当他冲破塑料袋时，他所赖以生存的资源——水——也将随之流失。法里哈正是洞悉了这一切，深感自己无能为力，因此明知饮鸩止渴也只能自我放逐，在焦虑中疯狂。

3. 少年穆斯塔法——诉诸武力的学生

穆斯塔法是渔民艾布·穆斯塔法的第二个儿子，是父亲企图用知识来改变全家命运的希望，然而生活的重压逼得他不得不辍学以养家糊口。他与雅思敏一样爱好诗歌，与法里哈一样喜欢沉浸于哲学思考，甚至和此二人一样承受性的压抑。然而他选择的道路却是诉诸武力斗争——加入秘密的武装组织。

如果说雅思敏是嘉黛对女性解放运动的反思，而法里哈是她焦虑的化解，那么穆斯塔法就是她试图反映自己思想演进的载体。嘉黛曾经说过：

---

① غادة السمان، **أعمالها غير الكاملة: تسكع داخل جرح**، ص ٩٦. الترجمة عن الايطالية :نورا السمان وينكل. پولادي كاپوا، **التمرد والالتزام في أدب غادة السمان**، المرجع نفسه، ص ١٠.

“如同包法利夫人才是福楼拜思想的体现,《75》中的穆斯塔法虽然面临许多困难，但他才体现了我的人生某一阶段中的一些思想。”[①] 嘉黛属于资产阶级，因此作品中的人物往往属于资产阶级，她很难理解劳动人民的生活和感情，也就自然无法写出符合他们实际状况的作品来。[②] 因此，她以往的作品总是弥漫着一种小资情调，即使是对底层劳动人民的描写也不免带有浪漫主义色彩。

中东战争接连失败之后，嘉黛才逐渐将目光投射至更广阔的社会，将个人命运与国家命运联结为一体，开始了对写作主体性的自省，决心与自己所属的阶级决裂。被叙利亚当局缺席审判后，出于政治原因，也出于对自己的考验，她与亲戚切断联系，并由此切断了自己的经济来源，完全以工作所得作为生活来源，努力成为一个能够在经济上独立而不必依附资产阶级家庭的金钱资助的女子。与此同时，她的笔尖开始触及普罗大众，对底层劳动人民形象的塑造是她争取人格独立的重要策略。

这个思想演进的过程在穆斯塔法身上得到了体现。他原以为大海是英雄的冒险之地，如果不是兄弟阿里的猝死，骤然间把他抛进生存的海洋，他还将继续沉浸于诗歌所营造的理想世界。生活让他知道现实中的大海充满了暴力残忍的生存斗争，渔民的生活是一首永世的哀歌。小说以穆斯塔法之眼审视了渔民的生活，这种真实可信的描述正是嘉黛亲身体验的结果。[③]

除了与父亲艾布・穆斯塔法有着不可分割的联系之外，少年穆斯塔法与故事中的其他四位主人公并无任何关联，他的出现和消失都显得非常突然。大量的内心独白将他的思考过程如投射于电影银幕般呈现于读者面前，他想到印度的甘地、亚洲的哲学、人类存在的意义……他的诗意与残酷的现实生活形成了强烈反差，然而后者终究占了上风，他放下诗集，拿起了渔网。然而忍耐只会导致更多的压迫，他不想如祖辈那样生活，“从古至今，他们从未大声说话，他们的语言含混不清，即使连愤怒和诅咒都如此暧昧”。落入贫穷压抑和悲伤深井中的他拒绝毫无益处、悄无声息地死去（第 58 页），于是他又放下渔网，拿起了武器。

---

① بثينة شعبان، **بين الأدب النسائي العربي والأدب النسائي الإنجليزي غادة السمان وفيجينيا وولف**، مجلة الموقف الأدبية، دمشق،منشورات اتحاد الكتاب العرب، العدد ١٨٦، تشرين الأول ١٩٨٦، ص ٢٥.

② حنان عواد، **قضايا عربية في أدب غادة السمان**، بيروت، دار الطليعة للطباعة والنشر، ١٩٨٩، ص ٤٨.

③ عفيف الفراج، **الحرية في أدب المرأة**، مؤسسة الأبحاث العربية، ط ١٩٨٠، ص ١١١.

4. 归国留学生托昂——血亲复仇的牺牲品

小说中的另一个青年托昂是个一心想用所学报效祖国的归国留学生，但他抵达机场的那一刻便成了部落血亲复仇的对象。他本人毫无过错，但他的堂兄弟为了替父亲复仇，杀死了敌对部落的一名大学生，而他拿到大学文凭的那一刻也宣告了敌对部落复仇的开始。

托昂想要成为医生，但他无法医治国人头脑中根深蒂固的疾病。血亲复仇虽是蒙昧时期的陈规陋俗，但并未随着伊斯兰教的传播而销声匿迹，仍然禁锢着人们的头脑。扼杀有能力用知识报效祖国的人，导致的并不是个体的死亡，而是对整个民族发展希望的扼杀。嘉黛对托昂的叙述并不多，但其影射叙利亚当局之意不言而喻：叙利亚对她的宣判与落后的血亲复仇一脉相承。托昂惶惶不可终日，最终由于误杀了一个问路的游客而被判终身监禁。

5. 对知识分子身份的追求

《75》中的这些阿拉伯青年虽然都有知识，但并不算是真正的知识分子。这与嘉黛·萨曼当时的思想状态有着直接的联系。在《75》中，雅思敏和法里哈虽然有知识，但由于误入歧途，因此他们不但放弃了知识，而且还由于选择错误失去了对社会和民族的责任感。而托昂虽然有专业知识也有报效祖国之心，却成为血亲复仇的牺牲品，被愚昧和无知扼杀，因此未能成为知识分子的代表。而最有可能成为知识分子阶层一员的是穆斯塔法，他不仅有丰富知识（甚至超越他应有的知识水平），而且关心民生、对世界充满人文关怀，但诉诸武力的选择同样也使他失去了成为知识分子的资格。因此，在《75》中，不存在真正的知识分子，而只有对知识分子身份的界定及对其的追寻和探讨。可以说，这正是嘉黛身份认同转型的体现。在《75》之前，她虽然有知识，却并没有将民族命运和自己的个人命运进行对接，因此她无法成为真正意义上的知识分子，作为写作主体，她在小说中投射的映像也具有这种特点。小说中仍然不乏对巴勒斯坦问题的关注和对黎巴嫩人民命运的担忧，尽管这种倾向并不十分明确，但也已经预示了作者嘉黛向知识分子主体的迈进。

二　人物形象体现的性别认同双重性

在对文本的进一步解读中，便可发现叙事的意义不仅于此。“阅读并不能无中生有，只有从文本出发，与作者的生活相结合，才有可能发掘其隐含意义。”[11] 嘉黛在写作《75》的过程中，究竟有没有找到对自我的身份认同？她又是以怎样的主体面貌去寻找自我认同呢？对这些问题的答案并不在于某些字句之中，而要从对文本的内部结构的剖析中获得。

现实是作家写作的本源和最终归宿。从大马士革出发前往贝鲁特寻梦的故事是嘉黛个人经历的映射，个人的、社会的、民族的创伤性经历让嘉黛陷入焦虑。从大马士革到黎巴嫩并不只是空间的转移，这两者之间有着不可分割的关系。在最初的伊斯兰教历史上，黎巴嫩一直是沙姆地区的一部分，在与后者的关系中，黎巴嫩是客体，沙姆地区是主体。同时这个联合体不断成为不同政治力量的从属，成为它们的客体，它根本无法主宰自己的命运，“城头变幻大王旗”的戏码在这里频繁上演，它时而属于伍麦叶王朝，时而附庸于阿拔斯王朝，时而又沦为埃及法特梅王朝的属地……即使叙利亚独立，黎巴嫩脱离叙利亚宣布独立，黎巴嫩的客体地位仍然并未得到根本改变。叙利亚总统阿萨德曾经说过：“黎巴嫩人民就是叙利亚人民，反之亦然，我们只不过身处两个国家而已。”① 黎巴嫩与叙利亚的这种矛盾关系正如雅思敏所说：“她觉得自己像一个独立的共和国，却只能通过与他联合求得生存。”（第53页）

嘉黛四处漂泊，却突然发现她生于斯长于斯的大马士革拒绝了她，让她饱受被排斥的痛苦，而她视之为人生旅途中一个小站的贝鲁特却将她视为自己的公民，虽然她更爱贝鲁特较为自由的空气，但被祖国拒绝的创伤仍然无法抹平，这对她的政治身份认同产生了极大的影响，使之呈现一定的矛盾性。创伤性的经历、作为第二性的焦虑、在异乡的疏离、与异质文化交流中的边缘化……这些都让她的自我认同与黎巴嫩的身份认同不谋而合，黎巴嫩在主体和客体的夹缝间游移，她的叙事也呈现同样的面貌。

---

① وليد نور، **حقيقة ما جرى بين حزب الله وإسرائيل: رؤية شرعية وسياسية**، مركز النور للدراسات الإنسانية، ٢٠٠٦، ص ٤٣.

1. 在主体与客体之间游离

雅思敏的死是父权制度对女性的忽视、利用和毁灭，但也是她对自己身体的滥用。事实上，追求身体的解放并不会让女性的生活有任何改变，因为性解放并非女性受压迫地位的根源，将女性的自由等同于性自由无疑会陷入更大的困境。

二十七年来，雅思敏好像行尸走肉，“从未去发现自己的身体”，但她清楚地感知“身体里蕴藏着一千年以来被禁锢的阿拉伯女性的欲望”（第40页），性别意识的焦虑让她倍受煎熬，对释放身体的渴望令她在尝试和放弃之间犹豫不决，但性别意识的觉醒导致的“朝向身体的回归”非但没有让她“产生一种对认同的新追求”[①]，反而使她把对自己身体的关注转向了对男体的膜拜，导致了她“比任何时候都渴求他的身体”（第39页）。被禁锢千年的欲望在一种类似飞蛾扑火的义无反顾中得到了释放，但随之而来的却是无尽的空虚和更深层的焦虑。

雅思敏对性别的认同意识虽然出于自觉，但她没有自觉地依靠自身对其加以认同。对自我主体性的意识如稍纵即逝的火花，她还未能将其抓住，就在纳米尔的爱情游戏中迷失。她渴望爱情，当发现爱的缺失成为必然，便只有从男性的身体中寻找自我，求助“性”来维持与纳米尔的关系，并在这种关系中将自己摆在了从属的地位。

她对纳米尔的男性躯体由衷赞叹的同时贬抑了自我的存在，她将纳米尔看成整个世界却因此失去了自我。她喜欢展示自己的裸体，但纳米尔的责备让她突然感到羞耻，开始为自己的献身自责，惊恐地历数自己的罪状，在潜意识里，她将自己置于客体地位，但她并不知道，她的大胆将会“引起旧性质外壳的大动荡，那外壳就是男性投资的载体”[②]，纳米尔对她的抗拒正是对女性力量的恐惧，他害怕自己真的爱上雅思敏是因为担心这种力量会将他颠覆。雅思敏并非手无寸铁，她的脆弱中蕴藏着强大的力量，但她的一味隐忍使这种客体地位不断得以强化。承受父权压抑的同时，她也是父权的共谋者，参与父权对自我的压抑。她从未探寻自己的身体，这并不

---

① 〔英〕安东尼·吉登斯：《现代性与自我认同：现代晚期的自我与社会》，赵旭东、方文译，生活·读书·新知三联书店，1998，第256页。

② 张京媛主编《当代女性主义文学批评》，北京大学出版社，1992，第203页。

仅仅是因为“外界的声音”对她的禁锢（其中也包括不知不觉被父权收编的“母亲的声音”），而且也归咎于她“让自己的身体背负着重担”。

在报纸上看到纳米尔的婚期后，雅思敏起了抗争的念头，这时候的她宛如就要破茧而出的蝴蝶，但转变并非只是朝夕之间，贫穷让她不寒而栗，她在接受和拒绝纳米尔对她的安置上犹豫不决，但最终仍然分文未取便转身离开。雅思敏宁愿贫穷，也不愿继续成为纳米尔金屋藏娇的对象，这说明她终于认同了自己所属的阶级，预示着她寻找自己主体的可能。

然而分裂的双重自我使她在寻找性别认同的道路上注定备受挫折，叙事的断裂也让雅思敏继续寻找主体的可能化为乌有。两次出走后的遭遇还没来得及让她完全醒悟，叙事就戛然而止。雅思敏的死彻底断绝了她对主体的思考和探寻。虽然对主体的寻找误入歧途，但她始终并未放弃。试想，如果没有被哥哥谋杀而是被赶出家门，叙事又该如何继续？雅思敏有可能投入另一个男性的怀抱，重复她的宿命，继续成为客体；或是真正开始独立，意识到其自我主体性的存在。

叙事如果继续进行，雅思敏的选择便清晰可辨。她的死原本是对父权制的猛烈抨击，但由于她的死亡并非觉醒后不惜牺牲生命的控诉和宣泄愤怒，而是哥哥代表的“兄弟制”以“名誉罪”为由代为实行家法，这种处理虽然在一定程度上揭露了父权制的虚伪与冷酷，但对其批判的力度却大不如前，不但无损男性的主体地位，相反还是父权制的胜利。叙事的矛盾之处便在于此，想拒绝客体，成为主体，却不由自主地对其客体身份加以维护和强化；想反抗父权制度，却又自觉或不自觉地与之共谋。

雅思敏的追寻虽然随着她的死亡被迫终止，但她的主体性却通过法里哈得到了某种认同，尽管这种认同在文本中若隐若现。在叙事中，法里哈被明显地女性化，他的出场每每伴以忧伤的叹息，他总是愁容满面，敏感多虑，内心柔弱，这种气质是阿拉伯人极力贬斥的女人气，是懦弱无能的表现。与此相对的男子气概才是他们最为尊崇的品格，也是父权社会最为明显的特质。嘉黛将男性人物女性化处理，就是将男性对女性的侮辱还施于男性。

更具反讽意味的是，多愁善感的法里哈只不过戴上了“阳刚和男子气概”的面具，便成为人们崇拜的偶像，这足以说明父权社会所宣扬的男子气概只是一个彻头彻尾的谎言。神圣不可侵犯的“男子气概”在尼香的包装下竟然成了一种大众消费品，可悲的是这种资产阶级对大众思想的愚民政策竟然迎合、满足了大众对男子气概的追求和期待，但它却让本是男儿身的法里哈对自己的性别产生了无法遏制的焦虑。

法里哈从一开始就渴望爱情，渴望女性，“雌雄同体”的分裂进一步造成了他的迷失。他对占有自己身体的尼香非但无力也无法抗拒，甚至还心生一丝怜悯。他任由尼香摆布，甚至在行为举止上更为女性化。性别意识的错位让他苦不堪言。他不止一次想通过女人来证明自己的男子气概的意识依然存在，但这些尝试都以失败告终。

在父权制的体制内，只有男性才是“主体”，女性只能是“他者”和“客体”，西蒙娜·德·波伏娃在分析女性的地位时说：“女人一开始就存在着自主生存与客观自我——‘做他者’（being-the-other）的冲突。人们教导她说，为了讨人喜欢，她必须尽力去讨好，必须把自己变成客体。”[①] 为生活所逼的法里哈在和尼香的不正当关系中成为发泄性欲的对象，当努力遭遇失败，他用来对抗父权的手段竟然是采取将自己从内而外彻底“阴化”的策略，他的异装癖是对尼香制造的“男子汉”形象的否定和反抗，并以此对抗厌恶女人的尼香并保护自己。然而避免被尼香继续玩弄却是以不惜自我惩罚并否认自己的性别为代价的，这意味着他从主体地位逃离，甘愿成为客体并以客体的形象出现，而这种客体身份反而帮助他摆脱了在尼香面前的客体地位。

在远离母亲的异乡饱尝离散之苦，并承受了生理与心理的分裂后，法里哈再也无法找到自己，“过去”本来是留在杜马家中的柜子，他时时刻刻惦记着它是否上锁，即使在去大马士革上班的路上，也必定如患强迫症般折回家中检查，尽管柜子里并无重要物品，但只有看到它安然无恙他才能安心。来到贝鲁特后，“过去”变成了主动留在旅馆里的行李箱，再也无法追回，“现在”让他全无自信和安全感，而“未来”是不断的堕落和无意义的生存，过去、现在、未来已经支离破碎，大马士革也变得难以回归，他对自我的存在产生了严重的怀疑：“这不是法里哈的脸，这不是我的名字，我和这张身份证完全没有关系。”（第 101 页）在极度的孤绝和焦虑中，法里哈终于疯了。

---

① 〔法〕西蒙娜·德·波伏娃:《第二性》，陶铁柱译，中国书籍出版社，1998，第 324 页。

虽然陷入疯狂，但法里哈并没有拒绝思考，也没有逃避问题，相反，他比谁都洞悉一切："这些送殡的人自以为活着，其实他们自己才是死人"（第95页），"他们才是疯子"（第96页），"变态的尼香，病态的社会，只有我才是健康的。所以我才无法在堕落中继续疯狂表演"（第106页）。既然无法继续媾和，便只能以疯狂来摆脱心中的痛苦，可以说，这种疯狂是对病态社会的心理防卫。

女性写作中常常出现疯女人的形象是"作者本人的重像，倾诉了作者本人的忧虑和愤怒"[①]。虽然在《75》中发疯的是男人，但两者并无不同，通过写作，嘉黛将内在的焦虑转嫁给了男性。叙述使作为主体的男性竟然向女性转化以求解脱，这让"男性正统身体"终于"在文本中体验到女性在历史、文化中所遭受的疏离性和撕裂性"[②]，因此，不管法里哈是诉诸异装还是疯狂，都可以被解读为嘉黛在书写自我的过程中对焦虑的一种化解形式。

《75》中对处于从属地位的女性及对男性角色的这种去势化书写，无法实现对父权的撼动和彻底颠覆。在小说中占据了大部分篇幅的男女主人公雅思敏和法里哈的命运走向虽然经历了合—分—合的轨迹，但两人并无太多交集。雅思敏想找到自己的主体地位，却成为男性的附庸，并在内外的双重压抑中使自己的从属地位难以改变，并且永无改变的机会；法里哈在性别上为主体，但在不正当的性关系中却成为男性的附庸，并试图通过向女性转化以求解脱。两人的命运直至雅思敏死去才真正交汇，她已然永远没有可能亲身找到自己的主体，但当法里哈为了参加雅思敏的葬礼而穿上蕾丝内衣和女装时，她便得到了化身为女性的法里哈的认同，法里哈称她为"孪生妹妹"（توأمة）、"同病相怜的难友"，并"愿她美丽常在！"（第95页）。

主体与客体在文本中若隐若现，男性和女性都非绝对的主体，也并非绝对的客体。文本中没有明确、完整的女性主体，只有散落于文本中的主体意识的火花。阿拉伯文学评论家布赛娜·舍阿班博士在评价嘉黛的《75》时，将其称为"消极的女性主义者"[③]，认为她否认了自己的性别，脱离了广大女性争取解放的事实。虽然布赛娜博士的论断有失偏颇、其对女性主义

---

① 鲍晓兰主编《西方女性主义研究评介》，生活·读书·新知三联书店，1995，第109页。

② 林幸谦：《女性主体的祭奠——张爱玲女性主义批评Ⅱ》，广西师范大学出版社，2003，第162页。

③ بثينة شعبان، **بين الأدب النسائي العربي والأدب النسائي الإنجليزي غادة السمان وفيجينيا وولف**، المرجع نفسه، ص ٢٥.

及女性文学的观点较为狭隘，但仍然指出了嘉黛在《75》中所表现的创作特点，那就是女性主体性的不明确，这也意味着对女性性别认同的不确定。

笔者认为，这只是嘉黛自我认同道路上的一个阶段，是其身份认同上的重大转折点，其间充满各种可能，即使出现倒退、颠覆或迂回也在所难免，因此占小说大部分篇幅的雅思敏和法里哈才会在主体性上呈现出模糊暧昧的状态。但彻底颠覆根深蒂固的父权制、实现人性的彻底解放和独立必然面临重重阻碍，更何况时至今日都未能实现的理想又怎可能在小说中轻易达到？如果叙事如此进展，便必然陷入一种乌托邦式的幻想。嘉黛深受西蒙娜·德·波伏娃某些激进思想的影响，认为女性不管是在政治上还是在社会等级上，从来都是男性支配下的客体，因此不存在女性的主体，因此这种在主体和客体之间的位置才有可能是阿拉伯女性真正的生存状态，这也是嘉黛当时心理状况的真实投射——在身份认同建构道路上转折阶段的迷惘。

况且，如果以完整、统一的女性主体来完全取代男性主体，就会陷入父权社会提出的男女二元对立的逻辑，这将走入另一种困顿，因为男性也是“和女性一样可怜又可爱的生物”①，如果两性关系呈现出非此即彼的状态，将男性看成是自己的对立面，无疑会导致新的性别盲点，无法建构两性真正和谐共处的社会。

2. 矛盾的声音

除穆斯塔法外，五位来自社会底层的主人公曾经有机会在分享和交流自己的故事的过程中引起他人的共鸣（五人同乘一辆出租车），从获得他人的认同中找到对自我的认同，但他们非但没有联合起来，反而互相猜疑。他们只关注自己的命运，对他人漠然视之甚至加以排斥。他们虽然同属一个阶级，但在叙述中各自为政，以分裂的个体独自面对共同的压迫者。嘉黛运用多个叙述声音来表现更为广阔而多元的社会图景，但遗憾的是这些不同的声音最终未能体现出“目的性和同一感”，也并未“在相互合作中发展壮大”②，而是以不同的方式走向毁灭，这种让每个个体独自发声的叙事方

---

① غادة السمان، **أعمالها غير الكاملة: صفارة إنذار داخل رأسي**، ص ٨٢. الترجمة عن الايطالية:نورا السمان وينكل. پولادي كاپوا،المرجع نفسه ، ص ١٠.

② 〔美〕苏珊·S. 兰瑟:《虚构的权威——女性作家与叙述声音》，黄必康译，北京大学出版社，2002，第 291 页。

式也正是源于主体的不确定性和分裂性。

这种多声音的叙述并非集体型叙事，因为它们“似乎都表达了一个单一的叙事意识”[①]。可以说，嘉黛·萨曼本人分裂成了不同的个体，她隐藏在每个人物身后，借他们之口来表达自己的声音，这意味着嘉黛的主体性在不同个体中的消融，这正印证了上文分析的主体和客体界限的暧昧与模糊。

嘉黛·萨曼在文中始终存在，她的声音无迹可寻，却又无处不在。W. C. 布斯关于“隐含的作者”这一说法正能对此做出合理的解释。“虽然作者可以在一定程度上选择他的伪装，但是他永远不能选择消失不见。”“不论一位非人格化的小说家是隐藏在叙述者后面，还是观察者后面……作者的声音从未真正沉默。”[②]《75》中这样的例子有很多。阿拉伯文化和西方文化对她的影响在叙述中得到了体现，例如法里哈在贝鲁特的入口处想起了但丁的话“凡是进入这里的，请舍弃一切”；在答应尼香的条件时，他又想起了浮士德。艾布·穆斯塔法深受阿拉伯民间文学影响，《一千零一夜》中的神灯为他营造了自我解脱、逃避现实的幻境；而艾布·马拉则时刻谨遵《古兰经》教诲，循规蹈矩。

最能体现嘉黛思想的则是穆斯塔法。由于充当了她的代言人，穆斯塔法在小说中所表达的思想超出了学生应有的知识水平。穆斯塔法是嘉黛以作者型声音进行叙事的载体，他仿佛独立于叙事之外，这使他的声音更具可信度。由于嘉黛·萨曼的出生背景，她的作品中不免带有一种精英意识，她所追求的不仅“与众多的普通女性的利益未尽一致，有时还会对后者的利益造成损害”[③]，还可能由于过分的浪漫化与理想化而脱离了整个社会中下层的普罗大众。嘉黛对自己资产阶级的出身并不回避，而是勇于直面，因此她选择属于下层的劳动人民穆斯塔法充当自己的载体本身就说明了她对劳动阶级的认同，这无疑是她写作中的进步之处。然而“现行语言既为男人所控制，就必然充满男权意识，女人在说的过程中就必然自觉或不自觉地流露出甚至传播这种意识”[④]，因此嘉黛在以穆斯塔法为其代言人时，便出

---

① 〔美〕苏珊·S. 兰瑟：《虚构的权威——女性作家与叙述声音》，黄必康译，北京大学出版社，2002，第132页。

② 〔美〕W. C. 布斯：《小说修辞学》，华明等译，北京大学出版社，1987，第23，63页。

③ 张宽：《关于女性批评的笔记》，《外国文学评论》1995年第2期，第36页。

④ 胡全生：《女权主义批评与“失语症”》，《外国文学评论》1995年第2期，第49页。

现了失语的状态，对男性声音的借用不可避免地强化了男性的权威，削弱了作者本身作为女性的主体性。

《75》中除了雅思敏之外，还有三位女性——雅思敏、法里哈、穆斯塔法的母亲。她们“不仅是民族的生物性再生产者，还是民族文化的再生产者”[①]。前两位母亲代表了传统文化，雅思敏和法里哈正是由于失去了与传统的联系才会走上迷途，但她们在小说中并未发出自己的声音。穆斯塔法的母亲在得知儿子阿里溺死时正在生产，当新生儿降临时，她只说了一句：“就叫他阿里吧。”（第 35 页）

女人用母体孕育生命，抵抗死亡，将生命世代相传。嘉黛对母亲的赞美跃然纸上，显然，她意识到了“女性的身体与乡土、家国的换喻关系”[②]。但她的叙述透露的隐含之意却正相反：母亲的隐喻所指的传统文化也可能成为女性的桎梏，雅思敏身体里的“母亲的声音”不仅意味着传统，也意味着被父权制收编，成为其共谋者的声音。而穆斯塔法的母亲所喻示的生物性再生产，也即妇女的生育权却并非由她自己控制，而是她丈夫艾布·穆斯塔法排解烦恼和寻找尊严的结果，由此可知，“母亲身份又是个父权话语界定和控制女性的社会机制”[③]。

在嘉黛笔下，底层人民并非只以受压迫者的形象出现，而是表现出不同程度的劣根性和矛盾之处：雅思敏害怕以军飞机的轰炸，同时却暗自庆幸自己家中安然无恙，她鄙弃穷人，即使明知自己只是有钱人的玩物却仍然心存幻想；法里哈是被压迫的对象，但同时他却试图通过与不同女人交合来证明自己的男子气概，甚至对尼香心存怜悯，他数次想逃离，却又屡屡屈服；渔夫艾布·穆斯塔法感慨儿子穆斯塔法只知道追求梦幻，但他也能够自省，因为 30 年来他在一次次的拉网中寻找《一千零一夜》中的神灯，千百次地演练如何向灯神许愿，而每当他没有任何收获，就会回家和妻子同房，在妻子那里找回尊严；虔诚的穆斯林艾布·马拉是个古迹看守者，本来对命运和前定毫无怨言的他在三个女儿接连去当佣人后，再也无法对这个国家产生信任，竟然偷了国宝级的雕像，然而偷窃行为又让他陷入新

① 宋素凤：《多重主体策略的自我命名：女性主义文学理论研究》，山东大学出版社，2002，第 198 页。
② 同上。
③ 苏红军、柏棣主编《西方后学语境中的女权主义》，广西师范大学出版社，2006，第 225 页。

的煎熬；虽然在中东战争中遭受挫败，但贝鲁特人对以色列竟然毫无防范，对以色列战斗机频繁的试探行为习以为常……

嘉黛并没有因同情劳动人民而在叙述中将其完全美化，这种客观冷静的态度正是出自深刻的自省和对整个民族命运的清醒认识：国内资产阶级和国外殖民势力的勾结固然是阿拉伯民族所处现状的重要原因，但阿拉伯人对此也有不可推卸的责任，正如嘉黛借纳米尔之口所说："你们都在咒骂贝鲁特。可堕落的种子早就在你们心中深埋，贝鲁特只是发现和鼓励它生长。"（第 52 页）

在《75》中，嘉黛力求与自己所属的资产阶级决裂，因此在作品中着力表现劳动人民所遭受的压迫，但在揭露愚弄民众的统治阶级的尼香、法堆勒・萨尔穆尼等人的丑陋面目方面却并不深刻，对小说中的资产阶级青年一代纳米尔的态度也显得模棱两可，甚至给了纳米尔为自己申辩的机会：在大段内心独白中，他虽然认为雅思敏是个既爱钱但又执着于爱情的妓女，却也流露出对她命运的关心，甚至怀疑自己真的爱上了她，并打算在婚后再让她回到自己身边。

纳米尔的这段内心独白值得探讨。布斯认为："如果一位作者要使那些不具有强烈美德的人物获得强烈的同情，那么，长久和深入内心的观察提供的心理生动性将有助于他。""内心观察可以为甚至最邪恶的人物创造同情。"[①] 如果说嘉黛借此表达人性的复杂，那么此举也在一定程度上说明了她与资产阶级的联系并未完全割裂。对于这一点，她有清醒的认识，对自己的资产阶级属性毫不避讳，并坦言"我是一个资产阶级穆斯林女人，决意摒弃既定的生活方式"[②]。事实上，要和自幼生活于其中的阶级完全割裂并不可能在短期内一蹴而就，给纳米尔充分表白自己的机会也许正说明她与资产阶级决裂的不彻底性。但不可否认，嘉黛已经显示了非凡的勇气，也将继续凭借这种勇气时刻鞭策自己，不断思考自己究竟以怎样的主体进行写作，到底在为谁代言。

更何况，纳米尔不管是带雅思敏出入各种场合，还是对她表现出的留恋，都并非出于真正的爱情，而只是虚荣心的膨胀，因为除了雅思敏以外，

① 〔美〕W. C. 布斯：《小说修辞学》，华明等译，北京大学出版社，1987，第 422 页。

② پولادي کاپوا، **التمرد والالتزام في أدب غادة السمان**، المرجع نفسه، ص ١٠٤.

不会再有人对他如此在意，雅思敏的可悲之处在于她没有自己的主体性，只能“是男人追求的诗神和欲望的对象，是男人呼来喝去的仆人，是悲伤的源头，欢乐的所在。她至多也是男人的翻版，是男人‘自我投射的自恋影像’”①。

小说结尾处，法里哈痛苦地大喊：“贝鲁特，怎么会这样！怎么会这样！怎么会这样！”他在目睹同胞死后万念俱灰，生理缺陷、心灵创伤和精神痛苦让他对自己，乃至对整个民族的命运都产生了无法遏制的深重挫败感，这些饱含痛苦的呐喊正是对阿拉伯人和阿拉伯民族精神的反省和考问。法里哈将疯人院的铭牌挂在了贝鲁特的入口处，因为他曾经梦想的自由之地变成了疯狂都市，这意味着屈从于命运和幻想之人必然要用生命付出代价，脱离和背弃传统之人也必然承受内心的煎熬，他们要么死去，要么活着——但不是被囚禁就是疯狂。

3. 性别身份认同主体的局限性

《75》是嘉黛·萨曼从短篇小说等文学体裁创作转向长篇小说创作的分水岭，可以说，它身兼嘉黛在前后两个时期的倾向性，1967 年战争让她将目光从情爱转向民族命运，但她仍然无法彻底实现从男女之爱向以人道主义为基石的大爱的转变。因此在《75》中，她所体现的认同主要以探索性别认同为主。但嘉黛在《75》中的身份认同倾向还与阿拉伯女性运动轨迹相契合。

阿拉伯女性运动深受西方女性运动的影响。在女权运动的第一阶段（亦称第一波浪潮），阿拉伯女性受惠于男性政治家领导的社会改良或革命，获取了一定的受教育的权利和就业的机会。20 世纪 60 年代后期，西方女权主义进入第二阶段（亦称第二波浪潮）。女性积极参与男性主导的社会变革，但变革过后，她们却发现自己并没有获得男性政治家许诺的权利和自由，她们仍然是社会的二等公民。阿拉伯国家取得民族民主革命的胜利后，女性问题日益得到关注，在阿拉伯女性在政治权利方面取得的进步仍然十分有限，她们在参政方面所取得的进步非常缓慢，即使真的参政也无法真

---

① James D.Wilson，*The Romantic Heroic Ideal*，转引自〔美〕苏珊·S. 兰瑟《虚构的权威》，黄必康译，北京大学出版社，2002，第 179 页。

正发挥议政的作用，充其量只是政治舞台的点缀，而在整个社会，女性独立自主的程度仍然十分有限。

为了反对性别歧视，改变女性的从属地位，争取应有的权利，西方女性主义运动从理论到实践都得到了极大的丰富和发展，而在阿拉伯世界，女权运动的重要理论著作，即法国女权运动创始人之一西蒙娜·德·波伏娃的《第二性》(1949)、美国著名女权运动先锋弗里丹的《女性的奥秘》(1963)对阿拉伯女权运动产生了极大的影响，70年代初，阿拉伯女权运动的先驱者娜瓦勒·塞尔达薇借鉴《第二性》写了《妇女与性》，鼓励女性寻找自我，要求改变妇女在既定的公共领域和私人领域的状况，并讨论了阿拉伯国家比较禁忌的话题：性。也正因此，该书最后遭到了查禁。尽管如此，她在阿拉伯女权主义运动中所发挥的先驱作用仍然不可忽视。

第二波浪潮与第一波浪潮不同，其目的并不在于获取一些权利，而是在于从根本上讨论女性处于第二性的原因，并将矛头直指父权制。对这次浪潮一般比较传统的划分是英美派和法国派。前者采取较为实用主义的立场，关注与"性别政治、性别身份、阶级和种族"等有关的社会问题，而后者倾向于理论研究，关心与"文化政治、心理分析和历史有关的问题"①。嘉黛深受西蒙娜·德·波伏娃思想的影响，西方女权主义理论的感召和阿拉伯女权运动的实践必然投射在她的写作中，因此《75》和《梦魇》均体现了该阶段女权运动的一些特点，也涉及了两派力图关注的问题。

例如，《75》对父权制的各种变体，夫权制、兄弟制进行了较为深入的剖析，而作品中主人公雅思敏和法里哈在主体与客体身份之间游离的状态也正是这一阶段女权运动现实的真实投影，表现了阿拉伯女性意识到自己为男性政治家所用后的尴尬状态，和对女性主体意识和性别认同的朦胧思考。女权运动的先驱者大多为受过教育的年青一代知识分子，嘉黛也不例外，其内心的思考反映在小说中便是在其中出现大量的富有知识和文化修养的阿拉伯青年形象，且这些形象与嘉黛本人有着极大的相似性，嘉黛本人的生活经历、思想历程都在这些人物形象上得到了体现。她从自己的性别出发，在《75》中体现了对知识分子身份的思考和追求，并结合性别认同进行探讨，

① 苏红军、柏棣主编《西方后学语境中的女权主义》，广西师范大学出版社，2006，第242页。

对黎巴嫩命运和巴勒斯坦命运的担忧也使作品中的人物由于表现了对民族命运的关心而具有了成为知识分子的可能性。嘉黛属于资产阶级，但她一直在努力脱离这个阶级，于是试图在小说中引入对阶级的思考，在小说中首次将劳动人民纳入视野，以期对底层的普罗大众实现皈依。但由于资产阶级具有不可避免的局限性，因此在叙事中，她所表现的对大众的皈依只能是一种浪漫的、情感上的皈依，在性别认同上便体现出双重性的特点。

而在对空间的利用上,《75》体现了女权主义运动的第一波浪潮女性写作的特点：女性被禁锢在父权控制的私人空间内，因此空间大都呈现狭窄、幽闭的特点，因此人物往往会走向疯狂或死亡。这在《75》中表现得尤为明显，小说中的人物活动于其中的空间令人窒息，这也使得法里哈和雅思敏的结局为一死一疯。

《75》中也体现了女权主义第二次浪潮的特点。女性在社会变革后，发现自己不过是政客利用的资本。由于空间的逼仄，向往广阔的空间，想要从父权制控制的空间逃离：雅思敏和法里哈从社会环境更为传统和压抑的大马士革前往梦想中的自由之地贝鲁特，雅思敏以为找到了自由，却被纳米尔金屋藏娇，于是意图逃离纳米尔的怀抱；法里哈以为找到了名誉，却成为尼香的玩物，于是想要逃离尼香的掌控；而穆斯塔法想要逃离令他窒息的小屋。逃离后，雅思敏却遭遇了死亡，而法里哈虽然逃出了疯人院和如疯人院一般的贝鲁特，穆斯塔法也走出了小屋，但二人是否会走向广阔的空间却值得怀疑。

《75》最终在法里哈的一系列梦魇中定格，但小说似乎并未完结，梦魇也并未结束。小说对所有主人公的命运都有所交代，唯独对穆斯塔法的结局却始终未提一字，穆斯塔法诉诸武力的结果究竟如何？武力斗争是否为正确的选择？嘉黛对此暂未作答，这恐怕正是出于对这种选择的犹疑。那么，嘉黛究竟能否作答，又将如何作答？也许这些问题只能在她的下一部小说《贝鲁特梦魇》中找到答案。

参考文献

1. أبو المعاطي أبو النجا:**فن الرواية**، العربي، العدد ٥٠٤، نوفمبر ٢٠٠٠.

2. 蔡毅:《创造之秘——文学创作发生论》，人民文学出版社，2002。

3. 〔德〕E. M. 温德尔:《女性主义神学景观：那片流淌着奶和蜜的土地》，刁承俊译，生活 · 读书 · 新知三联书店，1995。

4. عفيف الفراج. **الحرية في أدب المرأة**. بيروت:مؤسسة الأبحاث العربية، ط ١٩٨٠.

5. 陈顺馨、戴锦华选编《妇女、民族与女性主义》，中央编译出版社，2004。

6. 李英桃主编《女性主义国际关系学》，浙江人民出版社，2006。

7. پولادي كاپو، **التمرد والالتزام في أدب غادة السمان**. بيروت:دار الطليعة، ١٩٩٢.

8. بثينة شعبان، **بين الأدب النسائي العربي والأدب النسائي الإنجليزي غادة السمان وفيجينيا وولف**، مجلة الموقف الأدبية، دمشق: منشورات اتحاد الكتاب العرب، العدد ١٨٦، تشرين الأول ١٩٨٦.

9. حنان عواد، **قضايا عربية في أدب غادة السمان**، بيروت، دار الطليعة للطباعة والنشر، ١٩٨٩.

10. عفيف الفراج، **الحرية في أدب المرأة**، بيروت: دار الفارابي، ١٩٨٥.

11. غسان السيد، **المضمر في الخطاب الأدبي غادة السمان نموذجا**، مجلة الموقف الأدبي، العدد ٣٩٨، حزيران ٢٠٠٤.

12. وليد نور، **حقيقة ما جرى بين حزب الله وإسرائيل: رؤية شرعية وسياسي**، مركز النور للدراسات الإنسانية، ٢٠٠٦.

13. 〔英〕安东尼 · 吉登斯:《现代性与自我认同：现代晚期的自我与社会》，赵旭东、方文译，生活 · 读书 · 新知三联书店，1998。

14. 张京媛主编《当代女性主义文学批评》，北京大学出版社，1992。

15. 〔法〕西蒙娜 · 德 · 波伏娃:《第二性》，陶铁柱译，北京：中国书籍出版社，1998。

16. 鲍晓兰主编《西方女性主义研究评介》，生活 · 读书 · 新知三联书店，1995。

17. 林幸谦:《女性主体的祭奠——张爱玲女性主义批评Ⅱ》，广西师范大学出版社，2003。

18. 〔美〕苏珊 · S. 兰瑟:《虚构的权威——女性作家与叙述声音》，黄必康译，北京大学出版社，2002。

19. 〔美〕W. C. 布斯:《小说修辞学》，华明、胡晓苏、周宪译，北京大学出版社，1987。

20. 张宽:《关于女性批评的笔记》,《外国文学评论》1995 年第 2 期。

21. 胡全生:《女权主义批评与“失语症”》,《外国文学评论》1995 年第 2 期。

22. 宋素凤:《多重主体策略的自我命名：女性主义文学理论研究》，山东大学出版社，2002。

23. 苏红军、柏棣主编《西方后学语境中的女权主义》，广西师范大学出版社，2006。

24. اللجنة الاقتصادية والاجتماعية لغربي آسيا، **الحركات النسائية في العالم العربي**، الأمم المتحدة.

On the Exploration of Creation Subject in Ghadah Al-Samman's *Beirut 75*

SHI Yue (Shanghai International Studies University)

Abstract: *Beirut 75* is the first novel written by the famous Syrian female writer Ghadah Al-Samman. This novel predicted the Lebanon Civil War. It combines experiences which the writer has acquired over a long period of creative work on short stories, it is regarded as the symbol of maturity of Ghadah's narrative skills on fiction and the defining moment when she re-understood and re-defined her identity. Thus, this novel was the start of her facing up to the past and reflecting upon the self. Also, it was the first place she made a bond between her individual fate and the national destiny, and to realize her subject consciousness in order to try to make a step in the direction of identity reconstruction.

Keywords: Ghadah Al-Samman; Feminine Writing; Subject; Object; Identity

地域记忆和作家乡愁

邹兰芳*

【内容提要】地域对作家自我身份的形成与塑造，故乡在作家记忆中留下的思念与忧伤，使作家在进行自传创作时，自觉地融入对故乡之地的人物与生活、文化与历史的描述，地域记忆总是与作家乡愁密切联系、相互渗透，并在作家的自传中留在清晰的印记。本文通过解读阿卜杜·拉赫曼·穆尼夫的自传《一座城市的传记——四十年代的安曼》，分析地域对作家的自我身份作用，以及乡愁在这部作品中的反映。

【关键词】记忆　地域　乡愁　作家　乡愁　自传

众所周知，在一定地域文化下形成的文学作品往往具有地域文化的色彩。在中国古代文学史上也曾有过不少以地域命名的文学流派，如江西诗派、临川派、桐城派等。这种地域因素可能包括历史、地理、政治、经济、文化、人口、宗教、民俗以及文学艺术等。

作家在为自己作传时，往往把自己的命运与一处地域的命运联系在一起。对过往的回忆便是对这块土地的记忆。埃及作家爱德华·赫拉特在其小说体自传《藏红花的土地：亚历山大文集》（*Turābuha Za'farān/ City of Saffron*，1986）中抒发了对故乡亚历山大城由衷的情感："我爱亚历山大的激情似藤蔓般疯长。……亚历山大！啊，亚历山大！我孩提时的烈日、童

*　邹兰芳，对外经贸大学教授，主要研究阿拉伯文学，专注于阿拉伯传记文学的研究。

年里的焦渴、青春期的慕情。”① 土耳其作家奥尔罕·帕慕克在他的自传性作品《伊斯坦布尔：一座城市的记忆》中流露：“伊斯坦布尔的命运就是我的命运：我依附于这个城市，只因她造就了今天的我。”② 约旦裔沙特阿拉伯作家阿卜杜·拉赫曼·穆尼夫在讲述自己 20 世纪 40 年代的生活时，其实是在讲述他孩提时生活过的那座城市——安曼——的故事。在其自传《一座城市的传记——四十年代的安曼》（简称《一座城市的传记》）中，他坦言：

> 一座城市不纯粹由地标构成……一座城市是五彩缤纷的流动的生活。她是地方、人、树、雨的气味，是空间和时间本身的流溢。一座城市是人们可感知的生活方式：他们怎么交谈，怎么处事，怎么彼此面对，怎么相互超越……一座城市是城里居民的梦想和失望……一座城市是人们的幸福和忧伤。③

因此，可以说，写《一座城市的传记》是作者对安曼这个他曾生活过的城市的一个承诺。穆尼夫说：“当我开始写一个城市的故事的时候，我兑现了对自己的一个承诺，那就是写一本关于这个我出生和度过童年、少年时代的地方的书。”④

在笔者看来，使作家自传和地域形成某种默契的重要因素有两个：地域和自我身份的关系；地域和作家的乡愁。

一 地域和自我身份的关系

1. 自我身份的最初确定

作家出生的地方实际上是确定了作家最初的身份。一方水土养一方人，这方水土不仅仅是一个地域空间概念，它更是那个时期的那一方人、那些

---

① Edwār al-Kharrāt, *City of Saffron*, trans. by Francis Liardet（Quartet Books, Ltd, 1991）, Preface.

② 〔土耳其〕奥尔罕·帕慕克:《伊斯坦布尔：一座城市的记忆》，何佩桦译，上海人民出版社，2007，第 5 页。

③ Abdu al-Rahmān Munīf, *Story of a city*, *a childhood in Amman*, trans. by Samira Kawar（London: 1996）, p.v.

④ عبد الرحمن منيف، **ذاكرة المستقبل**، المؤسسة العربية للدراسات والنشر والمركز الثقافي العربي، بيروت، ٢٠٠١، ص ٤٢.

事。地域从其居民中获得面貌，居住者又从这方水土中汲取养料。人们一旦获得了某些地域品格，反过来又会去影响那个地域和那个时代，赋予那个地域和那个时代鲜明的性格和特征。作家对出生地的接受就像接受自己，接受自己的命运。诚如帕慕克所言："我接受我出生的城市犹如接受我的身体和性别。"① 作家和出生地之间便是你中有我、我中有你的关系。关于这方水土什么方面好、什么方面不好的争论对他而言是毫无意义的。作家对它的回忆和怀念完全出自真心。既然是真心，那么便包含一切：记忆、想象、诗意、思考、知识、学问……于是便有了赫拉特对亚历山大城"似藤蔓般疯长"的激情，有了穆尼夫那种回忆四十年代在安曼度过的"一去不复返的岁月"时感到的"浓浓忧伤"②，这便是作家的乡愁。

赫拉特对亚历山大城的依恋感不仅因为在那里他"找到了结合社会正义和个人自由的最佳公式"，那里的民族主义爱国运动使他"至今仍是一个追求人类个性自由、解放的虔诚信徒，而不是一个游离社会之外、空虚无所事事的个体，也不是一个虚有其表的技术性人物"。③ 也不仅因为

> 1948 年的牢狱生活④ 至今仍是我精神和智力上保持的那种最珍贵的经历之一。它们让我有能力评估内在的和社会个体的自由理念，崇尚人类尊严的重要性和主体间传授的需要，克服孤独——人类命运的一个部分。所有这些，对无论作为作家的我，还是作为社会市民的我，其价值都是无法估量的。⑤

更重要的是，在他看来，他和故乡亚历山大城之间无言的爱情故事是极具自传特征而富有感染力的：

---

① 〔土耳其〕奥尔罕 • 帕慕克：《伊斯坦布尔：一座城市的记忆》，何佩桦译，上海人民出版社，2007，第 6 页。

② عبد الرحمن منيف، **سيرة مدينة عمان في الأربعينات**، المؤسسة العربية للدراسات والنشر، بيروت، ٢٠٠٦، ص ٤٨.

③ Edwār al-Kharrāt, "Random Variations on Autobiographical Theme," in Robin Ostle, Ed de Moor & Stefan Wild, eds., *Writing The Self, Autobiographical Writing in Modern Arabic Literature* (Saqi Books, 1998), pp.12–13.

④ 1948 年 5 月 15 日傍晚，作者因参加亚历山大市民要求英国军队撤出埃及、争取民族独立、为社会正义和自由而斗争的大游行而被捕，被关进了法鲁克集中营。——笔者注

⑤ Edwār al-Kharrāt, "Random Variations on Autobiographical Theme," Robin Ostle, Ed de Moor & Stefan Wild, eds., *Writing The Self, Autobiographical Writingin Modern Arabic Literature* (Saqi Books, 1998), pp.13–14.

我出生在亚历山大，一座藏红花的城市，一座用我的心编织再编织的蓝白大理石城市。面对它那雪白的、泛着泡沫的脸，我心依然悸动。在这座城市里，文学源远流长，多元文化遗产穿过悠悠古代、中世纪和现代岁月，凝结杂糅，融为一体。它从来没有，以后也绝不会是一根单调、孤立的石柱。它是“一个所有国家及其智慧荟萃的市场”。①

作家笔下的家乡是上帝佑护的深湾良港，是永恒美人克里奥帕特拉之珠，是夜间无须照明、通体透亮的大理石城市，是诗人之城，是阿波罗纽斯②、卡利马什③、悲剧诗人康斯坦丁·卡瓦菲④以及缪斯女神的住地，是圣马克⑤、圣亚他那修⑥和田园式教堂奠基人之地，是奥列根⑦、狄奥尼修斯⑧、圣亚他那修等人像先知般以真理面向全世界之地。这里不仅有宽阔的街道、巍峨耸立的拱形大殿、华美的廊柱，还有孩提时的烈日、童年的焦渴和青春期的慕情。

2. 在他者眼光中对自我身份的再确定

对故乡的爱恋引发了赫拉特对西方人眼中的亚历山大城和他心目中的亚历山大城的比较和思考。

作为本土作家，赫拉特笔下的亚历山大全然不同于西方作家达雷尔⑨眼中的亚历山大，后者以游记的文体写了著名的“亚历山大四部曲”。赫拉特

---

① Quoted from Robin Ostle, Ed de Moor & Stefan Wild, eds., *Writing The Self, Autobiographical Writing in Modern Arabic Literature*（Saqi Books，1998），p.14.

② 阿波罗纽斯（Apollonious，300~246 B.C.），又名阿波罗罗德，史诗诗人、亚历山大图书馆馆员、学者。

③ 卡利马什（Callimachus，305~240 B.C.），希腊诗人、学者，阿波罗纽斯的老师。

④ 卡瓦菲（Constantine Cavafy，1863~1933），希腊诗人、记者、公务员。

⑤ 圣马克（St. Mark），耶稣门徒，圣徒，第二福音书作者。

⑥ 圣亚他那修（St. Athanasius，296~373），亚历山大主教。公元4世纪埃及、东方教堂四大长老之一，自幼在亚历山大接受哲学、神学知识。

⑦ 奥列根（Origen，185~254），早期基督教学者、神学家，《旧约圣经》希腊文本的译者。

⑧ 狄奥尼修斯（Dionysius），公元前5世纪前后的神秘主义神学家，以《神秘的神学》《神的名字》等五篇论文著称。

⑨ 劳伦斯·达雷尔（Lawrence Durrel，1912~1990），移居亚历山大的英国小说家、诗人、戏剧家和旅游作家。主要作品为《亚历山大四重奏》（*The Alexandria Quartet*）、《黑书》（*The Black Book*）和《阿芙罗狄蒂的反抗》（*The Revolt of Aphrodite*）。

对此书的评价是“声名狼藉”。

在赫拉特看来，达雷尔的亚历山大完全是他个人印象里的臆造之物：

> 达雷尔的亚历山大，完全是他个人特异性创造的神话。由一个基本上是老外感知、模拟和臆想的、与真实割裂的、偏激的图景组装而成的城市。达雷尔的亚历山大是一层肤浅的外壳，是外交官和地主的官邸和住宅，是漂浮在另一个城市另一种生活的海洋表层的泡沫。对亚历山大，他只清楚“本市”居民禁止进入的街道、小区和住家以及外国人、半埃及人活动的地区。而被他以种族主义口吻称作“阿拉伯城”的真正的亚历山大，在他的文章里却只是一处表面豪华的、异化了的东方景观。他对我生于斯长于斯的亚历山大是完全陌生的……①

西方人写亚历山大，更多的是对异国情调感兴趣，站在自己的角度上对它做价值判断，评头论足，很轻松，很傲慢。因为其目的是满足作者本人和西方读者的刺激、冲动，再创一个关于异国情调的“东方”神话。而赫拉特写亚历山大不是他作为局外人对一座城市评头论足，也不是对大都市的游记，而是亲历，是回忆。这种感情是发自内心的，出于真心，真心中便有了一切：

> 我了解亚历山大以及和我一起成长的子民。他们辛勤劳动，彼此相爱，苦乐交融，生死与共……
>
> 我的亚历山大不仅仅是一处梦境之地，这里栖息着鲜活的记忆和现实；她也不只是一处美景或历史和现代文化的寄存处。对我而言，亚历山大是一个超自然的身份、一次领悟内在真理的精神冒险、一个与绝对以及在咆哮或平静的海面上向未知地平线无限伸展的某物体进行对抗和确证身份的过程。此外，亚历山大在我的文章里不是一个抽象的布景，她既不是素材也不是小说场域，她本身就是自

① Edwār al-Kharrāt, “Random Variations on Autobiographical Theme,” in Robin Ostle, Ed de Moor & Stefan Wild, eds., *Writing The Self, Autobiographical Writing in Modern Arabic Literature*（Saqi Books, 1998）, p.16.

传性的一幕。[①]

赫拉特也对自己的家乡在现代性的冲击下渐渐失去昔日荣耀深感忧虑。乡土文化的明显褪色和城市人口的急剧上升使“亚历山大看上去是一个嘈杂的、被蹂躏的省城”[②]，那种帕慕克式的“帝国斜阳”般的乡愁也夹杂在赫拉特对家乡的激情中。然而，作家仍然对自己的家乡充满了希望。在他眼里，亚历山大依然生动而富有活力。这座港口城市无论在昔日还是今天，始终是艺术家、作曲家和文学家的灵感来源之地。亚历山大所代表的文化及其养育的文学不是简单接嗣希腊、拜占庭的文化、哲学、科学和文学，她还承接了悠远的法老文化的精神财富。今天，她也和阿拉伯—伊斯兰文化紧密相连，并努力参与到阿拉伯现代民族文化建构中。

对赫拉特而言，亚历山大始终是一座充满多样文化和遗迹的城市。亚历山大在时空上的无限性早已融入他的身体和灵魂，如他所说：“无限性是我作品的主题，或许，它是亚历山大的主要特征。”[③] 在《藏红花的土地》中，他表达了自己对这座城市由衷的爱恋：

> 再多的水也无法浇灭我的爱火，洪流也无法淹没它。你是大水中央一块光滑的漂石，那里山谷两边的缓坡上，长满了青绿的铃兰和接骨木花；那里是藏红花之地，肥沃而有生气；高处，一只黑色的鸽子在鼓翼，翅尖探向无限，永远敲击着我的心。[④]

---

① Edwār al-Kharrāt, “Random Variations on Autobiographical Theme,” Robin Ostle, Ed de Moor & Stefan Wild, eds., *Writing The Self, Autobiographical Writing in Modern Arabic Literature* (Saqi Books, 1998), p.16.

② Edwār al-Kharrāt, “Random Variations on Autobiographical Theme,” Robin Ostle, Ed de Moor & Stefan Wild, eds., *Writing The Self, Autobiographical Writing in Modern Arabic Literature* (Saqi Books, 1998), p.14.

③ Edwār al-Kharrāt, “Random Variations on Autobiographical Theme,” Robin Ostle, Ed de Moor & Stefan Wild, eds., *Writing The Self, Autobiographical Writing in Modern Arabic Literature* (Saqi Books, 1998), p.16.

④ Edwār al-Kharrāt, “Random Variations on Autobiographical Theme,” Robin Ostle, Ed de Moor & Stefan Wild, eds., *Writing The Self, Autobiographical Writing in Modern Arabic Literature* (Saqi Books, 1998), p.17.

二 地域与作家的乡愁

穆尼夫在《一座城市的传记》的前言里坦言：

> 回忆一旦控制了某人，那么这个人就成了回忆的俘虏，无力抗拒。而回忆在某些时候看起来很美，却令人痛苦不堪，因为它承载着对一去不复返的岁月的浓浓忧伤，连带着那些人们以为已经结束却难以忘怀的事情，裹挟着与之相关的种种声音、暗示、地域的气味、肌体、话语，再次萌生出感伤和渴望交织的愁绪，希望有一天一切都重现如初。①

穆尼夫的“对一去不复返的岁月的浓浓忧伤”与帕慕克的“呼愁”不期而遇。正如后者在《伊斯坦布尔：一座城市的记忆》一书的扉页中所引的阿麦特・拉希姆之言——“美景之美，在其忧伤”。“乡愁”是作家们在讲述自己孩提生活过的故乡的故事时怀有的共同情绪。德国著名作家、诗人赫尔曼・黑塞（1877~1962）正是通过写自己的心灵自传《乡愁》（1904）而取得了“文学上的第一个成功”②。

念及昨日，不胜依依。在穆尼夫和帕慕克娓娓道来的这些关于城市的前尘残影中，地域本身就是一个能动体。她像磁场一样会将自己的性格辐射给城中之人，在这场人城互动的关系中：

> 充塞于风光、街道与胜景的呼愁已渗入主人公心中，击垮了他的意志。于是，若想知道主人公的故事并分担他的忧伤，似乎只需看那风景。面对绝境只有两种方式：沿着博斯普鲁斯海岸行走，或是去城里的后街凝望废墟。③

绵延不尽的忧伤对帕慕克而言似乎是高悬于伊斯坦布尔上空挥散不去

---

① عبد الرحمن منيف، **سيرة مدينة عمان في الأربعينات**، المؤسسة العربية للدراسات والنشر، بيروت، ٢٠٠٦، ص ٤٨.

② 〔德〕赫尔曼・黑塞：《乡愁》，陈晓南译，上海三联书店，2013，第 7 页。

③ 〔土耳其〕奥尔罕・帕慕克：《伊斯坦布尔：一座城市的记忆》，何佩桦译，上海人民出版社，2007，第 102 页。

的阴霾，而穆尼夫的最初记忆也追溯至笼罩着安曼城的“一片死寂”：

> 对安曼城的第一记忆便是加齐国王被暗杀的那天。
>
> 在那天之前，孩子们眼中的边界不会超过他们所居住的街区；即便越过街区，也是在大人的带领下，在附近走走。
>
> 在那天之前，日子在庸常而缓慢中流逝，好像世界的边界就是街区的方圆之地。
>
> 在那个春日的上午，一片死寂突降街区，恐惧者正翘首观望发生了什么，消息传来：加齐国王被暗杀了。

在穆尼夫的幼年记忆里，1939年以前的安曼是这样的：在这个安静的城市里，生活随着季节轮转。不管是农民还是城里人，贝都因人还是塞加西亚人，穆斯林还是基督徒，都生活在一起和平共处，一块儿劳作、生活。但是第二次世界大战的硝烟很快波及这个城市。第二次世界大战一结束，附近的巴勒斯坦地区便狼烟四起。由此，20世纪40年代的安曼便在战火的硝烟中跃入世人之眼。那个时代的这座城市便是持续至今的现代阿拉伯灾难史的开端。

正如意大利裔古巴作家卡尔维诺[①]所言：“记忆既不是短暂易散的云雾，也不是干爽的透明，而是烧焦的生灵在城市表面结成的痂。”无尽的乡愁促使作者不厌其烦地勾勒和重建他记忆深处的这座城市和城中的各色人物。在穆尼夫的记忆里：

> 乌姆·塔希尔–哈吉·艾妮塞的母亲是这个街区的老祖母，大家都这么称呼她。她总是久久地坐在二楼的窗边，临窗眺望，将街区所发生的一切尽收眼底，时不时会听到她那低沉的纳布卢斯口音在警告那些欺负人或说粗话的孩子。[②]
>
> ……

---

① 伊塔洛·卡尔维诺（Italo Calvino，1923~1986），毕业于都灵大学文学系。曾参加反法西斯抵抗运动。处女作《通向蜘蛛巢的小路》用非英雄化的手法反映了游击队的生活。他的作品具有后现代主义风格。

② عبد الرحمن منيف، **سيرة مدينة عمان في الأربعينات**، المؤسسة العربية للدراسات والنشر، بيروت، ٢٠٠٦، ص ٥٤.

瘸腿女士医院是当时的妇幼医院。院长是个瘸腿的英国女人，也许是美国人。她和丈夫惠特曼除了看病、给病人发放牛奶，还播放一些电影胶片，给病人分发圣经，尤其是《旧约》。①

……

那时安曼的民间郎中很多，各有所长，远近闻名……他们常常走街串巷，有时对病例诊断意见一致，但大部分情况下他们对疑难杂症的处理各执一端，以致彼此交恶，甚至对簿公堂。②

……

抱有一丝生还希望的病人总是被送到谢赫·萨拉赫处。大部分情况下，谢赫·萨拉赫治病不收报酬。谁跟他提及钱的事他就跟谁急。但在他不在家时，哪位家境殷实的病人家属给他送去一头绵羊或一听黄油，他也只好接受，并自嘲道："安拉的恩赐我是无法预料的。"经他治疗而无法生还的病人，其家属在出殡时一定邀请谢赫·萨拉赫出席。他的在场证明病人确实回天无术。③

穆尼夫对那个年代人物的回忆无不浸淫着浓浓的乡情和感念之绪。

作为一个生活在与安曼平行世界的城市人，帕慕克也一如穆尼夫拉家常似的，不自觉地将关于伊斯坦布尔的城市意象拼贴在他那呼之欲出的乡愁中：

城市本身在回忆中成为忧愁的写照、呼愁的本质。我所说的是太阳早早下山的傍晚，走在后街街灯下提着塑料袋回家的父亲们。隆冬停泊在废弃渡口的博斯普鲁斯老渡船，船上的船员擦洗甲板，一只手提水桶，一双眼看着远处的黑白电视；在一次次财务危机中踉跄而行、整天惶恐地等顾客上门的老书商；……夏夜在城里最大的广场耐心地走来走去找寻最后一名醉醺醺主顾的皮条客；还是帕夏宫邸时的木板便已嘎嘎作响、如今成为市政总部响得更厉害的木质建筑；从窗帘间向外窥看等着丈夫半夜归来的妇女；在清真寺中庭贩卖宗教读物、念珠

① عبد الرحمن منيف، **سيرة مدينة عمان في الأربعينات**، المؤسسة العربية للدراسات والنشر، بيروت، ٢٠٠٦، ص ٦٠.

② عبد الرحمن منيف، **سيرة مدينة عمان في الأربعينات**، المؤسسة العربية للدراسات والنشر، بيروت، ٢٠٠٦، ص ٦٧.

③ عبد الرحمن منيف، **سيرة مدينة عمان في الأربعينات**، المؤسسة العربية للدراسات والنشر، بيروت، 2006، ص ٧٢-٧١.

和朝圣油的老人；……雾中传来的船笛声；拜占庭帝国崩溃以来的城墙废墟；严寒季节从百年别墅的单烟囱冒出的丝丝烟带；在加拉塔桥两旁垂钓的人群……[①]

流淌在穆尼夫和帕慕克笔端的对古城老人旧事的悼念情绪，正是汇聚那个时代、那方人与地域亲密关系的向心力量，它造就了这方水土的这群人。在笔者看来，这类作家在写自传时，书中所涉及的回忆主体至少有两个：一个是作家本人；另一个是作家生活过的地域。或许还有第三个，即作为共同体而存在的那个年代、那个地方的那群人。作者在为自己作传时，实际上是在为这个地域作传。

The Memory for Place and the Nostalgia of Author

ZOU Lanfang (University of International Business and Economics)

Abstract: The effect of a region in forming and shaping one's identity, and the nostalgia and melancholy that a particular hometown has imprinted in an author's memory, together influnce the author when writing his or her autobiography. This affects their conscious description of people and life, as well as culture and history of his or her hometown. The memory of a place and the nostalgia of author always connects to each other and affects each other, which leaves a clear mark in the author's autobiography. By the interpreting Abdu Al-Rahman Munif's autobiographical work Story of a City: A Childhood in Amman, this paper seeks to analyze the effect of the place on an author's identity, and the reflection of his nostalgia in this work.

Keywords: Memory; Place; Nostalgia; Author; Autobiography

① 〔土耳其〕奥尔罕·帕慕克:《伊斯坦布尔：一座城市的记忆》，何佩桦译，上海人民出版社，2007，第90~91页。

《金字塔文本》：苏菲叙事与互文性的契合

张旭敏 *

【内容提要】杰马勒·黑塔尼是当代埃及著名的小说家，以具有鲜明苏菲主义色彩的小说创作为个人特色。本文以他的作品《金字塔文本》为对象，重点考察文本结构与内容表现的互文性叙事特征，厘清“金字塔”这一空间意象在文本形式与内容上的互文运用及其与苏菲主题的配合关系，解读小说复杂表象下真正蕴含的苏菲内涵，进而揭示作者宣扬积极探索的苏菲经验在当代社会依然具有极强普世价值的创作目的。

【关键词】杰马勒·黑塔尼　苏菲主义　互文性　金字塔文本

杰马勒·黑塔尼（جمال الغيطاني）1945 年出生于上埃及南部的农村，是当代阿拉伯文坛“六十年代辈作家群”①的代表人物之一，在文学上深受大文豪纳吉布·马哈福兹的指点。创作上，他不仅主动追求西方现代主义文学各流派的前沿方法，更善于借鉴阿拉伯本土的文化遗产，结合伊斯兰苏菲神秘主义的思想与哲学进行小说创作的尝试和创新。自 1969 年出版的第一部短篇小说集《一千年前的青年手札》开始，他的作品一直充满丰富的想象力与创造力，迄今为止他已出版小说、散文、随笔等各类作品 40 余部，

* 张旭敏，浙江美术馆馆员，主要研究阿拉伯文学。

① 主要指 20 世纪 60 年代跻身阿拉伯文坛的一批作家，他们大多出生于二三十年代且家境贫寒，对国家、民族、社会有强烈的责任感及忧患意识，多在自己的作品中反映新时期国家、民族存在的种种问题，在传承民族文学遗产的基础上借鉴西方现代主义、后现代主义手法进行大胆创新。详见仲跻昆《阿拉伯文学通史》（下卷），译林出版社，2010，第 876 页。

主要作品包括：历史小说《宰尼·巴拉卡特》、苏菲小说《宰阿法拉尼区奇案》、《显灵书：三次旅行》、《落日的呼唤》、《金字塔文本》等。

黑塔尼始终致力于阿拉伯伊斯兰文化研究，从《一千零一夜》、传奇英雄故事、"玛卡梅"叙事体、阿拉伯民间口头文学，乃至地毯图案设计、伊斯兰建筑艺术等阿拉伯传统的文化元素中寻求创作灵感。后受苏菲神秘主义思想的启发，他自发地构思如何通过小说文本实现伊斯兰传统文化精髓的发扬与传播，进而在文学形式上为自己赢得了"混杂大师"[①] 的美誉。其曾先后荣获埃及国家鼓励奖、埃及科学艺术一级勋章及法国骑士勋章等。

一 小说意象与文本结构的互文性

小说《金字塔文本》(متون الأهرام，以下简称《金》）是黑塔尼于 1999 年创作的第四部具有鲜明神秘主义色彩的苏菲小说，也是作者迄今为止发行的最后一部苏菲小说。作品各章分别以不同历史背景、不同身份的人物为描写对象——主要包括观察者、潜入者、攀登者、测量者、旅行者、守望者、爱慕者等或真实存在于历史，或由作者虚拟的角色，通过叙述他们各自的经历，向读者展示形形色色的人物与金字塔之间的纠缠、眷恋、向往、恐惧等千姿百态的众生图像，并从中宣扬苏菲主义"消解自我、追求真理、人主合一"的处世哲学。

以文本组织构建对"金字塔"建筑本身的形式模仿是《金》的叙事特征之一。"某一文本与其引用、重写、吸收、延长或者一般意义上转换的另一些文本之间的关系"[②] 被认为是文本间的互文性，"互文性"这一概念最先由克里斯蒂娃受巴赫金启发提出，然后被进一步系统阐述并发展，在广义的内容上主要意指一个文本与其明显相关的其他文本之间的关系。黑塔尼创造性地将金字塔的空间结构与苏菲神秘主义的哲思转化为小说的艺术形式，表现出奇特的叙事技巧，这种文本内容与小说意象间的互文特征更巧

---

① See: Ziad Elmarsafy, "The Survival of Gamal Al-Ghitany," *Sufism in the Contemporary Arabic Novel* (Edinburgh University Press, 2012), p.78.

② 〔美〕杰拉德·普林斯:《叙述学词典》(修订版)，乔国强、李孝弟译，上海译文出版社，2011，第 106 页。

妙地体现了“一种人文与空间关系的启示”[①]。

《金》的全文由十四个独立章节组成，除了第一章中分为 26 个独立小节，其他各章均为完整的文章；另外，每章的篇幅由长至短逐步递减，特别是最后的第十至第十四章都只有寥寥数语，在形式上体现了文本结构对空间意象的明显模拟，这种刻意而为的形式结构正是为了逆序模仿金字塔建筑三角形的造型特色，也类似于豪尔赫·路易斯·博尔赫斯（Jorge Luis Borges）的“迷宫叙事”内容与形式之间的互文风格。约旦大学教授阿依达·阿兹迦（Aida O. Azouqa）曾撰文将《金》与博尔赫斯的小说进行对比，他认为“《金》在作品形式上具有明显的后现代特征，特别是具有‘元小说’的文本特质，集中表现‘反小说、自我指涉、隐喻主题’等方面，这种文本形式上的不确定性与博尔赫斯《交叉小径中的花园》的写作风格有异曲同工之妙”[②]。

从篇幅及文体的角度看，第一至第九章为故事性的叙事文体，黑塔尼分别以一个描述苏菲功修状态的单词为每一章命名，而篇幅则由长渐短呈明显的递减形式。第一章为 7 至 25 页，第二章为 29 至 48 页，第三章为 51 至 61 页，第四章为 65 至 70 页，第五章为 73 至 78 页，第六章为 81 至 87 页，第七章为 91 至 93 页，第八章为 97 页，第九章为 101 至 102 页。这意味着从第一至第九章分别占用了 19、20、11、6、6、7、3、1、2 页的篇幅。最后的第十至第十四这五章则明显简略得多。虽然每章仍安排了整整一个页面，但不再标注任何标题，取而代之的是寥寥数语，分别只由七个、四个、四个、四个、三个零星的单词组成，或成句或不成句，或诗歌或散文，这种苏菲式的含混表达也给读者留下了无尽的衍生空间，如同黑塔尼笔下的金字塔尖，这里是所有石块的终点，而无法掌握的虚空也从这里真正开始。

> 在这个存在背后的又是什么？它为什么以这样的形式出现？物质是如何与虚空联系在一起的？这一座由巨石堆砌而成的庞然大物，而当我们抬头眺望时它逐层递减，直到最后一块巨石在某一个位置终止，之后便是无尽延伸的虚空。这感染了在塔底参观的人们的情绪，无限

---

① أ. د. عبدالجليل غلزالة، **الإنسان والتجليات الفضائية عند جمال الغيطاني**، شبكة الأدب واللغة، الجمعة، ٠٦ يوليو ٢٠١٢.

② Aida O. Azouqa, “Gamāl al-Ghīṭānī’s Pyramid Texts and the Fiction of Jorge Luis Borges: A Comparative Study,” *Journal of Arabic Literature*, Volume 42, Issue 1, pp.1–28.

从这里开始，它不仅仅是金字塔的基座而已，而是从地球上生长出来的一块实体，然后向整个宇宙延伸，最终与完满联系在一起。在金字塔的顶尖，是肉眼无法看见的一个起点，对那些难以理解、感知与掌握的未知而言，它既是起点又是终点。(《金》：59)

苏菲经验以不可言说为主要的神秘表征之一，而在宗教、信仰范畴内，这种主观的、高端的、稀缺的至高感受往往容易使信徒产生好奇、想尝试的心理。如此，在一个以苏菲功修经验搭建的文本框架下，读者也会不自觉地被它吸引，更想要进入文本内部一窥究竟。这种吸引型的结构布局既符合苏菲神秘主义的一贯特征，又进一步明确了小说文本的苏菲内涵指向。

此外，在每一章的故事内部同时具有金字塔建筑属性上层次分明、封闭循环的特征。在小说中，“金字塔”是主要的空间意象，同时，作为一个具有消解时空、消解自我功能的绝对空间，它又以反时空的形式存在，提供了解决小说人物精神困境的专属空间场域。正如小说第一章最后一节的标题所言的“每一条道路最后都走上苏菲之道”(《金》：25)，苏菲主义要求个人在对真主的纯粹之爱中完成混化，因而每一个人物的最终命运也都消解在金字塔中。

在中心人物“图哈米谢赫”的故事中，关于金字塔的秘密及那份古老的手稿是他一生追寻的目标，他从少年等到了老年，从遥远的摩洛哥来到埃及，向不同的人打听金字塔的故事，在不同的位置上眺望金字塔的方向。尽管他的活动范围在金字塔的空间之外，他的精神理想却一直在金字塔的空间之内，他的一生始终围绕着对金字塔的渴望。同样，无论是冒险潜入金字塔内部的七兄弟、登塔家族的后人、测量学家伊本·艾勒舒赫奈，还是拥有埃及灵魂的外籍女性，他们的命运主线都围绕着金字塔发生、发展，有的人从外部测量塔身，有的人从外部攀登塔顶，有的人从内部探寻塔底……发生在不同时期、不同背景下的故事，就像金字塔的每一层塔基，最终在相同的空间意象中汇聚集合，构成完整和谐的巨大整体。对每个不同故事层面的人物而言，他们各自的故事都因金字塔缘起，又以金字塔终结，金字塔不仅是人物身体活动的外部空间，还是人物心理变化的内部空间。正是借助这种封闭性空间下的同义反复循环，“金字塔”成为推动人物走向异化的主要外部因素，小说空间场景的变化标志着个体权益的伸张，人物从社会性空间向自然性空间逃亡、从公共空间向个人空间藏匿、从“显”的世界向“隐”的世界隐遁的诸般轨迹，勾画出主体突破圈禁、争取自由的艰辛历程。

因此，这种文字数量上的由多至少，章节篇幅上的由长至短、逐层递减，章节内部的封闭循环等文本形式使小说在叙事结构上直接构成了文本形式对金字塔建筑本身的一种互文性模仿关系。小说所呈现的是一种渐进的文本节奏，并带领读者层层递进、提升，既回应了每一章象征苏菲状态的标题，又在立体空间中完成了对攀登金字塔过程的模拟，将读者接近本文的过程塑造成一段由远至近、分层接受的内心体悟。正是这种互文性的结构改变了小说的视界，将金字塔从一个单一的建筑模型，提升为苏菲主题的象征对象；空间转化为始终存在的隐性“角色”，承担着塑造人物、深化主题的功能。因此，可认为黑塔尼在《金》中对空间叙事的探索是其小说后现代性转向的重要标志之一。

二　空间意象对苏菲主题的指涉

“叙事其实是人的基本活动，是人的存在的本能和方式，历史其实也是以叙事的方式存在的，……而构成叙事底蕴的正是一种秩序感。”[①] 在《金》中，黑塔尼努力营造的正是建筑层面的这种秩序感。在第一章中，黑塔尼将图哈米谢赫的故事分为 26 个小节（部分），每个小节又以一句诗性的苏菲语言作为引语。每一个人物的故事，既不以时间为线索，也没有完整的发展主线，时空交错，情节跳跃，叙事者时而站在远处观察着人物的行为，时而又似乎进入了他的内心深处，诉说着人物的心情。过去与未来都变得模糊不明，是一种“虚无”；只有当下、现在、此刻，一切正在经历的才是每个人所要关注的焦点，才具有存在的意义。

话语是人类艺术创作的产物，它虽不能直接带领人们走向现实世界，或将立体的物质现实直接呈现在人们的面前，但是它可以借助人们潜意识中的各种形象，去虚拟一个更为辽阔的想象世界。苏菲小说的叙事手段，

① 吴晓东:《从卡夫卡到昆德拉：20 世纪的小说和小说家》，生活 · 读书 · 新知三联书店，2003，第 248 页。

正是将功修这种不可言说的体验以艺术的、神秘的话语形式传达给读者，借助读者自身的想象进而去丰富、去发展这种主观的感知本身。“金字塔”正是黑塔尼选定的作为表达小说苏菲经验的自由场域的空间意象。在现实生活中，类似的神秘经验对大部分人来说仍有一段无从解释的距离、仍然处于一种认识缺失的位置，即便如此，作者黑塔尼还是能够成功地将文字语言作为他建构苏菲经验的自由场域，在文本中组合那些可以代表神秘体验的多义性符码，通过描述、隐喻、暗指、想象等方式去表达这种暗含的、巨大的神秘力量，在变异的外表下潜藏作者精心营建的真实所指。

《金》的苏菲主题首先体现在它以描述苏菲功修的状态所命名的章节标题上。小说的第一至第九章分别选用渴望、闯入、消亡、感知、入迷、持续、闪耀、沉默、舞蹈这九个修行过程中常用于表达渐进的功修状态的词语来命名，目的就是将文本的叙事经验、读者的阅读体验与苏菲的功修过程三者紧密地联系在一起，尽可能地营造出身临其境的感知氛围。如果仅凭每章的题名尚不足以表明作者的苏菲立场，那么进入第一章后，作者立即毫不吝啬地将整个苏菲神秘世界呈现出来，为小说的金字塔结构建造了一个结实的底座，而这一切全部围绕着小说的中心意象“金字塔”发生、发展。

在开篇的第一章中，黑塔尼即将中心人物图哈米谢赫由青年至老年的一生经历进行了浓缩，占据了小说最长的章节篇幅，又以 26 个小节标题将作者心中围绕金字塔展开的“苏菲之道”浓缩地表现出来：

> 记忆中的每一个瞬间都与一个特定的地点相连。
> 没有了解就不会有爱。
> 任何事物都是相互联系的。
> 所有的开端都是伟大的，所有的开端都不会重新来过。
> 白昼生于黑夜，黑夜出自白昼。
> 存在是为了游览，而非为了常驻。
> 时心之所悟眼未见，时目之所至心未觉。
> 你能在夜里看见金字塔吗？
> 此时清晰的他终将沉匿，在时间中掩埋的也将从时间中显露。
> 提问者是无知的，但是……回答者是全知的吗？

坚持到底的人必将抵达，跨越时间障碍的人终将见证一切。

每个阶段的获得都是相对的。

一句话、一个眼神或一个点头示意……或许就让命运转向，更改生活的轨迹。

世上一切皆源自虚无。

人往往不曾意识到自己一直只是个旅行者，无论他是正前进着还是静止不动的。

遥远的访客对人们来说是个陌生人，同样在访客的眼中人群也是陌生的，所以大家都是陌生人。

在寂灭中存在，在存在中寂灭。

一开始遥不可及的，终将因时间的期限越来越近。

坚持遵守是掌握真知的条件。

那些眼睛没有看见的，会通过心灵感悟到。

群山看似稳固、坚实，但每一瞬间都在慢慢消亡。

任何事物都是相互联系的。任何事物都是相对的。

人在行走，时间在流逝。过客该如何追赶永恒?

在异乡的融合会令人失去信念。

每一个灵魂都热切渴望。

每一条道路最后都走上苏菲之道。（《金》：7~25）

这里的26个标题浓缩地反映了黑塔尼的苏菲时空观，标题背后所要强调的正是时空的相对性、变化性与暂时性，它们集中地反映出小说文本对苏菲主义的空间隐喻。“金字塔”是一个相对封闭独立的空间场域，是与俗世外界隔离的密闭环境，围绕着金字塔的叙事发展不再依靠时间形式指引的唯一方向，它是因也是果，它是始也是终，它是过去也是现在更是未来。黑塔尼相信：“时间就是流动的地点，而地点就是凝结的时间。”[①] 作者将金字塔比喻成生命的初始、人生的目标以及最终的归属，没有这个特定的地点，基于时间存在的生命也就失去了意义。

---

① 〔埃及〕贾迈勒·盖塔尼:《我与开罗》，许霄玮、严庭国译,《回族文学》2014年第2期，第81~89页。

在第二章“潜入”中，黑塔尼以想象的方式虚构了金字塔内部的建筑结构——许多弯曲的通道、走廊、房间、关卡，甚至无底洞，通过建构这些点、线、面的神秘性场景布置，原本未知空洞的内部空间有效地转化为文本运行的境界体验，就像神秘的苏菲世界慢慢揭开面纱，将读者带入一种动态的空间关系中，而这种关系恰是作者提出的苏菲主义对人生的思考。

从后续几章中主要人物攀登塔顶的探索、对金字塔外形的测量、青年男女的结伴冒险等活动中可知，尽管时空有别，“金字塔”始终是小说人物意识体验的同一空间，相隔甚远的事件之间在本质上却异常接近，因为金字塔这一隐喻空间引起的回忆、期望、守望、等待、激动、害怕等心理层面相同或接近的水平关系，人物之间的同步感知构成了小说作品整体的一致性，这种贴近普罗大众的适应性也帮助金字塔的空间意象逐步向读者靠拢，帮助传达出苏菲空间隐含的这种同步感知理念——读者可以跟随小说中的人物，尝试放低一切物欲杂念，追求纯粹的理想目标。

别出心裁的是，第十至第十四章没有标注任何标题，在内容上甚至连一句完整的话都没有。黑塔尼刻意将文本编排成金字塔的模型，他将塔尖比喻成实体的终结、虚无的开始，所以他没有在金字塔尖画下句号，这并非因为作者江郎才尽，而是为了响应他“时间有限，空间无限”的时空概念。

在“金字塔”这一特定局限的空间内，小说的意义域并没有因为多元混杂衔接的叙事元素而被混淆，恰恰相反，它变得更明确、更彰显了，黑塔尼“充分利用了阿拉伯民族的口述传统，并通过叙事语言及修辞手段的文学方式，向读者展现出人类与时间、空间相互紧密联系的一种隐藏关系，更重要的是其中隐藏着伊斯兰苏菲文化内涵”①。阿姆斯特丹大学伊斯兰宗教学教授理查德·凡·鲁文曾在《中东文学》杂志撰文指出：“黑塔尼借鉴了安东尼奥·R. 达马西奥（Antonio Damasio）关于人类意识的理论以及魔幻主义的文学表现艺术，用金字塔这一建筑和空间的现象代表人类自身的概念框架，通过对闯入金字塔内部的超自然境界这一神秘经历的表述，象征人类抗争现实的经验与自我认同的实现，同时可被视为一种未知维度中的

① أ. د. عبدالجليل غلزالة، **الإنسان والتجليات الفضائية عند جمال الغيطاني**، شبكة الأدب واللغة، الجمعة، ٠٦ يوليو ٢٠١٢.

自我消解。"[①] 进入苏菲寂灭状态的体验之后，人物已经发现绝对的时间并不存在，时间只是相对的概念，最终将归入空间范畴。这种无言的结局恰恰是为了更加明确地凸显他的苏菲意识，笔者将此总结为：物质的存在终是虚无，精神的升华才是真正的永恒。

正是由于"金字塔"这一空间意象在形式结构与内容上的互文性关系，黑塔尼成功地建构了《金》的特殊文本格局，使小说中多个层面的故事相互交织、重叠，正如拾级而上的金字塔一般，在叙事的分叉与曲折中读者也随人物一起跨入了金字塔的入口，这一空间意象于是成为主要的叙事推动力之一，一层接一层地不停深入，在时间体验与空间认知背后隐含了对自我消解的无限性表达，最终将"探寻"的苏菲主题与散化的时空融为一体。

三　现实困境的互文象征

在伊斯兰教的创教初期，随着传播地域的不断扩大，社会环境和人们的生活条件发生了巨大变化，逐渐显现出一种世俗化的倾向。特别是在尚未形成苏菲派独特的神秘主义教义主张、制度化的清规戒律、程式化的礼仪行为，甚至还没有形成组织形式严密的宗教社团，也不存在不同于其他穆斯林的生活方式之前，每当伊斯兰历史上发生重大事件、思想界发生重大变革时，社会上就会出现一部分虔诚的穆斯林信徒，他们选择逐渐蔑视并远离同时代的人。"这种背离伊斯兰教兴起时倡导的参与世俗生活的教诲，表明了对社会奢侈糜化之风的强烈不满，也显现为对社会日益世俗化倾向的某种消极、无形的抗争，进而作为这些虔信者个人的宗教虔敬行为，逐渐在社会中蔓延开来。"[②] 于是，远离以权力和奢华为中心的世俗社会，在信仰和生活方式上履行相关的避世、禁欲、苦修、游行、隐居等自制行为义务，使苏菲派穆斯林与一般的信众逐渐区别开来。

《金》创作于 20 世纪末，那时，在经历了 1970 年至 1981 年萨达特时代的政治动荡、1986 年至 1995 年穆巴拉克执政中期的经济危机后，埃及社会进入了相对平稳的休养生息阶段。在两百余年的现代化进程与西方文

① Richard Van Leeuwen, "An inner pilgrimage: Jamāl al-Ghīānī's pyramid," *Middle Eastern Literatures*, Volume 9, Issue 2, pp.159–167.

② 金宜久:《苏菲主义在中国》，社会科学文献出版社，2013，第 6 页。

化的渗入冲击下，埃及的精英阶层对传统文化与社会制度进行了深刻反思，并大胆地提出了革新要求。但是，埃及社会长期沉浸在伊斯兰教的宗教氛围之中，埃及虽然是处于现代化之中的发展中国家，但有着深厚的集权和专制传统，人们的政治意识淡薄，参与意愿和水平偏低。此外，传统的社会保守因素与宗教文化因素根深蒂固，埃及民间流行以“法老文化和阿拉伯—伊斯兰文化为载体的传统政治文化，疏于反叛取向，很少背离传统信仰的价值观，属于地域—顺从型（政党制度）”①，因此，执政阶层所倡导的发展现代化经济的改革意识并未能在埃及民众中稳健地推行。埃及社会暗潮涌动，社会矛盾、经济危机与失业、贫困都成为人民现实生活中的切实问题，民众处于屈从的地位，并直接导致个人意识上产生焦虑、不安、竞争、对抗等一系列的民族困境。

不难发现，作者选择金字塔作为小说的主要空间意象，除了伊斯兰传统与苏菲教义对于清心苦修的需要，还有现实层面的客观原因。如果说“宰阿法拉尼街区”是黑塔尼从埃及市井生活中提炼出的一个具象缩影，那么将金字塔作为主旨表达的“空间意象”则要抽象、复杂得多，相较于街区的实体性、日常性、熟悉性而言，金字塔明显富有神秘意味，它同时映射了生死、神权、永恒等人类主题。“比喻（象征）的根基是一种人本主义，或是一种神秘的象征主义……人的精神与自然界有一种交互感应，人的精神与世间万物有一种普遍应和。最终是人的感官、精神与上天的应和。因此，这种比喻及象征成为人与世界联系的一种方式，是人把握世界的方式。”② 作家大胆地将小说文本“比喻”为金字塔，而这种比喻最重要的基础就是“天人合一、物我相契”的苏菲观念。苏菲主义认为，人借助物才能更彻底地了解自身，物化世界其实也是人类本身的喻体存在，因而，小说中的“金字塔”既是人物苦修的空间，也是生存斗争的场景象征，更是作者想要表达的民族困境所在。

无论是遵从导师安排离开故乡扎姆山谷的图哈米谢赫、周游列国的外籍女孩、本地登塔家族的后人，还是冒险探寻的七兄弟……他们最终都决定选择金字塔作为各自生命的至高归属点，以此为奋斗目标，克服艰难险

---

① 毕健康：《埃及现代化与政治稳定》，社会科学文献出版社，2005，第 431 页。

② 吴晓东：《从卡夫卡到昆德拉：20 世纪的小说和小说家》，生活 · 读书 · 新知三联书店，2003，第 249 页。

阻，不惧斗争。当小说的主要人物因不同目的、采用不同方式将人生轨迹转向“金字塔”的时候，他在个体转移上实际是从社会空间向自然空间的藏匿、逃亡，实现了个人存在从“显”到“隐”的遁形，并在“金字塔”的空间意象中重新赢得了个体生存与精神舒展的全新领域。

兼具实验性、互文性的“空间书写”策略是小说《金》有别于作者前三部苏菲小说的显著特色。福柯认为：“空间从来都不是单一的现实。事实上，全然不同的现实在并不确定的界限内的相遇和融合，创造了一个杂种的复合世界。”① 这里，金字塔的空间意象除了本身具有的建筑物属性外，更重要的是象征了对人类存在意义的终极整合，黑塔尼在《金》中表现出的对空间叙事的探索是其小说现代性、精神化转向的重要标志。黑塔尼以埃及的地理标志物“金字塔”作为主要意象，其不仅是小说叙事的唯一空间场域，作者更以此隐喻了人类生存、斗争的终极归属，也以此象征着人类生命起始与最终归属的“合一”关系。

优秀的作家一定会将积极的生存理念蕴含在他的作品中，黑塔尼宣扬的就是这样一种积极的生存态度。尽管金字塔的意象选择与山洞的自然属性存在很大程度的模拟性，但这两者间最大的不同在于，黑塔尼的金字塔辩证地扬弃了传统苏菲主义中关于独身、弃世、离群、索居的观点。从苏菲与现实两方面的考量出发，金字塔建筑内部的密闭性既模拟了苏菲功修者避世修行的独立场域，构成一种暗合，同时，又恰当地隐喻了现实中的埃及社会，乃至整个阿拉伯民族在世纪之交的特殊历史时期所处的生存困境。建筑只是作为它的一个物化形式，也是一种文本的隐喻手段，它真正的存在意义是对零落、无序的现实世界的象征性反讽，小说中各个人物对金字塔宿命性地探寻和追求代表着人类对自身存在意义的本能渴望。“这种内心的冲动与身体的运动不仅仅是为了攀登金字塔，更是延续这条道路，超越被记载下来的已知的局限，为了继承这个祖传下来的身份。”（《金》：59）“越是靠近金字塔，越是清醒地意识到，自己已经提前到达了那些驿站。虽然他清醒的意识不容忽视，他敏锐的知觉也分毫不差，然而流逝的东西很多，很多很多……留下的东西却很少，很少很少。”（《金》：85）这种对终极存在的探寻渴望，最终回归到苏菲主义“寂灭”思想所主张的

① 〔英〕丹尼·卡瓦拉罗：《文化理论关键词》，张卫东等译，江苏人民出版社，2006，第 184 页。

“万物隐灭，真主显现”的观点上。

在积极宣扬苏菲主义忍耐奉献、净化心灵、提升道德的行为准则与处世思想的同时，作者始终主张阿拉伯民族应该从自身的心灵能量场中吸收精髓，充实灵魂，最终更好地反馈社会、建设现实世界，而不是消极地逃避、解脱，抛弃自己生存的社会，这也是小说《金》与作家黑塔尼的终极意义所在。

Mutun Al-Ahram: A Combination between Sufi Narrative and Intertextuality

ZHANG Xumin

Abstract: Gamal El-Ghitani is a renowned Egyptian novelist. His literal works feature with distinctive Sufi characteristics. Taking his novel Mutun Al-Ahram as an object of research, this article has focused on the intertextual narrative features presented by the novel's structure and content, and how the "pyramid" as a space image was used intertextually in the form and content of the text, as well as how it cooperate with the Sufi theme. The article also tries to interpret the real Sufi connotation hidden under the complicated representation of the novel, in an attempt to reveal the goal of the writer—the active exploration of Sufi experience that he promotes still holds universal values.

Keywords: Gamal El-Ghitani; Sufism; Intertextuality; Mutun Al-Ahram

*Saj*ʿ and the Chinese Rhymed Prose（塞吉阿与中国的辞赋）

Ailin Qian（Iowa, USA）
钱艾琳（美国爱荷华州）*

Abstract: *Saj*ʿ is a highly artificial style of Arabic literature which can be traced back to pre-Islamic soothsaying and the Qur'ān. It is characterized by rhythms and rhymes, as well as "the use of an obscure, archaizing, bizarre and cabalistic vocabulary."① In the Islamic period, Sajʿ not only reasserted itself with the development of Arabic oratorical art, but also became increasingly used in official correspondence and other forms of prose writing such as the *maqāmah* genre.

In the Chinese literature, there is also an archaic genre called *cifu* that lies midway between prose and poetry, and "had close ties with a tradition of wizardry." *Cifu* became very popular in the Han period (ca. 206 B.C.E.-220 C. E.) for its lush verbal imagery and descriptive function.

Very few scholarly ink has been spilled comparing Arabic *saj*ʿ and Chinese *cifu*, the two famous examples of rhymed prose in pre-modern world literature.

* 钱艾琳，本科和硕士毕业于北京大学阿拉伯语系，博士毕业于美国宾夕法尼亚大学近东语言与文化系，现为独立学者，旅居美国。

① Toufic Fahd, Wolfhart Heinrichs and A. Ben Abdesselem, "Sadjʿ," in *Encyclopedia of Islam*, 2nd edition, accessed April 30, 2009, http://proxy.library.upenn.edu:3678/subscriber/entry?entry=islam_COM–0959.

This paper aims at discussing the origins of the two styles, their different fates after the advent of Islam and Confucianism, as well as some of their common usages in later literary texts, in the hope that we may consider both Arabic and Chinese rhymed prose in a broader context.

Keywords: *Sajʿ*; *Cifu*; Rhymed Prose; Khuṭbah; Soothsayer; Maqāmah

The Pre-Islamic Sajʿ

Poetry and prose are two basic modes of human expression. As the Arabic literary critic Ibn Rashīq al-Qayrawānī (d. *c*. 463/1070–1) puts it, "The speech of the Bedouin is of two kinds—'strung' and 'scattered'" (*wa kalām al-ʿArab nawʿān: manẓūm wa manthūr*).① This dichotomy between poetry (*naẓm*) and prose (*nathr*) has not only introduced into Arabic literary criticism the simile of the stringing of pearls, but also underlined the supremacy of poetry over prose. Ibn Rashīq notes that all discourse was at first "scattered." When spoken expressions were joined to each other, their value increased and they were less likely to be forgotten. This is a statement made by an 11th-century scholar who was familiar with the fifteen poetic meters recorded by al-Khalīl ibn Aḥmad (d. *c*. 170/786) and for whom "poetry is a metrically rhythmic and rhymed discourse expressing an idea (*kalāmun mawzūnun muqaffan maqṣūd*)."② However, modern scholars have argued that a primitive mode of expression pre-dates both free prose (*nathr mursal*) and metrical poetry (*naẓm*). It is called *sajʿ* in Arabic and often considered a sub-category of prose (*nathr*).③

---

① Abū ʿAlī Ḥasan ibn Rashīq al-Qayrawānī, *Al-ʿUmdah fī maḥāsin al-shiʿr wa adabihi wa naqdihi* (Beirut: al-Maktabah al-ʿAṣrīyah, 2001), 1:12; translation consulted from Vincente Cantarino, Arabic Poetics in the Golden Age (Leiden: E. J. Brill, 1975), p.141.

② Qudāmah ibn Jaʿfar, *Naqd al-shiʿr* (Cairo: Maktabat al-Khānjī, 1979), p.17. Such definitions and conventions were based on the relatively late *shiʿr*, or metrical and prosodic poetry. As a result, Ibn Rashīq failed to admit that there was another type of human expression that straddles the line between prose and poetry.

③ Devin Stewart, "Sajʿ in the Qur'ān: prosody and structure," in *Journal of Arabic Literature* 21 (1990): 101–39 (at pp.132–4).

Generally speaking, a paragraph of *saj*ʿ comprises several short rhythmic units (from 4 to 10 syllables) which are grouped with a common rhyme.[①] It is for this reason that Régis Blachère rendered *saj*ʿ as "rhymed and rhythmic prose (prose rimée et rhythmée)."[②] Others tend to treat *saj*ʿ as a primitive type of poetry. For example, Dmitry Frolov regards *saj*ʿ as having a prosodic structure of a common Semitic type; it is an important stage in which Arabic verse transferred from pure parallelistic pattern to a rhythmic pattern based on the sequence of morphological word models (*wazn*).[③] In other words, *saj*ʿ conforms to an accentual meter: each rhythmic unit (sg. *saj*ʿ*ah*, pl. *saja*ʿ*āt*) is likely to have the same number of word-accents as its partner units. The prosodic unit of *saj*ʿ is the word (*lafẓah*) and not the syllable (*taf*ʿ*īlah*).[④]

Some examples of pre-Islamic *saj*ʿ have been preserved to this day; they "consist for the most part of proverbs, maxims, stories and legends."[⑤] Another good place to trace the residues of *saj*ʿ is the pre-Islamic *khuṭbah* (oratory, sermon). Speaking of sermons, we should mention the semi-legendary Quss ibn Sāʿidah al-Iyādī (d. *c.* 610), the bishop of Najrān. Quss is mostly remembered by the Arabs for his paramount eloquence.[⑥] The young Muḥammad is said to have attended Quss's sermons while the latter mounted on his camel at ʿUkāz.[⑦] The pre-Islamic fair of ʿUkāẓ as the common venue to showcase both poetry and oratory is noteworthy. What is more, Muḥammad was still able to recite a passage of Quss's sermon several years later from his memory:

*ayyuhā ʾl-nās ijtami*ʿ***ū*** *waʾsma*ʿ***ū*** *wa* ʿ***ū***. *man* ʿ*āsha* ***māt*** *wa man māta* ***fāt*** *wa kullu mā huwa* ***āt***[in] ***āt***...

① See "Sadjʿ."

② Régis Blachère, *Histoire de la Littérature Arabe des origines à la fin du XVe siècle de J –C.* (Paris: Adrien–Maisonneuve, 1964), p.189.

③ Dmitry Frolov, "The Place of Rajaz in the History of Arabic Verse," in *Journal of Arabic Literature* 28, no. 3 (1997): 242–90 (at pp.265, 288).

④ "Sajʿ in the Qurʾān," p.133.

⑤ See "Sadjʿ."

⑥ Arabs have even coined a proverb *ablagh min Quss* ("more eloquent than Quss").

⑦ See "Sadjʿ."

> O [good] people, gather [around me], hear and ponder. Every living being is mortal, he who dies belongs [forever] to the past, and everything which [must] come to pass will [assuredly] come to pass...①

This specimen of very rhetorical *saj*ʿ contains two rhythmic units; the first one is marked with the rhyme "-ʿ*ū*," and the second with the rhyme "-*āt*." The purpose of Quss's sermon is to provide pious counsel to the audience; he used his eloquence to persuade them into doing good deeds.② Bear in mind Muḥammad's familiarity with delivering speeches with assonances and verbal sonority (and the obvious benefit of rhymes and rhythms in regarding memorization), it is not surprising that the Qur'ān contains a large quantity of *saj*ʿ. According to Devin Stewart, 85.9% of the *āyāt* in the Qur'ān rhyme,③ thus raising the question as to why *saj*ʿ experienced a long period of decline during the first two centuries of Islam.

As a tool of rhetoric, *saj*ʿ was also used by pseudo-prophets, diviners and soothsayers during pre- and early Islamic times. "Astrometeorological sayings" and "descriptions of clouds and rain" were recorded in the *saj*ʿ style as well.④ Al-Maqdisī notes that in the late *Jāhilīyah* period, the rhymed style (*uslūb musajja*ʿ) had been quite à la mode among religious circles.⑤ After the advent of Islam, whose scripture displays an obvious kinship to *saj*ʿ, "enemies of Muḥammad tried to detract from the validity of his messages by labelling them the inventions of a poet or soothsayer."⑥ In order to defend the divine attribute of the Qur'ān, Muslim scholars were eager to discriminate between the Qur'ānic style and that

---

① See "Sadjʿ."

② Tahera Qutbuddin, "Khutba: The Evolution of Early Arabic Oration," in *Classical Arabic Humanities in their Own Terms: Festschrift for Wolfhart Heinrichs on his 65th Birthday*, eds. Beatrice Gruendler and Michael Cooperson (Leiden: Brill Academic Publishers, 2008), pp.176–273 (at pp.223–225). For the Chinese translation, see Zhong Jikun (仲跻昆), *Alabo wenxue tongshi* (阿拉伯文学通史)(Nanjing: Yilin chubanshe, 2010), 1: 160.

③ "Sajʿ in the Qur'ān," p.108.

④ See "Sadjʿ."

⑤ Anīs al-Maqdisī, *Taṭawwur al-asālīb al-nathrīyah fī al-adab al-ʿarabī* (Beirut: Dār al-ʿIlm lil-Malāyīn, 1968), p.13.

⑥ "Sajʿ in the Qur'ān," p.102 (also see note. 6 on p.102).

of *saj*ʿ. In the works of the advocates of "the inimitability of the Qurʾān" (*iʿjāz al-Qurʾān*), *saj*ʿ was defined as "a poetic mold for a worthless message."① For example, al-Rummānī (d. 384/994) gives an example of cryptic and meaningless *saj*ʿ that is attributed to Musaylimah, the pseudo-prophet of Banū Ḥanīfah:

> *yā ḍifdaʿu niqqī kam taniqqī lā ʾl-māʾa tukaddirīn wa-lā ʾl-nahra tufāriqīn.*
>
> O frog, croak away! You croak so much, but you don't muddy the water, and you don't leave the river.②

Such a negative attitude towards *saj*ʿ is reflected in the medieval dictionaries as well. They traced the etymology of *saj*ʿ to "an imitation of the repeated, jerky and monotonous cooing of a pigeon or dove, or the drawn-out and monotonous moaning of a camel."③ Nevertheless *saj*ʿ was revived in the 4th/10th century as a highly ornate and literary prose style as seen in epistles, sermons and *maqāmāt*. Our major task in this paper is to argue that its revival in Arabic literature and Arab society should also be regarded as a continuation of some of its pre-Islamic functions. It is for this reason that *saj*ʿ's association with the soothsayers of pagan Arabia (sg. *kāhin*, pl. *kuhhān*) should merit some discussions in the next section.

*Saj*ʿ and the Soothsayers

Toufic Fahd has noted that "in origin, *saj*ʿ denoted the *kāhin*'s entry into a trance, the oracular utterance issuing from this state, and then the stylistic form of this utterance."④ He provides a Sumerian origin to this word, since

---

① "Sajʿ in the Qurʾān, p.105.

② Ibid. Stewart was quoting from *al-Nukat fī iʿjāz al-Qurʾān*, in *Thalāth rasāʾil fī iʿjāz al-Qurʾān*, edited by Muḥammad Khalaf Allāh and Muḥammad Zaghlūt Salām (Cairo: al–Matbaʿah al–taymūriyyah, 1969), pp.97–98.

③ See "Sadjʿ."

④ Ibid.

the Akkadian *shugītu* (fem. of *shegu*), which was borrowed from Sumerian, "designates the hierodule who had to act as oracle in the temple where she officiated."① When we look up sh-g-ʿ in *The Hebrew and Aramaic Lexicon of the Old Testament*, we can find that the root comes from the Akkadian *šegû* (*m*) which means "to be wild, rage."② Thus in Biblical Hebrew where the root only occurs in *pual* and *hitpaʿel* forms, we come across meanings like "raging, mad" (see Dt 28:34) and "to behave like a madman" (see Samuel 21:15). It is interesting that the root is also used "contemptuously and mockingly of the prophets,"③ like in 2 Kings 9:11: "wherefore came this mad fellow (*ha-mshuggaʿ*) to thee?"

As for *kāhin*, it is a term belongs to Canaanite, Aramaic, Hebrew and Arabic traditions. The *BDB Hebrew and English Lexicon* states that Arabic *kāhin* "is a seer, the organ (mostly) of a jinn, rarely of a god."④ It also holds that *kāhin* and its Biblical Hebrew counterpart *kohen* "must have been originally identical (both alike being guardians of an oracle, at a sanctuary); but their functions diverged: the *kāhin* gradually lost his connection with the sanctuary, and sank to be a mere diviner; the *kohen* acquired fuller sacrifice functions."⑤

If we combine all those quotations, we can draw a picture of pre-Islamic *kāhin* (or the female *kāhinah*). The *kāhin* was the "agent of the official cult." When the head of his tribe came and asked for an oracle, the *kāhin* would enter into a trance, then he murmured some "short, rhymed phrases, with rhythmical cadences and the use of an obscure, archaizing, bizarre and cabalistic vocabulary." The *kāhin* seemed to be inspired by a jinn since people believed that only jinns were able to understand those magical formulae. Sometimes, the *kāhin* would cover himself at the time of his visions, thus the name *Dhū al–*

① See "Sadjʿ."

② Ludwig Koehler and Walter Baumgartner, *The Hebrew and Aramaic Lexicon of the Old Testament* (Leiden: Brill, 2001), Study Edition, vol. 2, 2: 1415.

③ Ibid.

④ Francis Brown, S. R. Driver, and Charles A. Briggs, *The Brown Driver Briggs Hebrew and English Lexicon* (Peabody: Hendrickson, 1997), p.462.

⑤ Ibid.

khimār (the man with the veiling) came into being. In the eyes of the beholders, it is hard to tell the difference of "inspired by a jinn" and "possessed by a jinn (*majnūn*)," in which case the *kāhin* might even look like a mad person① uttering mysterious sentences.

In his article "A Mantic Manifesto", Michael Zwettler calls attention to Muḥammad's first revelation reported in *Sīrat Rasūl Allāh*. He points out that it is based on similar mantic experience and pronouncements that Muḥammad's Meccan tribesmen compared him, the receiver of divine knowledge, to poets or *kāhin*s.② Neither poets nor *kāhin*s were "commonly considered fit leadership material by their contemporaries,"③ for their jinn-inspired knowledge was "morally neutral" and "of relatively little practical value in ordering the behavior, affairs, lives, and communities of human beings over the long term."④ In the same article, Zwettler gives several occasions when pagan Arabs would come to consult the *kāhin*:

> In simplest terms, the *kāhin* was a consultant on the occult, a soothsayer or oracle whose short, cryptic, rhymed, jinn-inspired pronouncements on such matters as lost camels, launching of raids, determination of paternity, and especially dream interpretation and other kinds of auguries were seldom volunteered but were besought and were usually compensated.⑤

If originally *saj*ʿ is the speech of a *kāhin* at work, then we have reason to

① In Chapter 37 of the fourth book of *Gargantua and Pantagruel*, Pantagruel suggests his companion to consult a madman for it is said that a madman can teach a scholar. See *The Five Books of Gargantua and Pantagruel*, trans. Jacques Le Clercq (New York: The Modern Library, 1944), p.431.

② Michael Zwettler, "A Mantic Manifesto: The Sūra of 'The Poets' and the Qur'ānic Foundations of Prophetic Authority," in *Poetry and Prophecy: the Beginnings of a Literary Tradition*, edited by James L. Kugel (Ithaca, NY: Cornell UP, 1990), pp.75-119 (at pp.80-81).

③ Ibid, p.80.

④ Ibid., pp.79-80.

⑤ Ibid., pp.77-78.

infer that *saj*ʿ at the beginning was not very "literary." Al-Jāḥiẓ mentioned in his *Kitāb al-bayān wa'l-tabyīn* that since *saj*ʿ was too closely linked to magic and to certain practices belonging to paganism, Muslims dissociated themselves from this mode of expression.① Here we would like to quote the famous *ḥadīth* of the fetus. One woman of the Hudhayl tribe struck a pregnant fellow tribeswoman. Then the guardians of the two women disputed in front of Muḥammad for the pregnant woman who had a miscarriage before dying herself. When the Prophet determined that the blood money should be paid for both the mother and the fetus in her womb, the guardian of the attacker complained:②

> *Yā rasūla al–lāh, a adī man lā shariba wa lā a**kal** (a), wa lā ṣāḥa fa'staha**l** (la), wa mithlu dhālika yuṭ**al** (lu).*
>
> *Fa qāla al–rasūl: a saj*ʿ*an ka saj*ʿ *al–kuhhān?*
>
> "O Prophet of God! Should I pay the blood–price for someone who has never drunk or eaten, never shouted or raised his voice? In such a case like this, the blood should be unavenged."
>
> The Prophet then said: "Is this *saj*ʿ like the *saj*ʿ of the *kāhin*s?"

It is clear from this paragraph that *saj*ʿ uses the truncated pausal form and permits rhyming a geminated consonant with a single one.③ Making judgment was *saj*ʿ's another important field of application in pre-Islamic times, as *ḥakam* (arbitrator on the occasion of a *munāfarah*-debate) is often recognized as a secondary designation for soothsayers.④ The Prophet Muḥammad, who was familiar with the style, would deliberately avoid using it lest he be associated

---

① See "Sadj̲ʿ."

② al-Maqdisī, p.13.

③ Frolov, p.265.

④ Toufic Fahd, "Kāhin," in *Encyclopedia of Islam*, 2nd edition, accessed April 29, 2009, http://proxy.library.upenn.edu:3678/subscriber/entry?entry=islam_SIM-3784.

with jinn-inspired soothsayers.① *Khuṭbah*s in the Islamic milieu may have deleted traces of rhymes and focused more on parallelism (*izdiwāj*), assonance (*muwāzanah*) and repetition (*takrār*). But they still maintained quite a few ritual and divinatory functions that could have been monopolized by soothsayers in pre-Islamic times. For example, Tahera Qutbuddin mentions the oration-cum-prayer "in two special cases—asking God for rain in times of drought (*istisqā'*), and for protection in times of eclipses (*kusūf*)."② These two cases could well fit in "astrometeorological sayings" and "descriptions of clouds and rain," the two applications of pre-Islamic *saj*ʿ. Even though *saj*ʿ had experienced a long time of decline after the advent of Islam, its roots were not removed from the cultural soils, but continued to develop under the new Islamic label. For instance, ʿAlī ibn Ṭālib (d. 40/661), Ziyād ibn Abīhi (d. 53/673) and Ṭāriq ibn Ziyād (d. after 95/714) had used *saj*ʿ in their religio–political *khuṭbah*s.③ The hibernating *saj*ʿ was finally summoned and revived when chancery prose writing (*kitābah*) began to compete with poetry. Having absorbed many nutrients from the *badī*ʿ (innovative) style of poetry, *kalām* (theology) and *falsafah* (Hellenizing philosophy), it became a much more eloquent style than its pre-Islamic forebear and was admired and practiced in the following millennium.

Chinese *fu* and the riddle of the *Needles*

After the discussion of the functions of *kāhin*s and the usages of pre-Islamic *saj*ʿ, we now turn to the Chinese rhymed prose. Chinese *fu* (赋) or *cifu* (辞赋) ("rhymed prose" or "rhapsody") also straddles the boundary between prose and poetry. The name of *cifu* actually reveals its two sources: *ci* of the *Chu Ci* (《楚辞》) ("Songs of Chu" or "Elegies of Chu") and *fu* of the *Shi Jing* (《诗经》) ("Classic of

---

① Muḥammad's forebears, the chieftains of Banū Hāshim, were eloquent orators and used *saj*ʿ in their speeches. However *saj*ʿ is absent in Muḥammad's political *khuṭbah*s preserved to this day. See Qutbuddin, pp.226–230. Muḥammad's attitude also explains the lack of *saj*ʿ in the *khuṭbah*s of his Companions, see ibid., pp.230–238.

② Ibid., pp.198–199.

③ Ibid., pp.237–245, 250–253.

Songs"). *Chu Ci* stands for the group of poems written by Qu Yuan(屈原)(c. 339–278 B.C.E.) and his followers. Their works absorbed many folk shamanistic elements since wizardry and superstition were prevalent in the Chu culture. Hence Chinese rhymed prose, in origin, "had close ties with a tradition of wizardry prevalent along the southern fringes of the Chinese cultural sphere."① As for *fu*, the second source of *cifu*, it was defined by the Confucian school as one of the six principles dominating the composition of *Shi Jing*.② *Fu* was etymologically traced to taxation(*fulian* 赋敛) and later rendered as "[an exhaustive] narration." The Confucian philosophers attached great importance to both the *Chu Ci* and the *Shi Jing*, both of which were frequently annotated and interpreted according to the requirements of the school. As a result, the rhymed prose as a literary style had not experienced a period of decline after the establishment of the unified and centralized dynasties of Qin(秦)(221–206 B.C.E.) and Han(汉)(ca. 206 B.C.E.–220 C. E.), as the Confucianism established as the state religion since Han. The famous Han historian Ban Gu(班固)(32–92 C.E.) regarded *cifu* as a ramification of *Shi Jing*(《诗经》), in order to emphasize on their common function of religio-political edification. Moreover, *cifu* was the most renowned literary genre in the Han period because of its lush verbal imagery and descriptive function that refer back to its two sources. Before it turned into a highly literary genre, *cifu* was characterized by its pragmatic applications which provide interesting perspectives for us to compare it with the Arabic *sajʿ*.

Guo Weisen states that in pre-Han times, *cifu* was primarily used in the speech of lawsuits(*susong* 诉讼, cf. the *ḥadīth* of the fetus), in sacrifices and prayers(*jizhu* 祭祝, cf. *shugītu* and *kāhin*), and in diplomacy(*pinwen* 聘问). It also has some connections with folk songs(*chengxiang* 成相) and riddles(*yinyu*

① Victor H. Mair, "The Prosimetric Form in the Chinese Literary Tradition," in *Prosimetrum: Cross-cultural Perspectives on Narrative in Prose and Verse*, edited by Joseph Harris and Karl Reichl(Cambridge: D.S. Brewer, 1997), pp.365–385(at p.366).

② *Shi jing* was an anthology dated to the Zhou dynasty(*c.* 1045–256 B.C.E.). The six principles are divided into two categories: *feng*(风)(airs), *ya*(雅)(odes) and *song*(颂)(hymns) "mark distinctions of genre among the poems," while *fu*(赋), *bi*(比)(comparison or simile) and *xing*(兴)(affective image) "are techniques whereby the artist organizes language to create certain effects." See Dore J. Levy, "Literary Theory and Criticism," in *The Columbia History of Chinese Literature*, edited by Victor H. Mair(New York: Columbia UP, 1994), pp.916–939(at pp.920–921).

隐语）.[①]

The Confucian philosopher Xunzi（荀子）(*ca.* 313 B.C.E. –238 B.C.E.）had left us with *Treatise of Fu*（*Fu pian* 赋篇）which consists of five riddles. In Han times, this *Treatise* was mentioned with *Chu Ci* "as setting the tone" for the Chinese rhymed prose.[②] It is known that fabricating riddles and solving them were very fashionable among both the elite and popular circles in pre-Han times. Thus Xunzi used the *fu* style to fabricate five riddles dealing with abstract themes such as ritual principles（*li* 礼）and wisdom（*zhi* 智）, as well as actual objects like clouds（*yun* 云）, silkworms（*chan* 蚕）, and needles（*zhen* 箴）. According to Ban Gu, Xunzi originally had composed ten pieces of rhymed prose（孙卿赋十篇）.[③] But only five have been preserved to this day. Each of his riddles utilizes the form of a dialogue. The official（*chen* 臣）set up a riddle starting with "Here is the thing"（有物于此）, then the king（*wang* 王）answered him in a similar manner. It is noteworthy that one of the riddle solvers in the *Treatise* was *wu tai*（五泰）（"the Five Great Ones"）, who gave the answer after performing a divination（五泰占之曰）. Xunzi actually imitated the ritual performances while fabricating the riddles. The *Treatise* depicted an ideal world where sage kings functioned as diviners in ancient times, and gentlemen diligently cultivated themselves by obeying various ritual rules set up by the ancestors. Both the divinatory function and the rhymed style are evident in his *Treatise*, echoing our previous discussion of the pre-Islamic soothsayers as arbitrators and their use of *saj*ʿ. Here we may use the riddle of the needles as an example:

> 有物于此，生于山阜，处于室堂。无知无巧，善治衣裳。不盗不窃，穿窬而行。日夜合离，以成文章。以能合从，又善连衡。下覆百姓，上饰帝王。功业甚博，不见贤良。时用则存，不用则亡。臣愚不

---

① Guo, Weisen（郭维森）and Xu Jie（许结）, *Zhongguo Cifu Fazhan Shi*（《中国辞赋发展史》）（Nanjing: Jiangsu jiaoyu chubanshe, 1996）, pp.84–86.

② John Knoblock, *Xunzi: A Translation and Study of the Complete Works*, 3 vols.（Stanford: Stanford UP, 1988–1994）, 3: 190.

③ Ban Gu（班固）, *Han shu*（《汉书》）（Beijing: Zhonghua shu ju, 1962）, p.1750.

识，敢请之王。

王曰：此夫始生巨，其成功小者邪？长其尾而锐其剽者邪？头铦达而尾赵缭者邪？一往一来，结尾以为事。无羽无翼，反复甚极。尾生而事起，尾邅而事已。簪以为父，管以为母。既以缝表，又以连里：夫是之谓箴理。—— 箴[①]

Here is a thing:

Born in hills and mountains,

It dwells in palaces and pavilions.

Lacking knowledge and without skills,

It is accomplished at sewing every kind of clothing.

It does not rob nor does it steal,

Yet it moves by making tunnels and holes.

From dawn to dusk it joins together what is separate

In order to complete designs and patterns.

Using it one is capable of joining together the Vertical

And being expert in connecting the Horizontal.

Below it provides coverings for the Hundred Clans;

Above it provides adornment for Di Ancestors and kings.

Its achievements and works are very far-reaching,

But it does not make known its own worth and virtue.

If on suitable occasions you employ it, it will remain;

But if it is not used, it will disappear.

Your servant stupidly not recognizing it,

Presumes to inquire of Your Majesty about it.

The King replied:

Is it not something that originates from something colossal but as a

---

① *Xunzi ji jie*（《荀子集解》）, ed. by Wang Xianqian（王先谦）（Beijing: Zhonghua shuju, 1988）, p.479. The Old Chinese pronunciations（led by the symbol *）provided in this study are reconstructed after consulting William Baxter's *A Handbook of Old Chinese Phonology*（Berlin: Mouton de Gruyter, 1992.）, and *Xin jiao hu zhu song ben Guangyun*（《新校互注宋本广韵》）, ed. by Yu Naiyong（余迺永）（Xianggang: Zhongwen daxue chubanshe, c1993）.

finished product is small?
Is not its tail long and its tip sharply pointed?
Does not the sharp head penetrate and the tail shake and wind around?
Sometimes going, sometimes coming,
By stitching together with its tail it can execute its tasks.
Without feathers and lacking wings,
It turns back and repeats its movements with extreme speed.
Its task commences when the thread passes (in its eye),
Its task ends with tying a knot.
The hairpin① serves as its father;
The tube② as its mother.
When it has been used to stitch up the outside,
It has also attached the inside.
This refers to the pattern of the needle.③

In composing this riddle, Xunzi mimicked the voice of itinerant persuaders who played a great role in pre-Han political history. The philosopher's purpose is not to entertain the audience with elegant descriptions of the needles, but to persuade his patron (the Lord of Chunshen) that admonition (*zhen*, 箴), the homonym of needles (*zhen*, 针), acts as cure for social problems in the same way that acupuncture and bloodletting would do for human diseases. The admonitory function of the *Treatise* is also manifest in the three coda poems following the five dialogic riddles.④ Playing *ya* (雅) (elegant) tunes in the end was a significant trait of *cifu* when it became more ornate and catered to the tastes of royal patrons during the Han times. The *fu* writers still remembered to criticize by indirection after long paragraphs that encouraged luxury and immoderate way of life.

This riddle of the *Needles* is put in regular tetrasyllabic rhymed verses,

① The hairpin is bigger than it, so that is called its father.

② The tube is hollow inside and can be used to hold the needles.

③ John Knoblock, *Xunzi: A Translation and Study of the Complete Works*, 3 vols (Stanford: Stanford UP, 1988–1994), 3: 200–202 (with changes).

④ Knoblock, 3: 202–204.

a character of the *Shi jing* style. While the official's question is almost monorhymed, the king's solution changes rhymes every other line. In his riddles of the *Clouds* and the *Silkworms*, a line can have as many as thirteen syllables and display a rhythmic pattern similar to the *Chu Ci* style. According to the literary critic Liu Xie (刘勰) (*c.* 465–520 C.E.), the riddles of Xunzi "show refinement and cleverness in the manipulation of thoughts, and simplicity and clarity in the array of expressions; their ideas are indirect and yet correct, and their language is ambiguous and yet suggestive."① It is also clear after our discussion of the *Treatise* that the Confucian philosophers were able to convert the age-old rhymed style of the shamans into an eloquent tool to convey their political and philosophical ideals.

The *Maqāmah of the Spindle*

Thirteen centuries after Xunzi composed his *Treatise of Fu*, a youth named Badīʿ al-zamān al-Hamadhānī (*c.* 358–398/969–1008) dictated (*imlāʾ*) a collection of Arabic narratives in the Iranian city of Nishapur. He named these tales the *maqāmāt* (sg. *maqāmah*, "assembly"), and grouped them together by using two fictitious main characters: the narrator ʿĪsā ibn Hishām and the itinerant beggar hero Abū al-Fatḥ al-Iskandarī. The *maqāmāt* are mainly put in *saj*ʿ with intermittent poetry. Such a style also suits the development of plots for the trickster al-Iskandarī often relied on his eloquence (*khuṭbah* and poetry) in swindling money out of the narrator and the others.

The unique style of Badīʿ al-zamān al-Hamadhānī's tour de force did not come into being *ex nihilo*. Because of the use of *saj*ʿ in fictitious narratives, literary historians agreed that al-Hamadhānī did create a new genre in classical Arabic literature towards the end of the 10th century. The popularity of the *maqāmah* genre in the following millennium, especially through the paradigm

① Liu Xie (刘勰), *The Literary Mind and the Carving of Dragons*, translated by Vincent Yu-chung Shih (New York: Columbia UP, 1959), p.82.

set by al-Hamadhānī's successor Abū Muḥammad al-Qāsim al-Ḥarīrī (446–516/1054–1122), greatly helped to secure the position of *saj*ʿ in classical Arabic literature. Stories of the Ḥarīrian *Maqāmāt* were memorized in *madrasa*s and "had remained a yardstick of literary education well into the eighteenth century."①

As we mentioned in the section "*Saj*ʿ and the Soothsayers," *saj*ʿ experienced a long period of hibernation after the advent of Islam. But the soils in which it had developed initially and was to regrow vigorously remained intact. It was still used sporadically in Islamic *khuṭbah*s. And such an oral form would turn into the written *taḥmīd* preface of a book or epistle in a more literary culture.② Al-Hamadhānī lived in an era that witnessed a significant development in bureaucratic prose-writing (*inshā*ʾ *dīwānī*) and the rise of the class of scribes (sg. *kātib*, pl. *kuttāb*). The art of Arabic prose writing was said to have begun with ʿAbd al-Ḥamīd (d.132/750), the chancery secretary of the last Umayyad caliph, and to have ended with the Buyid vizier Ibn al-ʿAmīd (d. 360/970). Anīs al-Maqdisī divides styles of composition (*al-asālīb al-inshā*ʾ*īyah*) "from the time of ʿAbd al-Ḥamīd till today" into three main categories:

1. The parallel style (*al-uslūb al-mutawāzin*) which is coupled (*muzdawij*) but not rhymed—it comprises the epistolary works of ʿAbd al-Ḥamīd, al-Jāḥiẓ and others like them.

2. The rhymed style (*al-uslūb al-musajja*ʿ)—comprising the bureaucratic (*dīwānīyah*) and literary (*adabīyah*) epistolographies, the *maqāmāt*, etc.

3. The unrestricted/free style (*al-uslūb al-muṭlaq*)—the primary prose style in scientific, historic and sociological works of the past, and the common style of composition in modern times.③

① Roger Allen, *The Arabic Literary Heritage: the Development of Its Genres and Criticism* (Cambridge: Cambridge UP, 1998), p.72.

② Qutbuddin, p.182.

③ Al-Maqdisī, p.6 (my translation).

This development of prose-writing was also stimulated by the availability of cheaper written materials such as paper. Although it is known that al-Hamadhānī "dictated" the *maqāmāt*, we have reason to believe that he resorted to written works in preparation of them.① One piece of *maqāmah* also betrays al-Hamadhānī's technique of "working up a prose sketch into *saj*ʿ."② Therefore the *saj*ʿ in the *maqāmāt* bears markings of a literary culture: it is more elaborate, ornate, and suits the sophisticated tastes of the class of scribes. Before al-Hamadhānī composed his *maqāmāt*, he had stayed in the court of the Buyid vizier al-Ṣahib ibn ʿAbbād (d. 385/995) who was notorious for his fetish of *saj*ʿ and lowlife figures. It is at his request that the poet Abū Dulaf al-Khazrajī authored *Qaṣīdah sāsānīyah*, a 196-verse *hazaj*-metered poem depicting the jargons and tricks of various kinds of beggars. Al-Hamadhānī was following this trend when he started to dictate his *maqāmāt* on beggary (*kudyah*). His choice of the *saj*ʿ served even better to develop the image of the beggar hero, who inherited many divinatory functions of pre-Islamic soothsayers. We also believe that it is his pairing of the openly theme of beggary and "the monotonous cooing of a pigeon" that avoided being suspected as an imitation of the scripture.

Scholars like G. E. von Grunebaum and Shmuel Moreh have argued that the *maqāmah* genre was influenced by mimes (*ḥikāyah*). Although we cannot agree with some of their conclusions,③ it is a fact that the Hamadhānian *maqāmāt* are heavily depended upon dialogues. One good example is the *Maqāmah of the Spindle* (*al-Maqāmah al-Mighzalīyah*), in which ʿĪsā ibn

---

① His *Maqāmāt* left traces that he might have used the great library of Rayy and consulted translations of Greek philosophical works. For example, his interpretation of "ability preceded action" in the *Maqāmah of Ḥulwān* may have been resulted from his knowledge of the Aristotelian treatment of "potentiality and actuality." See *The Maqāmāt of Badīʿ al-Zamān al-Hamadhānī*, trans. W. J. Prendergast (London: Curzon Press, 1973), p.134, note 5.

② Julia Ashtiany Bray, "Isnāds and Models of Heroes: Abū Zubayd al-Ṭāʾī, Tanūkhī's sundered lovers and Abū ʾl-ʿAnbas al-Ṣaymarī," in *Arabic and Middle Eastern Literatures* 1, no. 1 (1998): 7–30 (at p.21).

③ For example, Moreh assumes that "the *maqāma* proper is, in fact, a written composition imitating the dialogue and structure of the *ḥikāya*." See Shmuel Moreh, *Live Theatre and Dramatic Literature in the Medieval Arabic World* (Edinburgh: Edinburgh UP, 1992), p.107.

Hishām mediates between two youths. The first youth gave a riddle in *saj*ʿ:

(The first youth gave a riddle in sajʿ:)

Ayyada al-lāh al-shakha! Dakhala hādhā al-fatā dāranā fa akhadha qabaja sunnārin bi-ra'sihi duwārun, bi-wasṭihi zunnārun, wa falakun dawwārun, rakhīmu al-s awti in ṣarra, sarī'u al-karri in farra, ṭawīlu al-dhayli in jarra, naḥīfu al-munaṭṭaqi, ḍa'īfu al-muqarṭaqi, fī qadri al-ḥarari. Muqīmun bi'l-ḥaḍari, lā yakhlū min al-safari.In ūdi'a shayan radda, wa in kullifa sayran jadda, wa in ajarra ḥablan madda. Hunāka 'aẓmun wa khashabun, wa fīhi mālun wa nashabun, wa qablun wa ba'dun.

May God strengthen the Shaikh! This youth entered our house and seized a kitten with vertigo in its head, with the sacred cord and a whirling sphere around its middle. Gentle of voice, if it cries; quick to return, if it flees; long of skirt, if it pulls; slender of waist, weak of chest, of the size of a plump sheep. Staying in the town, yet not abandoning travel. If it be given a thing, it returns it. If it be tasked with a journey, it goes energetically, and, if it is made to draw the rope, it lengthens it. There it is, bone and wood. It contains property, immoveable and moveable, a past and a future.①

Then the second youth gave ʿĪsā another riddle on the comb in the dimeter-*rajaz*, whose rhyming scheme is reminiscent of the preceding *saj*ʿ-riddle:

…muwāthibun li ṣāḥibih
muʿallaqun bi shāribih
mushtabiku 'l-anyābī
fī 'l-shībi wa'l-shabābī…
…He assails his master, clinging to his moustache;
Inserting his fangs into old and young…②

① *Maqāmāt Abī al-Faḍl Badīʿ al-zamān al-Hamadhānī*, ed. Muḥammad ʿAbduh (Beirut: Dār al-Mashriq, 1973), pp.164–165; and see Prendergast, pp.128–129.

② ʿAbduh, pp.165–166; Prendergast, p.129.

Al-Hamadhānī believes that "the eloquent man is he whose poetry does not detract from his prose and whose prose is not ashamed of his verse."[①] Using both *saj*ʿ and *rajaz* in this *maqāmah* offers refreshing effects in the movement of narration. After all, both styles are believed to have been monopolized by pre-Islamic soothsayers.[②] ʿĪsā ibn Hishām, who acted as the arbitrator (*ḥakam*) in the place of al-Iskandarī, said to the first youth: "Give him back the comb in order that he may return to thee the spindle."[③] Although the *Maqāmah of the Spindle* lacks the lofty theme as displayed in Xunzi's riddle of the *Needles*, it is eloquent and entertaining, and betrays al-Hamadhānī's efforts to combine the *saj*ʿ style with the age-old divinatory functions of soothsayers. On other occasions, al-Hamadhānī used riddles to describe a gold coin (the *Maqāmah of Balkh*[④]), to satirize a hypocritical religious judge (the *Maqāmah of Nishapur*[⑤]), to reveal the folk belief that eloquence is jinn–inspired (the *Maqāmah of Iblis*[⑥]), or to show his erudition on classical poetry (the *Maqāmah of Iraq*[⑦] and the *Maqāmah of Poetry*[⑧]). As Xunzi's *Treatise of Fu* represents a crucial milestone for the development of Chinese rhymed prose, riddle is also an important theme for the development of the *maqāmah* genre.[⑨]

---

① Prendergast, p.72.

② See "Sadjʿ."

③ Prendergast, p.129.

④ ʿAbduh, p.16; Prendergast, pp.33–34.

⑤ ʿAbduh, pp.199–200; Prendergast, pp.150–151.

⑥ ʿAbduh, pp.183–184; Prendergast, p.141.

⑦ ʿAbduh, pp.142–150; Prendergast, pp.113–119.

⑧ ʿAbduh, pp.223–227; Prendergast, p.167–171.

⑨ Riddle-themed *maqāmahs* were to develop in al-Ḥarīrī's work in which we see two suitors came before the *qāḍī* of Maʿarrat al-Nuʿmān (*al-Maqāma al-Maʿarrīya*), see *Maqāmāt al-Charīrī* (Beirut,1873), pp.76–84 and *The Assemblies of al Ḥarīrī*, translated from the Arabic, with an introduction, and notes, historical and grammatical by Thomas Chenery (London: Williams and Norgate, 1867–98), 1: 145–151. The elder one complained that his "slave girl, elegant of shape, smooth of cheek, patient to labor" (a needle) was broken by the lad who "forced on her too hard a work, and exacted of her long labor." Then the youth remonstrated that he had offered the elder "a slave of mine, of equal births regards either kin, tracing his lineage to al-Qayn, free from stain and disgrace, whose place was the apple of his master's eye" (a *koḥl* pen). Then the judge asked them to explain their riddles, and both of them composd a poem in answering him.

The *Maqāmah of Iblis*

In the *Maqāmah of Iblis*, one of the Hamadhānian *maqāmah*s on literary criticism, we encounter another kind of riddle. When ʿĪsā ibn Hishām looked for his lost camels (*aḍlaltu iblan lī*), he met an old man in an unknown valley. They first had a discussion of the virtues of modern and ancient poets. The old man turned out to be Abū Murrah (the Iblis), the helper (*muʿīn*) of the Umayyad poet Jarīr (d. 114/733). Besides, the Iblis directed ʿĪsā ibn Hishām to find a man with a leathern bottle on the road, and say to him:

(The old man asks him to find a man with a leathern bottle on the road, and say to him:)

Dullanī'alā ḥūtin maṣrūrin fī ba'ḍi al-buḥūri, mukhṭafi al-khuṣūri, yaldaghu ka'l-zunbūri, wa ya'tammu bi'l-nūri. Abūhu ḥajarun wa ummuhu dhakarun, wa ra'suhu dhahabun, wa 'smuhu lahabun, wa bāqīhi dhanabun. Lahu fī al-malbūsi 'amalu al-sūsi, wa huwa fī al-bayti āfatu al-zayti, shirrībun lā yanqa'u, akūlun lā yashba'u, yadhūlun lā yamna'u. Yanmī ilā al-ṣu'ūdi, wa lā yanquṣu māluhu min jūdin. Yasū'uka mā yasurruhu, wa yanfa'uka mā yaḍurruhu.

Direct me to a bound fish in a sea, slender in the waist, that stings like a wasp, and turbans with light. His father is a stone, his mother a male. Gold is his head and flame is his name, and the rest of him is tail. He acts upon clothes with the action of the moth. In the house he is the bane of the oil, a greedy drinker never satisfied, and a glutton never sated. A bountiful giver whom none forbids; he climbs the acclivity, and his property does not decrease through generosity. What pleases him grieves thee, and what benefits thee injures him.①

① ʿAbduh, pp.183–184; Prendergast, p.141.

ʿĪsā ibn Hishām did repeat the riddle to that man who then gave him a lamp (*sirāj*) and pointed to a dark cave where his camels were hiding. According to the aforementioned account of the *kāhin*'s social functions, pre-Islamic *kāhin*s were consulted on matters such as lost camels, determination of paternity and dream interpretation. In the case of the *Maqāmah of Iblis*, the *kāhin*/al-Iskandarī only had a brief appearance in the end of the story, suggesting that his mastery of both *saj*ʿ and poetry derived from his contact with supernatural powers.① However, ʿĪsā had a direct confrontation with the old man/Iblīs himself. Since the Arabs believe that *saj*ʿ is the speech of a *kāhin* who is inspired by a jinn, it is natural to infer that jinns themselves would speak in *saj*ʿ. This is exactly what we see in the *Maqāmah of Iblis*.

In short, the similarities in the earlier history of both *saj*ʿ and *cifu* could account for the common aspects in those later literary examples. The riddle-themed *cifu* and *maqāmah* have revealed for us the continuous love for riddles in both East and West Asia. A Chinese myth says that when Cangjie (仓颉) invented the Chinese characters in the remote past, the millet was falling from the sky like rain, and ghosts were crying in the night. Ancient Chinese believed that language was manipulated by gods and ghosts in the beginning, and eloquence itself was a symbol of supernatural power. No doubt any master of artistic and beautiful language (*saj*ʿ, *cifu*) is said to have communicated with supernatural beings and bring the magic and wonders to people in either their speeches or writings.

References

1. Allen, Roger. *The Arabic Literary Heritage: the Development of Its Genres and Criticism*. Cambridge: Cambridge UP, 1998.
2. Badīʿ al-Zamān al-Hamadhānī. *Al-Maqāmāt*. ed. Muḥammad ʿAbduh. Beirut: Dār al-Mashriq, 1973.
3. *The Maqāmāt of Badīʿ al-Zamān al-Hamadhānī*. translated by W. J. Prendergast. London: Curzon Press, 1973.

① ʿAbduh, p.185; Prendergast, p.142.

4. Ban Gu（班固）. *Han shu*（《汉书》）. Beijing: Zhonghua shu ju, 1962.
5. Baxter, William Hubbard. *A Handbook of Old Chinese Phonology*. Berlin: Mouton de Gruyter, 1992.
6. Blachère, Régis. *Histoire de la Littérature Arabe des origines à la fin du XVe siècle de J-C*. Paris: Adrien-Maisonneuve, 1964.
7. Bray, Julia Ashtiany. "Isnāds and Models of Heroes: Abū Zubayd al-Ṭā'ī, Tanūkhī's sundered lovers and Abū 'l-ʿAnbas al-Ṣaymarī." In Arabic and Middle Eastern Literatures 1, no. 1（1998）: 7–30.
8. Cantarino, Vincente. *Arabic Poetics in the Golden Age*. Leiden: E. J. Brill, 1975.
9. *Encyclopedia of Islam*. 2nd ed. Leiden: Brill, online version.
10. Fahd, Toufic. *La Divination Arabe*. Leiden: E. J. Brill, 1966.
11. "Kāhin." In *EI*².
12. Fahd, Toufic, W. P. Heinrichs, and A. Ben Abdesselem. "Sadjʿ." In *EI*².
12. Frolov, Dmitry. "The Place of Rajaz in the History of Arabic Verse." In *Journal of Arabic Literature* 28, no. 3（1997）: 242–90.
13. Guo, Weisen（郭维森）and Xu Jie（许结）. *Zhongguo ci fu fa zhan shi*（《中国辞赋发展史》）. Nanjing: Jiangsu jiao yu chu ban she, 1996.
14. Al-Ḥarīrī. *Maqāmāt al-Charīrī*. Beirut, 1873.
15. *The Assemblies of al Harīrī*. translated from the Arabic, with an introduction, and notes, historical and grammatical by Thomas Chenery. London; Edinburgh: Williams and Norgate, 1867–98.
16. Ibn Rashīq al-Qayrawānī, Abū ʿAlī Ḥasan. *Al-ʿUmdah fī maḥāsin al-shiʿr wa adabihi wa naqdihi*. 2 vols. Beirut: al-Maktabah al-ʿAṣrīyah, 2001.
17. Knoblock, John. *Xunzi: A Translation and Study of the Complete Works*. 3 vols. Stanford: Stanford UP, 1988–1994.
18. Liu Xie（刘勰）. *The Literary Mind and the Carving of Dragons*. translated by Vincent Yu-chung Shih. New York: Columbia UP, 1959.
19. Mair, Victor. "The Prosimetric Form in the Chinese Literary Tradition." In *Prosimetrum: Crosscultural Perspectives on Narrative in Prose and Verse*. edited by Joseph Harris and Karl Reichl. Cambridge: D.S. Brewer, 1997, pp. 365–385.
20. Al-Maqdisī, Anīs. *Taṭawwur al-asālīb al-nathrīya*. Beirut: Dār al-ʿIlm lil-Malāyīn, 1968.
21. Moreh, Shmuel. *Live Theatre and Dramatic Literature in the Medieval Arabic World*. Edinburgh: Edinburgh UP, 1992.
22. Ibn Rashīq al-Qayrawānī, Abū ʿAlī Ḥasan. *Al-ʿUmdah fī maḥāsin al-shiʿr wa adabihi wa naqdihi*. Beirut: al-Maktabah al-ʿAṣrīyah, 2001.

23. Qudāmah ibn Jaʿfar. *Naqd al-shiʿr*. Cairo: Maktabat al-Khānjī, 1979.
24. Qutbuddin, Tahera. "Khutba: The Evolution of Early Arabic Oration." In *Classical Arabic Humanities in their Own Terms: Festschrift for Wolfhart Heinrichs on his 65th Birthday*, edited by Beatrice Gruendler and Michael Cooperson, pp. 176–273. Leiden: Brill Academic Publishers, 2008.
25. Stewart, Devin. "Sajʿ in the Qur'ān: Prosody and Structure," in *Journal of Arabic Literature*, Vol. 21 (1990), pp. 101–139.
26. *Xunzi ji jie* (《荀子集解》), ed. Wang Xianqian (王先谦). Beijing: Zhonghua shuju, 1988.
27. Zhong Jikun (仲跻昆). *Alabo wenxue tongshi* (《阿拉伯文学通史》). 2 vols. Nanjing: Yilin chubanshe, 2010.
28. Zwettler, Michael. "A Mantic Manifesto: the Sūra of 'The Poets' and the Qur'ānic Foundations of Prophetic Authority." In J. L. Kugel (Ed.) *Poetry and Prophecy: the Beginnings of a Literary Tradition*. Ithaca: Cornell University Press, 1990. pp. 75–119, 205–231.

塞吉阿与中国的辞赋

钱艾琳（美国爱荷华州）

【内容提要】阿拉伯的"塞吉阿"韵文，曾散见于贾希利叶时期的演说辞、箴言与巫师卜辞。由于它和《古兰经》的密切关系，在伊斯兰教产生之初反而受到抑制。后来伴随着书牍文学的兴起，"塞吉阿"韵文传统得以复兴，被广泛应用于书信写作、书籍序言和标题，在伊历四世纪也出现了以韵文描写虚构故事的玛卡梅文体。我国的辞赋传统历史悠久，辞赋的起源和它的早期应用与"塞吉阿"颇有类似之处。本文以"塞吉阿"和贾希利叶时期的巫师传统为主线，以中国辞赋的早期发展为副线，比较了"塞吉阿"在伊斯兰教兴起之后、辞赋在儒教兴起之后的不同命运。本文也试图说明巫文化在韵文的产生和发展中具有的特殊意义。

【关键词】塞吉阿　辞赋　韵文　演说　巫师　玛卡梅

历史与文化研究

自伊斯兰教兴起至20世纪初阿拉伯半岛和中国的历史关系（下）

〔苏丹〕贾法尔·卡拉尔·艾哈迈德* 著
陈　璐　马　杰　戴志轩** 译

【内容提要】阿拉伯半岛和中国的文明对话源远流长，地理、经济、文化上的因素决定了两个地区为了全人类的共同利益而相互交流、融合的必然性，两地的交流往来自公元651年正式开始以来便从未间断。本文以阿拉伯文、中文文献以及实地调查资料为基础，对伊斯兰教兴起至20世纪初阿拉伯半岛和中国往来的历史进行回顾，并希望通过本文的研究证实中国—海湾关系在最近十年的有力恢复是双方关系的一种常态。

【关键词】阿拉伯半岛　中阿关系　文明对话　伊斯兰文化

宋朝时期（960~1279年）阿拉伯半岛和中国的关系

正如我们所知晓的，907~1279年，中国有两个相互对抗的王朝：一个是辽朝（907~1125年），它统治了中国的东北部地区；另一个是宋朝，中国其余的疆域都归属于它。宋朝分为南宋（960~1127年）和北宋（1127~1279

* 贾法尔·卡拉尔·艾哈迈德（Ga‘afar Karar Ahmed），博士，北京大学阿拉伯伊斯兰文化研究所客座研究员。

** 陈璐，北京大学外国语学院阿拉伯语系硕士研究生。
马杰，北京大学外国语学院阿拉伯语系硕士研究生。
戴志轩，北京大学外国语学院阿拉伯语系硕士研究生。

年）。由 878 年对外国商人的大屠杀、中国当时的分裂状况，以及不存在牢固的集权中央所造成的紧张和不安笼罩在中国的对外关系上，而宋朝的统治者大体就是在这一时期登上了统治的舞台。为了恢复中国经济的生机，宋朝的统治者必须向外部世界发出明确的信号，那就是国内的情况已经恢复到之前的样子，统治者们尤其应当说服阿拉伯和半岛地区的商人，让他们知晓中国的贸易环境已经变得安全并且健康了。

在这样的趋势下，宋朝统治者在 966 年向阿拉伯国家派去了使领团，它带去了送给阿巴斯王朝哈里发穆提（Al-Muti）（回历 324~363 年，相当于公元 935~973 年）的书信。一位名叫行勤的中国僧侣带领着这个使团，将宋朝政府的书信（其中表达了良好的意愿）交给了哈里发。哈里发穆提在两年之后对该使团的造访做出了回应：他派遣了一个代表团前往中国。[①]

以上是政治层面的交往。至于经济层面，我们发现宋朝自公元 10 世纪末起就竭力向外国商人，尤其是向阿拉伯商人宣传中国的商贸，宋朝这样做都是为了在 874~889 年的政治动荡和国内形势不稳定之后，重新夺回对远东商贸的控制。同样地，由于中国国内恶劣形势而出走的阿拉伯商人，定居在了马六甲半岛（亦称马来半岛）西海岸的克拉赫巴尔岛，也可能定居在了印度尼西亚苏门答腊西南的巨港（巴邻旁，Palambag 或 Palambang），从阿曼和西拉甫（Siraf，伊朗的一个港口）来的船只曾经抵达那里。卡兹维尼（Zakariya al-Qazwini）在他的著作《邦国的遗址和人类的编年史》（*Monument of Places and History of God's Bondsmen*）中曾描述那些阿拉伯蕃商定居的地方是在阿曼到中国途中的属于印度的一个地区。[②] 阿拉伯人发展了这些岛屿，使它们成为重要的商贸中心，中国的商船开始抵达那里，与其互通有无。根据中国的记载，中国与当地的经贸往来，包含金银、丝绸、棉纺织品、中国铜钱、檀香、象牙、犀牛角、珊瑚、龙涎香、珍珠、金属、玳瑁、乐器、乌木黑檀、棉花和建材等商品。[③]

公元 10 世纪末，中国与这些岛屿间的贸易额逐步增加，由于外国商人，

---

① 见赵汝适关于 12 世纪和 13 世纪中国和阿拉伯贸易的著作《诸蕃志》，译自中文，以及夏德和柔克义的注释，皇家科学学院出版社，1911，第 117 页。

② 卡兹维尼：《邦国的遗址和人类编年史》（آثار البلاد وأخبار العباد），萨德尔出版社、贝鲁特出版社，1960，第 59 页。

③ 见赵汝适关于 12 世纪和 13 世纪中国和阿拉伯贸易的著作《诸蕃志》，译自中文，以及夏德和柔克义的注释，皇家科学学院出版社，1911，第 19 页。

尤其是阿拉伯蕃商的涌入，这些岛屿成了繁荣的经贸中心。这一切促使中国的皇帝派遣高级使团，他们带着说服外国人重返中国并在中国定居经商的国书。当时的皇帝在国书条文中承诺，提供一切可能的便利和保证，从而实现中国经贸领域的再度繁荣和勃勃生机。① 政府在劝说外国人重返中国方面的努力取得了成效，国家的经济状况很快复苏，国库满盈，促使当朝官员致力于刺激国民用金银、大米、木材或者其他商品进行交换。②

至此，中国新的外交政策使海湾资本和劳动力再次打开了重返中国的大门。这一时期中国外交的举措，在现在被称为“发展外交”。

无论如何，中国南海的大门前又一次听到了阿拉伯湾航海家的歌声，他们从阿拉伯湾和阿拉伯半岛南岸的港口出发，经过漫长且艰难的航行之后，欢欣鼓舞地来到中国海域。

此后，正式的使团再一次陆续来到宋朝朝廷。在笔者的中国历史学导师陈得芝（北大历史学系，中国历史学家）的帮助下，笔者依据中国的史料，统计了924~1208年的39个阿拉伯使领馆。其中有的驻华使领馆属于阿拉伯半岛，如属于Cang-tan，即吉达（沙特）的使领馆，属于麻啰拔（Ma-lo-ba），即马赫拉（也门）的使领馆。③ 自968年起，来到宋朝朝廷的阿拉伯外交和经济使团就不曾间断。同时，在这一时期，贸易路线也得到了发展，阿拉伯人和中国人开辟了一条通过印度洋的直航路线，这条路线的航行从每年大约11月起，始于广州，船只在40天后到达苏门答腊的亚齐市（Aceh），然后开始为期两个月的漫长航行，其间，船只跨过印度洋，到达佐法尔（阿曼），随后航行到亚丁湾。商人们在亚丁湾、红海和非洲收集货品，之后在湿润的季风期内直接返航，并在夏季抵达。他们为了避开热带风暴，取道迂回的海路，向南到达苏门答腊，从而在八月或者九月返回中国。④

由于宋朝中国和阿拉伯半岛间道路的多样性和运输的便捷性，中国人

---

① 见赵汝适关于12世纪和13世纪中国和阿拉伯贸易的著作《诸蕃志》，译自中文，以及夏德和柔克义的注释，皇家科学学院出版社，1911，第19页。

② 见赵汝适关于12世纪和13世纪中国和阿拉伯贸易的著作《诸蕃志》，译自中文，以及夏德和柔克义的注释，皇家科学学院出版社，1911，第19页。

③ 见《旧唐书》和《新唐书》；见赵汝适《诸蕃志》；《吴越备史》（第二卷）；《宋书》；张广达：《海舶来天方，丝路通大食——中国与阿拉伯世界历史联系的回顾》；张君严：《早期中国与阿拉伯世界的关系》。

④ 张君严：《早期中国与阿拉伯世界的关系》，（阿曼）国家遗产文化部，1983，《阿曼研究》丛书，第六卷重印本，第一辑，第100页。

对阿拉伯半岛地区的情况有了更进一步的了解，这种了解清晰地反映在了赵汝适（1170~1231年）的佳作——《诸蕃志》中。这部著作是赵汝适在南宋时期担任福建路市舶提举（管理海上对外贸易机关的检查员）时所作，成书于1178年（应该为1225年）。该书清晰地描述了诸多阿拉伯半岛国家的情况，作者甚至对这些国家和地区的某些内陆线路都了如指掌。他曾说：如果你从麻啰拔（马赫拉）出发，陆路向东北而行，途经奴发（佐法尔）、瓮蛮（阿曼）、白莲（巴林），经一百三十余法尔萨赫（1法尔萨赫=6.24公里），你将会到达白达国（巴格达）；如果你从马赫拉出发，向西北行，途经施曷（席赫尔）、罗施美（也门），经八十余法尔萨赫，你将会到达麻嘉国（麦加）。[①] 这一参考还包含了诸多阿拉伯半岛国家情况的有价值、有意义的信息。关于麦加，书中写道："自麻啰拔国西去，陆行八十余程方到；乃佛麻霞勿所生之处。"（此处指的是使者穆罕默德，愿真主赐他福安）同时，文中还出现了墙壁被神石所装饰的"佛居"（此处指的是克尔白天房）。这一史料还描述了朝觐、克尔白天房的外罩，以及使者的墓穴。[②]（原文为：佛居，用五色玉甃成。每岁遇佛忌辰，大食诸国皆至瞻礼，争持金银珠宝以施，仍用锦绮覆其居。后有佛墓，昼夜常有霞光，人莫能近。）据我们所知，这部著作是第一本提及麦加名字的书，而《唐书》也只是提到了麦地那、使者穆罕默德的名字以及黑石而已。[③]

这一史料还涉及了勿拔（应该为勿巡），即苏哈尔（阿曼），书中写道：它位于海边，海路将它和其他阿拉伯国家连在一起；其国王皮肤黝黑又偏棕，头戴缠头巾，着大衣；遵循法律、生活制度以及阿拉伯人的宗教。至于阿曼，书中写道："地主缠头缴缦，不衣、跣足；奴仆则露首跣足，缴缦蔽体。食烧面饼、羊肉并乳、鱼、菜。土产千年枣甚多。沿海出真珠。山

---

① 见赵汝适关于12世纪和13世纪中国和阿拉伯贸易的著作《诸蕃志》，译自中文，以及夏德和柔克义的注释，皇家科学学院出版社，1911，第117、125、130、133页；见张君严《早期中国与阿拉伯世界的关系》，（阿曼）国家遗产文化部，1983，"阿曼研究"丛书，第六卷重印本，第一辑，第101页。

② 见赵汝适关于12世纪和13世纪中国和阿拉伯贸易的著作《诸蕃志》，译自中文，以及夏德和柔克义的注释，皇家科学学院出版社，1911，第124~125页。

③ 见赵汝适关于12世纪和13世纪中国和阿拉伯贸易的著作《诸蕃志》，译自中文，以及夏德和柔克义的注释，皇家科学学院出版社，1911，第124~125页。

畜牧马，极蕃蔗。”①

书中还多次出现许多阿拉伯半岛上的地名、城市名和港口名，赵汝适曾提到这些国家都属于哈里发，而这些地区都是以其中文名称的形式出现的，具体如下：

哈德拉毛（麻啰抹）Ma-lo-Ma
阿拉伯半岛的某一区域，可能是席赫尔（施曷）Shi-ho
佐法尔（奴发）Nu-Fa
苏哈尔（勿拔）Wu-Pa
西拉甫（思莲）Ssi-Lien
巴林（白莲）Pai-Lien
阿曼（瓮蛮）Wong-Li
巴士拉（弼斯啰）Pi-Ssi-Lo
麦加（麻嘉国）Ma-Kia②

这部重要著作中还谈到了从阿拉伯半岛销往中国的最重要的产品，即乳香，或者叫薰陆香，它来自苏哈尔、席赫尔以及哈德拉毛，如书中所记："出大食之麻啰拔、施曷、奴发三国深山穷谷中。"赵汝适称麻啰拔、苏哈尔和佐法尔为"乳香之地"③。

我们发现这一时期的路线变得更为清晰且安全，同时，中国人对阿拉伯伊斯兰世界的了解也进一步加深。在这一时期，阿拉伯半岛上的港口和中国港口的经贸往来愈加活跃，这帮助了中阿经贸的复苏。我们认为，还应把公元1010年前作为中国邻国的印度的某些地区纳入重要伊斯兰国家的范畴之内。除了伊斯兰国家对阿拉伯湾和红海水路的控制，阿拉伯伊斯兰国家在那一时期对国际水道——红海和阿拉伯湾——的控制使中国船只在阿拉伯半岛的港口及其周围有广泛的活动自由。从印度来的或是直接从广州起航

① 见赵汝适关于12世纪和13世纪中国和阿拉伯贸易的著作《诸蕃志》，译自中文，以及夏德和柔克义的注释，皇家科学学院出版社，1911，第130~133页。

② 见赵汝适关于12世纪和13世纪中国和阿拉伯贸易的著作《诸蕃志》，译自中文，以及夏德和柔克义的注释，皇家科学学院出版社，1911，第116~133页。

③ 见赵汝适关于12世纪和13世纪中国和阿拉伯贸易的著作《诸蕃志》，译自中文，以及夏德和柔克义的注释，皇家科学学院出版社，1911，第195~196页。

的中国船只，平安地航行在阿拉伯湾的水路上，它们绕过阿拉伯半岛的南岸，或者跨过红海海域直达亚丁湾的港口和苏丹东部的阿以莱卜（Aydhab 或者 Aidab，在哈拉伊卜三角洲），然后便可毫无阻碍地返回中国，这是从阿拉伯层面来讲的。从中国层面来说，我们认为中国对外商的税收制度改革为中国港口贸易的复苏，以及吸引海湾地区的阿拉伯人开展对华贸易做出了贡献。宋朝在这一时期颁布了新的税收政策，降低了对在华港口外商的税收比例（即抽解），从唐朝时期通行的抽解进口货物总额的 30%，降低到仅仅抽解进口货物总额的 1/10。① 关注这一繁荣时期内中国市场的活动，人们不难发现，阿拉伯半岛和中国的贸易活动不断涌现。并且，一些阿曼商人在中国内陆的商贸活动管理中扮演了重要的角色。国库通过诸如关税等手段从货品贸易中获得暴利，而我们认为这些货品，例如香料、乳香以及药材，都是来自海湾地区的，同时我们也可以清晰地看出这其中大部分的货品都是由阿曼商人所垄断的。在这方面，中国史料记载，在 1077 年，从阿拉伯国家进口到广州的香料就重达 348673 斤（2 斤 = 1 千克），进口到明州（今天的宁波）的香料重达 3739 斤，进口到杭州的有 637 斤。也就是说，广州占了总比重的 98.5%，另两个地方加起来占了 1.5%。② 中国的史料还提及，在宋太宗时期的公元 982 年，太宗颁布了一项法令，其中要求进口 38 种不同的阿拉伯药材，于是短时间内几百公斤的药材就送进了朝廷。③ 史料指出，1102~1106 年，对外商征收的关税收入达到 1100000 贯（或者缗，中国货币单位的一种），即北宋每年国内收入的 1/60。另外，从包括广东和福建的阿拉伯蕃商在内的外商那里获得的关税收益，高达约 2000000 贯。④1175 年，外商进口货品的税收额为 500000 元（元宝，中国货币单位的一种）。⑤

中阿的史料描绘了宋朝时期阿拉伯半岛人民运往中国的最重要货品，其中包括：调味香料，雅法的乳香，园艺花卉，黄胶，骆驼皮，沥青，龙血

---

① 见赵汝适关于 12 世纪和 13 世纪中国和阿拉伯贸易的著作《诸蕃志》，译自中文，以及夏德和柔克义的注释，皇家科学学院出版社，1911，第 21 页。

② 张君严：《早期中国与阿拉伯世界的关系》，（阿曼）国家遗产文化部，1983，“阿曼研究”丛书，第六卷重印本，第一辑，第 101 页。

③ 易卜拉欣·冯今源：《中国的伊斯兰教》，李华英译，外文出版社，1991，第 132 页。

④ 张广达：《海舶来天方，丝路通大食——中国与阿拉伯世界历史联系的回顾》，载《中外文化交流史略》，湖南人民出版社，1987，第 756 页。

⑤ 见赵汝适关于 12 世纪和 13 世纪中国和阿拉伯贸易的著作《诸蕃志》，译自中文，以及夏德和柔克义的注释，皇家科学学院出版社，1911，第 22 页。

竭，猫眼石，琥珀，香水，以及用于制作香皂和玻璃的硼砂盐与水晶、透明和非透明玻璃，用于制造医疗药品的沥青胶，等等。① 而运往阿拉伯国家的中国商品有丝绸、金银、锡铅、衣衫、陶瓷、来自西藏的麝香等。② 众所周知，中国的陶瓷是出口到阿拉伯国家和地区的最主要商品，而且自从公元 9 世纪末 10 世纪初期，在阿曼旧都苏哈尔就开始制作陶瓷了。③

阿拉伯半岛和海湾地区的商人不仅为中国对外贸易的繁荣贡献了巨大力量，还为统筹和发展中国国内的贸易体系做出了贡献。他们成为与朝廷关系密切的专家。其中，在这一领域做出过巨大贡献的代表人物之一，就是中国史料所记载的阿曼商人“辛押陁罗”，而中国的阿拉伯事务专家、历史学家张广达（中国历史学家，1931 年 5 月 27 日生于河北青县，1953 年毕业于北京大学历史系。主要论著有《大唐西域记校注》《海舶来天方，丝路通大食——中国与阿拉伯世界历史联系的回顾》）则认为他是阿曼商人阿卜杜拉（شيخ عبد الله）。④ 笔者从《宋史》和《宋会要》（由宋朝本朝史官编写，收集了当时诏书奏章原文）中了解到谢赫阿卜杜拉是一位富有的商人，他得到了当朝的尊重，朝廷并不干涉他自己运作的贸易活动。除了他的商贸事务，他还是苏哈尔（勿巡国）的进奉使。公元 1072 年（熙宁五年），谢赫阿卜杜拉成为哈里发派遣到中国的使者。为了表彰他为加强中阿关系所做出的巨大贡献，神宗年间宋封其为“怀化将军”（还有部分资料称其为“归德将军”）。当时，谢赫阿卜杜拉还在广州担任了“统察蕃长司”的职务，被宋政府任命为蕃长⑤（原文：其使辛押陁罗乞统罕蕃长司公事，诏广州裁度。指负责管理侨居广州的外国海商，并招引国外海商前来广州港贸易）。著名文学家、

---

① 见赵汝适关于 12 世纪和 13 世纪中国和阿拉伯贸易的著作《诸蕃志》，译自中文，以及夏德和柔克义的注释，皇家科学学院出版社，1911，第 116 页；同样见张广达《海舶来天方，丝路通大食——中国与阿拉伯世界历史联系的回顾》，《中外文化交流史略》，湖南人民出版社，1987，第 761 页。

② 苏少全：《中国宋朝时期中国与阿拉伯之间的友好关系》，《建设中国》1979 年第 6 期，第 66 页。

③ 张广达：《海舶来天方，丝路通大食——中国与阿拉伯世界历史联系的回顾》，《中外文化交流史略》，湖南人民出版社，1987，第 774 页。

④ 张广达：《海舶来天方，丝路通大食——中国与阿拉伯世界历史联系的回顾》，第 753、757 页。

⑤ 张广达：《海舶来天方，丝路通大食——中国与阿拉伯世界历史联系的回顾》，第 757 页；又见张君严《早期中国与阿拉伯世界的关系》，（阿曼）国家遗产文化部，1983，《阿曼研究》丛书，第 102 页；又见《宋会要》。

政治家苏轼（1037~1101年）曾记录下这一敕令，他写道："敕具官辛押陁罗。天日之光，下被草木。虽在幽远，靡不照临。以尔尝诣阙庭，躬陈珍币。开导种落，岁致梯航。愿自比于内臣，得均被于霈泽。祇服新宠，益思尽忠。可。"中国的史料还有记载："蕃商辛押陁罗者，居广州数十年矣，家赀数百万缗（一缗等于一千钱）。"北京大学教授张俊彦在解释这个阿曼商人所享有的巨额财富时，这样说道：我们解读下这个数字，在宋朝更为繁荣的时期，外贸年收入也仅仅为两百万缗。《宋史》记载了谢赫·阿卜杜拉曾建议宋朝政府修缮广州城城墙，尽管这一建议未被宋朝政府采纳（原文：又进钱银助修广州城，不许）。我们能够解读出，谢赫阿卜杜拉是一位极富有的商人，[①] 同时他还以对广州城的社会发展所做出的贡献而闻名。这位阿曼商人购买土地，为当地居民建立学校（原文：居于蕃坊的阿拉伯商人辛押陁罗除捐资建学舍外又捐学田，所捐之值也不在刘富之下），促进了当地的教育发展。[②] 公元1072年，在谢赫阿卜杜拉准备离开广州城返回故里之时，宋朝皇帝赐予他白马和马鞍，以表彰他对广州城所做出的巨大贡献（原文：诏大食勿巡国进奉使辛押陁罗辞归蕃，特赐白马一匹、鞍辔一副）。[③]

这一时期还涌现了许多曾为中国经济和执政管理做出过贡献的阿拉伯蕃商，例如艾布·阿里·易卜拉欣，他被学者们称为"两市之首"和"两市之长"，这两个市场指的是泉州市场和广州市场。艾布·阿里曾担任提举市舶司，负责海外进口的货品。[④] 在中国闻名的蕃商还有一位阿拉伯商人，中国史料称他为"蒲寿庚"，或许他的阿拉伯语名字应该叫作艾布·绍基（أبوشوقي）。他曾在宋朝末期任提举泉州市舶司，另外，他同时还是从事香料贸易的商人。[⑤] 当时香料和乳香的贸易都被阿曼蕃商所垄断，或者被海湾地区的蕃商大体控制，所以我们倾向于认为蕃商艾布·绍基可能是阿曼商人，尤其是当时其他的阿曼蕃商，例如谢赫·阿卜杜拉，都已经获得官职，或者在类似的执政方面取得成功的情况下。事实上，许多阿拉伯蕃商和宋朝

---

① 张君严：《早期中国与阿拉伯世界的关系》，（阿曼）国家遗产文化部，1983，《阿曼研究》丛书，第六卷重印本，第一辑，第102页。

② 张广达：《海舶来天方，丝路通大食——中国与阿拉伯世界历史联系的回顾》，第757页。

③ 张君严：《早期中国与阿拉伯世界的关系》，（阿曼）国家遗产文化部，1983，《阿曼研究》丛书，第六卷重印本，第一辑，第102页。

④《宋会要》，见白德尔·丁《中国的伊斯兰教史——过去和现在》，因塔沙出版社，黎巴嫩，1974，第23~24页。

⑤〔日〕桑原骘藏：《蒲寿庚考》（第二卷），东京文库，1928，第1~2页。

皇帝有着紧密而牢固的关系，例如《宋史》卷四百九十中所提到的阿拉伯蕃商“蒲希密”，他在太宗淳化四年（公元993年）派使臣向宋太宗进献礼物，因为他老病不能至首都（长安），于是大食使臣（李亚勿）代他转交了信函，其中表达了他对宋太宗的无限推崇。之后，使臣呈交了一份礼物清单，其中包括象牙五十株、乳香一千八百斤，以及其他诸如红丝吉贝、五色杂花蕃锦、白越诺、蔷薇水瓶等大量贵重物品。①

半岛上的阿拉伯人并不都是商人，还有很多人是从事宣教——伊斯兰教或者基督教——的活动家。因为伊本·奈丁在他的著作《群书类述》中曾提到，一个来自哈德拉毛的阿拉伯僧人在978~988年来到中国，与他同行的还有五位基督教传教士。十年间，他们在中国宣教，之后才返回故里。② 另外，在大约公元1275年（宋德祐元年），一位名叫“谢赫普哈丁”的阿拉伯蕃商在扬州城建立了一座清真寺。据中国史料记载，西域先贤谢赫普哈丁是至圣穆罕默德的十六世裔孙，而那座清真寺叫作“仙鹤寺”，现在扬州城。③

但无论如何，在宋朝的1258年，阿拉伯半岛和中国友好往来的辉煌历史篇章还是终结了。因为其首都巴格达城沦陷在了蒙古将领旭烈兀的手中，他结束了阿巴斯王朝时期中阿友好关系的黄金时代。在阿巴斯王朝覆灭20年后的1279年，蒙古人在中国建立了元朝。这时的蒙古人同时成为巴格达和大都（现在的北京）的统治者。

元朝时期（1271~1368年）阿拉伯半岛和中国的关系

尽管蒙古人终结了中国和大部分阿拉伯国家直接文化交流和经贸往来的时代，并且这些阿拉伯国家成了他们广阔疆域的一部分，但是蒙古人还是拉近了这些民族间的思想观念，他们征服了这些民族，并且帮助其营造了相互理解的氛围。他们怎么会做不到呢？他们可是成功建立了一个南起喜马拉雅山北侧山口，北到匈牙利布达佩斯，东至广州，西到巴士拉的庞大帝国！尽

① （梁）沈约:《宋书》，第490篇。
② 奈丁:《群书类述》，穆斯林文化在公元十世纪的调查，第一部分，多格巴亚德（编辑），纽约：哥伦比亚大学出版社，1970，第836~837页。
③ 李华英:《中国的清真寺》，外文出版社，1989，第25~27页。

管阿拉伯半岛上的国家并没有被包含在内，巴格达的覆灭在一定程度上影响了中阿经贸往来，蒙古入侵导致经济萧条，但是在几年之后阿拉伯半岛和中国的港口还是很快恢复了生机。中国的港口——例如泉州，伊本·白图泰曾将它描述为“世界大港之一，甚至是最大的港口”[①]——都恢复了作业。很快，这些港口恢复了繁荣的状态，中阿经贸再现了往日的生机。

伊本·白图泰曾向我们记述那一时期的阿拉伯人在中国的贸易状况。他向我们展现了一幅绚丽的图景：繁荣的贸易往来、车水马龙的港口、完整的街区和专属阿拉伯人和穆斯林的城区。他带领我们进入一些有影响力的阿拉伯和穆斯林巨商家中，例如埃及人欧斯曼·伊本·安法尼（عثمان بن عفان，杭州穆斯林巨商）、马格里布人格瓦门丁·休达（قوام الدين البشاري，干江巨商）、来自亦思法杭（现在的伊斯法罕）的开玛尔爱丁·阿伯达拉（كمال الدين عبد الله，伊斯兰教传教士）、来自塔伯利资（现在的大不里士）的舍赖奋丁·梯卜雷则（شريف الدين التبريزى，泉州巨商），及来自辛贾尔（伊拉克某省）的奥哈艾丁（أحد الدين）等。[②]

在蒙古统治中国的某一个时期里，阿拉伯蕃商依旧享有一些在唐宋时期形成的“特权”。伊本·白图泰曾写道：“（广州）城的一个地区是穆斯林居住区，内有清真寺和道堂，并设有法官和谢赫。中国每一个城市都设有谢赫伊斯兰，总管穆斯林的事务。另有法官一人，处理他们之间的诉讼案件。”[③] 他还说：“在中国旅行是最安全不过的。中国是世界上最安定的国度。旅行者即使身怀巨款，单身旅行九个月，也不用担惊受怕。”[④] 伊本·白图泰赞颂中国这一时期的商贸和平稳定，卡兹维尼（卒于 1283 年）也对此给予肯定，他指出，“中国地大物博，五谷、蔬菜、瓜果、甜糖”，并补充“中国的王朝公平且政治化”。[⑤]

同样，德国历史学家亚当·梅兹（Adam Mez）在他的著作《伊斯兰文

① 阿卜杜拉·穆罕默德·易卜拉欣·莱瓦提：《伊本·白图泰游记》，贝鲁特出版社，1964，第 133 页；亨利·玉尔：《东域纪程录丛——古代中国闻见录》（下卷），1866，第 486 页。

② 阿卜杜拉·穆罕默德·易卜拉欣·莱瓦提：《伊本·白图泰游记》，贝鲁特出版社，1964，第 568、633、635、637、638、639 页。

③《伊本·白图泰游记》（即《异域奇游胜览》修订本）（第二卷），艾哈迈德·阿瓦米尔、穆罕默德·艾哈迈德·贾德校对修订，开罗艾米尔出版社，1933，第 254~255 页。

④《伊本·白图泰游记》（即《异域奇游胜览》修订本）（第二卷），艾哈迈德·阿瓦米尔、穆罕默德·艾哈迈德·贾德校对修订，开罗艾米尔出版社，1933，第 252 页。

⑤ 宰克利亚·本·穆罕默德·卡兹维尼：《邦国的遗址和人类编年史》，第 46、54 页。

化》（*Islam Story*）中提到那一时期在中国开展的阿拉伯贸易活动，他写道："在市舶司有大批在册的穆斯林。"① 我们在《伊本·白图泰游记》中也发现了清晰的印证，那就是中国的货物被源源不断地送往阿拉伯半岛的港口，他写道："刺桐城（即泉州）内最大的市场就是陶瓷市场，陶瓷从这里被运往全国各地，乃至印度和也门。"② 我们发现那一时期的也门亚丁港已经成为进口中国陶瓷的中心，并且这个港口因其地理位置而始终是与中国进行贸易往来的重要港口。赡思丁·本·阿卜杜拉（谢赫拉布·大马士基，卒于1326年）的著作《当代陆海奇观精华》中这样描述亚丁港："对于从中国、印度、波斯、克尔曼（现伊朗某省）和阿曼而来的人来说，是一个良机。"③

在某一时期，这个港口上进行着中国和印度商品与埃及和埃塞俄比亚商品的物物交换。商人们用珊瑚、骏马、羊毛织品和威尼斯的呢绒来交换中国生产的丝绸、绸服和茶叶。④

值得一提的是，那一时期阿拉伯半岛最重要的出口品有骏马、珍珠和香料。⑤ 从文化层面来讲，中国人在这段时间仍旧关注阿拉伯半岛的地理和概况。我们可以从元代所写的《西行记》（刘郁著）中摘录出一些关于麦加的信息："天房（麦加）坐落在距离哈里发首都三百里处，那里有黑石殿，其中有天使，先知之祖葬于此，克尔白内存有大量经书。天房统领着周围十余个城市……"（原文：报达之西，马行二十日，有天房，内有天使，神胡之祖葬所也。师名癖颜八儿。房中悬铁缰，以手扪之，诚可及，不诚者竟不得扪。经文甚多……）⑥

在这一时期，中国旅行家也从未停止过他们迈向阿拉伯半岛的脚步。其中最为著名的是中国旅行家汪大渊，他曾在1328年和1334年先后两次到访阿拉伯半岛。当他返回中国之后，在大约1340年（实际成书时间为1349

① 陶菲克·尤兹白卡：《马穆鲁克王朝时期埃及海上贸易史》，伊拉克教育科研部、摩苏尔大学，1975，第75页。

② 《伊本·白图泰游记》[《异域奇游胜览》（修订本）]，贝鲁特出版社，1964，第254页。

③ 赡思丁·本·阿卜杜拉（谢赫·拉布·大马士基）：《当代陆海奇观精华》，圣彼得堡皇家学术出版社，1865，第216页。

④ 陶菲克·尤兹白卡：《马穆鲁克王朝时期埃及海上贸易史》，伊拉克教育科研部、摩苏尔大学，1975，第108、111页。

⑤ 绍基·阿卜杜勒·艾尼·奥斯曼：《伊斯兰政权时期的印度洋贸易》，世界知识出版社，1990，第161、205页。

⑥ 张印兰、朱家秦：《中国与西方国家交流信息大全》，中国出版社，1974，第306页。

年）编著了他的传世佳作《岛夷志略》，书中除详述了马格里布和埃及，还包括阿拉伯半岛的地理和当时的状况。[①] 书中还明确地写到他曾到过麦加、克尔白和麦地那。[②] 同时，还有许多部关于半岛的著作发行，例如阿拉伯作家赡思（1278~1351年，一直住在中国）的作品，其中包括《西国图经》《西域异人传》等。[③] 历史学家陈得芝认为，这些作品的确关注了阿拉伯的历史和地理。[④] 而笔者认为，这些作品包含了关于阿拉伯半岛地区地理的一部分，例如麦加和麦地那，以及至圣穆罕默德的生平。众所周知，这两部作品现已失传。

除了阿拉伯旅行家，元朝时，到圣地麦加朝觐的活动也被广泛关注。中国作家陈垣在其颇有价值的著作《元西域人华化考》（*Western and Central Asians in China under the Mongols*）中介绍了一位生活在中国的叫“买闾”的穆斯林诗人，他指出“他祖父的名字叫作‘哈只’，这证实了他祖父曾在蒙古人统治中国的初期到过麦加”[⑤]。从这一文本中，我们可以推论出，生活在中国的中国穆斯林和外国穆斯林都曾在那一时期游历麦加。阿拉伯半岛上的一些人物为唐宋时期中国的政治和经济生活做出了重要贡献，而一些可以溯源到阿拉伯半岛上的人物也为元朝时期的政治和经济生活做出过重要贡献，例如赛典赤・赡思丁（1210~1279年），中国的史料称他为“阿拉伯王子”——咸阳王。元朝的史料证实他为先知的后裔，其祖辈在未知的某一时期迁居中亚，并担任要职。赛典赤・赡思丁跟随其父来到中国，之后任燕京路巡抚使，后居陕西。但赛典赤所担任的最大官职就是在咸淳十年（1274年）被委任为云南行省平章政事（为云南设立行省的第一任行政长官）。[⑥] 赛典赤・赡思丁使这个偏远的地区重焕生机。他建立起灌溉系统，这个系统直到20世纪初仍在使用；同时，他给农业带来了新的作物，例如稻米，这些作物

---

① 张广达：《海舶来天方，丝路通大食——中国与阿拉伯世界历史联系的回顾》，湖南人民出版社，1987，第759页。

② 张广达：《海舶来天方，丝路通大食——中国与阿拉伯世界历史联系的回顾》，湖南人民出版社，1987，第759页。

③ 《元史》，190篇，第406页。

④ 加法尔・克拉尔・艾哈迈德：《中国和阿拉伯关系》，第59页。

⑤ 陈垣：《元西域人华化考》，钱星海、L. C. 古德里奇译，加利福尼亚大学 Monmenta Serica 出版社，1966，第164~165页。

⑥ 莫里斯・罗沙比：《元朝早期的穆斯林》，转引自兰德彰编《蒙古统治下的中国》，普林斯顿大学出版社，1981，第288~289页。

在赛典赤到来之前在该地区从未种植过。同时，赛典赤还建立了该地区历史上的第一所学校。[①] 尽管赛典赤有着根深蒂固的伊斯兰教信仰，但他在为穆斯林修建清真寺之外，还建立了许多孔庙，这反映了伊斯兰教的宽容和对其他文化的尊重和理解。赛典赤·赡思丁卒于1279年。中国的文学作品向我们展现了云南民众在赛典赤去世当天的巨大悲痛。[②] 直到今天，在节日和一些特殊的日子里，这个偏远地区的人民仍然会去他的坟墓祭扫。

这一时期的其他重要人物还有赛义德·本·艾布·阿里·欧马尼（1251~1299年），他曾是印度苏丹巴勒班王朝的使臣，并且那时的他与中国的元朝政府有着良好的关系。正是他与中国皇帝的牢固关系导致了苏丹巴勒班的愤怒，他没收了赛义德的家产，并威胁要杀掉他。于是中国的皇帝派人前去请赛义德移居中国。在忽必烈派遣的使团成功说服巴勒班释放赛义德到大都（现在的北京）后，这个阿曼富商终于在1292年抵达大都（现在的北京）。[③] 铁穆耳在1294年即位之后，他敕封赛义德为使臣。1299年，赛义德卒于大都（现在的北京），年仅49岁。铁穆耳下令以国库支出为他筹备正式的葬礼，并且颁布敕令，命负责官员保护并且照顾好他的家人。[④]

以上是元朝时期阿拉伯半岛和中国间经贸往来及友好交流的一些方面，这些交流以这样或那样的形式一直持续到1368年。直到中国的起义领袖朱元璋推翻了蒙古人的统治（即元朝），建立了新的王朝——史称“明朝”（1368~1644年）。明朝的建立再次书写了阿拉伯半岛和中国关系的新篇章。

---

① 叶哈雅·林松：《赡思丁先生为穆斯林在建设中国边界地区的巨大贡献》，《建设中国杂志》1979年第12期；见《穆斯林在中国》，建设中国，文化系列（1），（第一版），1982，第121页。

② 劳斯鲁布·斯特拉迪：《当今伊斯兰世界》（第二卷），阿贾吉·纳维赫德翻译，艾米尔·舍克卜·艾热萨拉尼对此进行了评价，尔萨·巴比·哈拉比出版社，伊历1352，第231~233页。

③ 李洋生，纪念赛义德·本·艾布·阿里实录，《公元11世纪至15世纪期间中国和阿曼关系研究》，在卡布斯苏丹大学于1990年11月20日至21日举办的“丝绸之路”国际研讨会上提交的论文，阿曼苏丹国，国家遗产文化部，《丝绸之路国际研讨会论文集》，麦兹卧出版社，1991，第173~177页。

④ 李洋生，纪念赛义德·本·艾布·阿里实录，《公元11世纪至15世纪期间中国和阿曼关系研究》，在卡布斯苏丹大学于1990年11月20日至21日举办的“丝绸之路”国际研讨会上提交的论文，阿曼苏丹国，国家遗产文化部，《丝绸之路国际研讨会论文集》，麦兹卧出版社，1991，第167页。

明朝时期（1368~1644 年）阿拉伯半岛和中国的关系

这个时期的中国与阿拉伯半岛有着直接且密切的外交往来，甚至比中阿外交史上任何一个过往的时期都要更为直接和密切。

中国的史料，尤其是《明史》，向我们证实了那一时期有相当多来自阿拉伯半岛的驻华使领馆，以及大量驻外的中国使领馆。1405~1432 年，也就是明成祖朱棣（1402~1424 年）、明仁祖朱高炽（1424~1425 年）和明宣宗朱瞻基（1425~1435 年）统治时期，中国与阿拉伯半岛间开展了许多正式的外交活动。中国的皇帝派遣的穆斯林航海家郑和，在 28 年间七下西洋。① 其间，他到访过阿拉伯半岛的多数国家和王国。《明史》为我们记载了许多关于中国与阿拉伯半岛间外交与经贸往来的有价值的信息。《明史》中有记载说，郑和在 1416 年到访过阿丹（亚丁），这促使阿丹王派使节到中国，并携有书信和珍贵的礼物，反过来，中国的皇帝派遣这位著名的航海家前往阿丹国，并带去皇帝的书信和价值连城的礼物（原文：永乐十四年，遣使来献方物。命郑和赍币帛，还往赐之。）。② 中国船队仍由郑和率领，前往阿丹国国王——苏丹马立克 · 纳绥（ملك الناصر）——的宫殿，当时的阿丹国属于也门拉士鲁王朝（1229~1254 年），该船队于 1430 年到达阿丹港。③ 根据《明史》所述，在明朝统治时期，也门共四次遣使到中国。④1422~1430 年，郑和也两次到访阿曼的祖法儿（今佐法尔，阿曼西南港口）。《明史》指出，当郑和到达祖法儿后，他在其国王面前宣天子诏，佐法尔国王便立即下令让国民与中国的贸易使团交换本地产品（即互市）（原文：船队到彼，开读赏赐毕，其王差头目遍谕国人，皆将乳香、白竭、芦苓、没药、安息香、苏合油、木别子之类来换易纻丝、瓷器等物）。⑤ 据《明史》记载，在 1421 年和 1423 年，佐法尔国王阿里（عليا）曾两次遣使到中国。⑥ 另外，郑和曾派使团从加尔各

---

① 霍韬:《郑和 1371~1433》，提交给联合国教科文组织“海上丝绸之路”国际研讨会论文，Lipson，1992，关于郑和探险的更多信息，请参考李露晔《当中国称霸海上》，牛津大学出版社，1994。

② 《明史》，第 324 卷。

③ 《明史》，第 324 卷。

④ 《明史》，第 324 卷。

⑤ 《明史》，第 324 卷，第 326 页。

⑥ 《明史》，第 324 卷，第 326 页。

答前往天方，即圣城麦加，而天方的国王也曾遣使中国。[①]《明史》中是这样描述这次拜访的："宣德五年，郑和使西洋，分遣其侪诣古里。闻古里遣人往天方，因使人赍货物附其舟偕行。往返经岁，市奇珍异宝及麒麟、狮子、驼鸡以归。其国王亦遣陪臣随朝使来贡。宣宗喜，赐赉有加。"而天方的这个使团一直留在中国，直到1436年后才离开。[②]

明朝统治时期，阿拉伯半岛上的国王，尤其是圣城麦加和麦地那的国王，与中国有着密切的关系。1490年，麦加国王速檀阿黑麻（السلطان أحمد）遣使到中国，向皇帝进献珍宝（即朝贡），其中包括骏马、宝石和鸵鸟（弘治三年，其王速檀阿黑麻遣使偕撒马儿罕、土鲁番贡马、驼、玉石）。[③]1518年，麦加国王写亦把刺克（الشريف بركات）遣使中国，向皇帝朝贡骏马作为礼物（十三年，王写亦把刺克遣使贡马、驼、梭幅、珊瑚、宝石、鱼牙刀诸物，诏赐蟒龙金织衣及麝香、金银器）。[④]1525年，麦加国王——中国史料称其为"亦麻都儿"——曾遣使中国（嘉靖四年，其王亦麻都儿等遣使贡马、驼、方物）。[⑤]《明史》中提及，在明宣宗朱瞻基（1425~1435年）统治期间。阿拉伯半岛上共计八个国家曾向中国遣使，其中包括来自默德那（麦地那）和剌撒（今沙特哈萨绿洲）的使团。[⑥]

阿拉伯的史料也为我们保存了一些关于明朝时期中国与阿拉伯半岛间经贸和外交往来的信息。麦格里齐（Al-Maqrizi）指出，伊历823年，即公元1420年的事件中，因当时亚丁的统治者并没有善待中国商人，中国使团便前往亚丁表示抗议，寻求公正对待，并要求给予中国公民必要的保护。麦格里齐还补充说，中国使团并未成功。[⑦]众所周知，当时亚丁的统治者正在试图对由远东到港的船只推行新的政策。历史学家发现，自1424年起，亚丁的统治者就开始对来自中国和印度的船只实行新的政策，而这

---

① 《明史》，第332篇，同样可参见夏德《古瓷：中国中世纪工业及贸易研究》，Leipsic and Munich: GeorgoHirth，1888，第63~64页。

② 《明史》，第332卷。

③ 《明史》，第332卷。

④ 《明史》，第332卷。

⑤ 《明史》，第332卷。

⑥ 《明史》，第332卷。

⑦ 麦格里齐：《郡国志道》，第四部分，共六个部分，前三个部分由穆罕默德·穆斯塔法·齐雅德博士校订，后三部分由赛义德·阿卜杜勒·法塔赫·阿述拉博士校订，1972，第872~873页。

一举措正是为了增加税收；同时，他们还强迫到港船只的船长留在亚丁港购买他们的商品，禁止船只航行到红海的其他港口，如雅拉港、吉达，① 以及苏丹的萨瓦金港，从而实现对远东贸易的垄断。这导致中国和印度船只的船长们都绕行亚丁港，直接驶往希贾兹的港口及其城市吉达、麦加、雅拉。②Hirth 引用 Heyd 的话说，埃及马穆鲁克王朝借此良机，给予远东商人同以往在亚丁港享有的一样的惠利，在此条件下，仅公元 1426 年一年，到达吉达港的中印船只就有四十余艘。③ 麦格里齐指出，伊历 835 年，即公元 1431 年，许多来自亚丁港的中国船只在当地售卖丝绸等其他中国产品碰壁之后，选择到吉达港。④ 另外，伊本·伊亚斯·穆罕默德·本·艾哈迈德（Muhammad ibn Iyas，1477~1523 年）在他的著作《世界奇迹中的玫瑰芬芳》中强调，当时，中国的商人在吉达的旅店和市场上随处可见。⑤

Heyd 证实，中国的船只曾航行到雅拉港口。⑥ 我们不知道 1420 年和 1431 年的中国贸易使团是郑和商船队的一部分，还是那一时期航行到阿拉伯半岛港口及市场的其他中国商船队和贸易使团。

1433 年，郑和的航海旅程结束。之后，中国的使团继续前往阿拉伯半岛地区。同时，中国也有很多阿拉伯半岛的使领馆。

中国的史料记载，麦加国王写亦把剌克曾在 1518 年向武宗朱厚照朝贡礼物，其中包括骏马、骆驼、珊瑚、羊毛及宝石。武宗随即赐他带有金线所绣龙图的斗篷，另外礼物清单上还包含有麝香、金银器皿（原文：十三年，王写亦把剌克遣使贡马、驼、梭幅、珊瑚、宝石、鱼牙刀诸物，诏赐蟒龙金织衣及麝香、金银器）。⑦ 与此同时，麦加国王速檀阿黑麻在 1525 年、1532 年和 1543 年曾遣使来中国。⑧

---

① 夏德:《古瓷：中国中世纪工业及贸易研究》，第 64~65 页。

② 夏德:《古瓷：中国中世纪工业及贸易研究》，第 64~65 页。

③ 夏德:《古瓷：中国中世纪工业及贸易研究》，第 65 页。

④ 麦格里齐:《郡国志道》，第四部分，共六个部分，前三个部分由穆罕默德·穆斯塔法·齐雅德博士校订，后三部分由赛义德·阿卜杜勒·法塔赫·阿述拉博士校订，1972，第 872~873 页。

⑤ 阿里·侯赛因·苏莱曼·纳赛尔:《中世纪末（公元 1250~1517 年）在阿拉伯半岛上的商贸活动》，埃及安格鲁出版社，1980，第 114 页。

⑥ 阿里·侯赛因·苏莱曼·纳赛尔:《中世纪末（公元 1250~1517 年）在阿拉伯半岛上的商贸活动》，埃及安格鲁出版社，1980，第 203 页。

⑦ 白德尔·丁:《中阿关系》，第 233 页。

⑧ 白德尔·丁:《中阿关系》，第 234 页。

由此我们可以看出，在整个16世纪，默德那（麦地那）、祖法儿（佐法尔）、剌撒（今沙特哈萨绿洲）以及阿丹（亚丁）都与中国保持着经贸和外交关系。

明朝时期还出现了许多涉及阿拉伯半岛情况（社会和地理）的书籍，例如《明史》，它多次提及天方，也就是麦加;《星槎胜览》也提到了麦加、麦地那、佐法尔和亚丁；[①]《西洋番国志》对克尔白天房进行了详尽的描述等；等等。[②]

清朝及民国时期（1644~1949年）阿拉伯半岛和中国的关系

这种难能可贵的交往在15世纪中期经历了波折。那时，欧洲的战舰企图控制当时世界贸易及运输的通道，为它们向亚非人民发动侵略战争做好准备。欧洲的战舰成功地控制了红海及印度洋的水路通道，阻碍正常的经贸和文化交流，破坏两国人民间的关系。几个世纪以来，这是居住在印度洋海岛和阿拉伯海湾沿岸的居民第一次听到炮声轰鸣，而不再是来自中国航海者们的船歌。尽管存在这种严重的动荡，阿拉伯半岛上的国家与中国仍然有某种来往。中国作家Madaxin曾提到一条陆路，中国的穆斯林通过这条路去往阿拉伯半岛。它始于中国，途径中亚，穿过伊朗高原后到达阿勒颇，然后经过大马士革、阿卡（以色列）、雅法（以色列）、耶路撒冷，最后到达麦加。[③]Madaxin还描述了另一条中国穆斯林选择的陆路，它被称为“南路”。它经过天山北麓，向南到达Lama Kan岛，穿过帕米尔高原，然后向西到达喀布尔（阿富汗），由此再前往米兰（阿富汗），然后是设拉子（伊朗）、巴士拉，最后到达麦加。[④]但实际上，自15世纪初到18世纪，中国穆斯林前往阿拉伯半岛国家所走的主要道路是水路。[⑤]

中国的史料和统计数据显示，中国的穆斯林，尤其是云南省的穆斯林，在整个清朝时期都继续着他们的宗教朝觐之旅——前往麦加和麦地那。在这个方面，有中国的史料指出，许多中国的“哈只”和穆斯林学者都曾到

① 张印兰、朱家秦:《中国与西方国家交流信息大全》，第306、333页。
② 夏德:《古瓷：中国中世纪工业及贸易研究》，第63页。
③ 王树凯:《早期中国穆斯林通往麦加之路》,《建设中国》1983年第2期，第72页。
④ 王树凯:《早期中国穆斯林通往麦加之路》,《建设中国》1983年第2期，第72页。
⑤ 张广达:《海舶来天方，丝路通大食——中国与阿拉伯世界历史联系的回顾》，第785页。

达过麦加，如马来迟，他曾在 1728 年到达麦加进行朝觐，并在那里留居了约三年时间。[①]

中国的史料还提到，另一个中国的穆斯林教法学家，即哈只马明心（1719~1781 年），曾与他的叔父一起到麦加朝觐，那是他只有 12 岁。在前往麦加的途中经过也门的时候，他遇到了苏菲学派著名的大伊玛目伊本 · 裁尼，并归于他的门下。马明心在也门留居了 16 年，向伊本 · 裁尼学习伊斯兰教教法和教义、圣训、阿拉伯语及诵读古兰经。在他重返中国后，他创立了中国伊斯兰教四大门宦（哲合忍耶、虎夫耶、尕德忍耶、库布忍耶）之一的哲合忍耶门宦。[②]

在 1900 年，甘肃地方统计机构发布统计数据，指出自乾隆统治时期（1736~1795 年）以来，临夏地区每年的哈只数量为 10~30 人，男女老少皆有。而在那一时期来自八方、阳山、河州和东乡地区的哈只数量超过百人。在这些哈只当中，有相当一部分人在麦加朝觐期间受到了苏菲学派活动的影响。[③]

中国史料记载了关于中国穆斯林哈只马复初（应该是马万福，1849~1934 年）（应该为 1791~1872 年）朝觐之旅的消息，称他在 1841~1848 年游历过麦加、阿曼、亚丁、开罗和伊斯坦布尔。在回国之后，他写了著名的《朝觐途记》。马复初先生用阿拉伯语写作，他的学生马安礼、马开科等人其后将它译成了中文。[④] 哈只马复初还曾于 1888 年抵达希贾兹，在回国之后创立了“伊赫瓦尼”宗教学派，受瓦哈比教派影响但与其不尽相同。[⑤]

中国的穆斯林不仅仅因为宗教目的而到访阿拉伯半岛，穆斯林政治家，如哈只艾沙 · 马赋良，在 1937 年 10 月到 1946 年 6 月曾率领中国使团到访阿拉伯国家，为中国人民抵抗日本侵略的斗争争取阿拉伯官方的和民间的支持。该使团到访了麦加，在那里他们遇到了沙特国王和沙特财政大臣阿卜杜拉 · 苏莱曼。沙特国王和大臣向中国人民的事业表达了同情和

① 易卜拉欣 · 冯今源：《中国的伊斯兰教》，李华英译，外文出版社，1991，第 84 页。
② 薛源：《中国穆斯林问答》，外文出版社，1991，第 187 页。
③ 易卜拉欣 · 冯今源：《中国的伊斯兰教》，李华英译，外文出版社，1991，第 91 页。
④ 张广达：《海舶来天方，丝路通大食——中国与阿拉伯世界历史联系的回顾》，第 785 页。
⑤ 易卜拉欣 · 冯今源：《中国的伊斯兰教》，李华英译，外文出版社，1991，第 73 页。

支持。[①]

中国穆斯林造访阿拉伯半岛国家的旅行一直持续到中华人民共和国成立。之后，中国与阿拉伯国家之间的关系史进入了崭新的阶段。

中国与阿拉伯半岛经贸和文化关系的佐证

这是中国与阿拉伯半岛所独有的经贸、外交以及文化交往的历史。中阿两方的史料都为我们一一记录在册。两方的土地也为我们保存了许多证据，明确证实了史料所记载的内容。例如，在亚丁湾地区，考古学家们找到了许多中国陶瓷，其历史可以追溯到中国的几个不同时期，其中的一个中国瓷片可以追溯到公元13~16世纪。[②] 而在苏哈尔——阿曼原来的首都，发现了一个唐朝时期的中国瓷器。同样，马斯喀特博物馆也为我们留存了大量的中国古代陶瓷器皿以及一些罕见的蓝色的元代瓷片。除此之外，在苏哈尔还挖掘出了大量从中国进口的商品，其中一部分来自公元14世纪或15世纪；还有小瓷瓶，以及倚靠在两个人像上的莲花坐佛像。[③] 同时，历史学家还在巴林城堡（Bahrain Fort，著名考古遗址）的挖掘过程中发现了公元14世纪末和20世纪初的中国瓷器。[④]

而在阿联酋的加法尔（ShamalJulphar）及其他地点的挖掘过程中还发现了大量的陶瓷碎片，其中有些碎片可以追溯到公元14世纪或15世纪。[⑤]

---

① 铁维英:《抗日战争时期中东穆斯林的援华活动》,《阿拉伯世界研究》1991年第2期，第29~30页（中文）。

② 三上次男:《陶瓷之路》，庄锦辉译，上海译文出版社，1984，第196页。

③ 三上次男:《陶瓷之路》，庄锦辉译，上海译文出版社，1984，第196页；阿里·易卜拉欣·哈米德·乌巴:《中国与阿拉伯半岛之间的海上丝绸之路及商贸关系史》，在1997年10月14日北京海湾阿拉伯国家合作委员会文化周讲座上提交的论文，第30页。也可见《考古发现中有关开启好望角之路前，阿曼与外部世界尤其是远东地区的贸易往来》，在卡布斯苏丹大学于1990年11月20日至21日举办的“丝绸之路”国际研讨会上提交的论文，阿曼苏丹，国家遗产文化部，1990，第130页。

④ 见《中国与阿拉伯半岛之间的海上丝绸之路及商贸关系史》，在1997年10月14日北京海湾阿拉伯国家合作委员会文化周讲座上提交的论文，第30页。也可见《考古发现中有关开启好望角之路前，阿曼与外部世界尤其是远东地区的贸易往来》，在卡布斯苏丹大学于1990年11月20日至21日举办的“丝绸之路”国际研讨会上提交的论文，阿曼苏丹，国家遗产文化部，1990，第130页；见三上次男《陶瓷之路》，第197页。

⑤ 阿里·易卜拉欣·哈米德·乌巴:《中国与阿拉伯半岛之间的海上丝绸之路及商贸关系史》，第29~30页。

最近，在阿联酋的哈伊马角还发现了公元 8 世纪的中国古币。①

考古学家们在沙特发现了中国元代的陶瓷。另外，他们还在盖提夫地区发掘了稀有的中国古币，其历史可以追溯到 998~1097 年（宋朝时期）。② 沙特盖提夫市市长穆罕默德 · 法里斯保存了许多重要的中国古币，这些古币是在铺设石油管道的挖掘过程中被发现的。③

沙特学者、沙特阿拉伯国王大学文物与考古系系主任阿里 · 本 · 易卜拉欣 · 阿班博士从中国与沙特往来的证据中获得了许多启发，他指出，在贾尔（Mina Aljar，吉达）、哈乌拉（达曼）、欧威尼（吉达）、阿塔拉（吉达）、斯林（吉达），以及沙拉塔（吉赞）都找到了多种多样的中国瓷器，而这些地点皆是红海海岸上的港口。他还补充说，在近阿拉伯湾的欧盖尔港（Uqair，东部省）、近利雅得的阿尔卡吉地区（Al-Kharj）的几处伊斯兰教地点、里卜宰地区（麦地那）的几处地点以及盖西姆地区的德里、欧拉地区的马卜亚特、塔布克地区的拜达和拜拉，都挖掘出了中国瓷器，其中大部分的陶瓷碎片是唐朝（618~907 年）和宋朝时期（960~1279 年）的。④

考古学家除了在从巴士拉到亚丁港的全部沿岸地区挖掘出了许多中国瓷器，还找到了大量宋朝时期的钱币残片。以上这些都证明了中国与阿拉伯半岛的密切交往。

结　语

本文的结论是，中国与阿拉伯半岛之间的关系最早可以追溯到前伊斯兰教时期，而这种关系在唐朝时期（618~907 年）得到了巨大的推进，也就是伊斯兰教初创时期、四大哈里发时期、伍麦叶王朝以及阿拔斯王朝时期。在这一时期，阿拉伯半岛的商人、旅行者、外交使节和传教士纷纷前往中国宣传伊斯兰教和基督教。

在这篇研究中，我们希望揭开多次来访使团的神秘面纱，解析外交使

① 《阿布扎比联合报》，1997 年 12 月 10 日。

② 见三上次男《陶瓷之路》，第 197 页。

③ 阿迪力 · 穆哈印丁 · 艾勒乌斯：《直到公元十世纪末伊拉克与印度尼西亚海上贸易》，第 21 页。

④ 阿里 · 易卜拉欣 · 哈米德 · 乌巴：《中国与阿拉伯半岛之间的海上丝绸之路及商贸关系史》，在 1997 年 10 月 14 日北京海湾阿拉伯国家合作委员会文化周讲座上提交的论文，第 29~30 页。

节和传教士们的一些模糊的信息。据说，他们是在穆圣生活的时期从麦地那前往中国的，当然，在研究中我们也不排除这些使团在比伊斯兰教创立前更早的时期就存在的可能性。

这项研究反映了中国与阿拉伯半岛间惊人的地理联系，而8~14世纪的中阿史料也反映了这一点，似乎这两个地区变成了一个地域。

事实上，关于阿拉伯半岛与远东包括与中国之间历史关系的话题，在历史书籍、文学书籍，甚至是在神话、志怪书籍中都有所体现。有时，考古证据也会支持它，例如在菲律宾的一些考古遗址发现的也门铭文。而马苏第也谈到过一个类似传说的事情，提到在今天中国的西藏地区存在过古也门人。①

伊斯兰教著名学者哈桑·塔拉比（Hassan al-Turabi）曾引用印度作家、教法学家艾布·凯莱姆·阿扎德（AbulKalam Azad）的话说，也门人的先祖之一，在公元前曾参与到修筑长城的某一阶段的工程之中。② 不管关于也门人在西藏定居的故事真实与否，也不考虑艾布·凯莱姆关于也门人的先人曾游历中国的讨论，在这样一个远离阿拉伯半岛的地方存在着也门人和哈米迪人——这些故事和传说的传播本身就已经证明了远东、中国及阿拉伯半岛人民间有着悠久的关联。而研究和讨论还仅仅局限在对该问题的初步探索中。

研究还揭示了自7世纪到明朝末期，中国与阿拉伯半岛间独有的外交往来。正如我们所知道的，这个地区是第一个派遣外交使者到中国的地区。在651年，哈里发奥斯曼·本·阿凡派遣正式使团前往中国。我们发现，经历了剧烈的政治动荡，到1543年，只有拉伯半岛上的君主和国王还与中国的帝王保持着关系。同样，在关系中断后，他们也先于其他阿拉伯君主与中国恢复了关系。在1939年，沙特阿拉伯王国正式宣布与中华民国建立外交关系。③

在研究过程中，我们发现了阿曼专家对中国的外贸管理，尤其是对宋

① 麦斯欧迪:《黄金草原与珠玑宝藏》(第二部分)，伊本·哈桑·阿里·本·侯赛因·本·阿里，穆罕默德·穆哈印丁·阿卜杜勒·哈米德校订，埃及萨阿德出版社，大商务图书馆，1958，第33~34页。

② 拜访苏丹伊斯兰学者哈桑·阿卜杜拉·图拉比，喀土穆，阿拉伯伊斯兰会议办公室，1997年2月22日。

③ 莉莲·克雷格·哈里斯:《中国的中东观》，I. B TAURIS有限责任公司出版，1993，第3页。

朝时期的中国外贸管理所发挥的独特作用。据说，阿曼的商人对中国的外贸进行了长期管理，并为当时在泉州、杭州及广州等地建立自由贸易区做出了贡献。

这项研究与那些断然认为在阿拔斯王朝或其之前，中国船队（我们所说的“中国船队”指的是那些由中国航海家和商人所拥有并率领的船只）没有到达过阿拉伯湾港口的观点并不一致。例如，美国学者乔治·侯拉尼（George FadloHourani，1913~1984 年，应该是英国哲学家）在他的名作《印度洋航海》中指出，中国的船队到访阿拉伯湾地区，这是在伊斯兰教产生几个世纪之后才完成的。[①] 侯拉尼解释了阿拉伯史料中的一些词组，例如来自马苏第文章中的词组“中国船队”，其指的是与中国进行商贸的阿拉伯或者波斯的船队。我们在研究中发现，许多阿拉伯作家都不假思索地重复了侯拉尼的观点。

我认为，我们应当小心审慎地采用侯拉尼的观点，这一点十分重要。因为中国的船队在伊斯兰教出现前后曾到达过阿拉伯半岛港口仍旧存在可能性。中阿间的海上丝绸之路自公元前 1 世纪起就已形成，而阿拉伯半岛对于中国人而言本来就已经是熟知了的，中国外交家张骞曾通过陆路到达那里，并于大概公元前 115 年抵达安息（即波斯，今伊朗）。[②] 同样，在公元 100 年，中国使者甘英通过走同样的路线也到达了阿拉伯半岛。即使我们接受那一时期的中国人没有通过海路到达过半岛地区这一观点，也不能忽视中国的史料记载的中国船只曾到达过诸如苏丹东部港口这样偏远地区的信息。在约公元 226 年，中国的航海家和商人曾抵达苏丹北部的库施王朝（Kush，又译为古实，Cush，是古代北非地区的一个文明，其地域大致为今天的苏丹共和国）。[③] 中国的史料指出，这些商人是乘坐一艘有七个桅杆的大船从印度出发的。[④]

中国的史料指出，中国船队在大约 3 世纪的时候到达过位于埃塞俄比亚马萨瓦的阿杜利斯港口（位于今厄立特里亚北部红海岸边的一座古

---

① 胡拉尼·乔治·法德尔:《古代和中世纪早期印度洋上的阿拉伯人海上活动》，第 114 页。
② 莉莲·克雷格·哈里斯:《中国的中东观》，第 3 页。
③ Shen Fuwie，第 44~45 页。
④ Shen Fuwie，第 44~45 页。

城，北距马萨瓦30公里）。[①] 我们还知道在同一时期，中国的船队曾抵达苏丹北部的库施王国。那时，中国与阿拉伯湾间的海路十分繁忙，来往的都是从中国和印度出发或返航的波斯、阿拉伯及印度船只。所以，从印度出发航行到红海的中国商船为什么没有航行到更近、更繁华的阿拉伯半岛上的港口呢？即便这些商船在那个时期没有到达过，那么在印度洋海上贸易兴盛的5~6世纪也应该到达了。关于这件事，马苏第曾说过，"中国的船只到达了阿曼、西拉甫、波斯沿岸及艾卜拉（Al-Abelah，近巴士拉），并且这些船只经常到访那里"，既然我们面前有伟大的历史学家所记载的诸多清晰表述，我们为何还要多费周章呢？正如卡拉奇可夫斯基（IgnatyYulianovichKrachkovsky，1883~1951年，苏俄阿拉伯学者）所说，当穆斯林进入艾卜拉，他们在那里发现了中国船只。[②] 值得一提的是，法国学者贝罗的研究显示，他们发现的就是在约公元762年，搭载着杜环（中国唐代旅行家，又称杜还）的从阿拉伯半岛的港口返回广州的那艘船。

许多当代学者，例如李约瑟（Needham）、纳忠（1909~2008年，原名纳寿恩，字子嘉，阿语名为阿布杜·拉赫曼）以及哈迪·欧莱维（伊拉克），并不否认中国船队在公元5~6世纪曾到达阿拉伯湾上的港口。直到出现了更多证据，证明在阿拔斯王朝前后，中国船只曾在阿拉伯半岛的港口附近航海，所以，关于在伊斯兰教出现以前或在其初期，中国船队曾通过海上丝绸之路到达阿拉伯半岛港口的可能性仍旧存在。

在研究过程中我们发现，阿拉伯半岛的港口在中阿的经贸和文化交流中发挥了巨大的作用，这是因为阿拉伯湾港口所处的战略位置——它将阿拔斯王朝的首都巴格达和远东的港口及贸易紧密地连接在了一起。同样，由于阿曼濒临阿拉伯湾和印度洋，拥有巨大的市场以及大批杰出的海洋学家和熟练的航海者，它对激活和推进中阿关系有着巨大的作用。

至于经济方面，阿拉伯半岛地区在几个世纪里始终是中国的主要贸易伙伴，且中国的贸易活动与阿拉伯半岛上的贸易活动紧密相连。与中国的经贸活动的繁荣会直接影响阿曼、巴林等地的人民生活；如果他们与中国的贸易活动受阻，其生活也将受到冲击。

---

① Shen Fuwie，第44~45页。

② 阿迪力·穆哈印丁·艾勒乌斯：《公元十三世纪末，伊拉克与安达卢西亚的海上贸易》，第21页。

最后，我们得出结论：中国的唐宋时期为中国与阿拉伯半岛之间建立起举世瞩目且持续至今的经贸、文化及外交关系奠定了坚实的基础。

The Historical Relations between the Arab Peninsula and China from the Birth of Islam to the Beginning of 20th Century

Gaafar Karar Ahmed(Peking University)
Translated by CHEN Lu　MA Jie　DAI Zhixuan

Abstract: The history of civilization dialogues between the Arab Peninsula and China dates back to ancient times. Geographic, economic and cultural elements decided the necessity of communication and integration of the two regions to serve the common benefits for all mankind. For this reason, we have witnessed a continuous interaction between them since 651A.D. Based on Arabic and Chinese documents that the author collected and the data that he gathered though his field research, this paper reviews the history between the Arab Peninsula and China since the birth of Islam until the beginning of 20th century and tries to prove that the rebuilding of the Sino-Gulf relationship during the last ten years is nothing more than normal.

Keywords: Arab Peninsula; Sino-Arab Relations; Civilization Dialogue; Islam Culture

“伊斯兰国家”——理想与现实*

王宇洁 **

【内容提要】20世纪中期以来伊斯兰世界的急剧变化让建立“真正的”伊斯兰国家成为一些穆斯林思想家和政治家的倡议和政治行动，也成为穆斯林学者热烈讨论的问题。近年来，活跃在叙利亚和伊拉克地区的“伊斯兰国”组织更让外界对伊斯兰世界的政治体制和相关概念产生了疑问。本文试以“伊斯兰国家”这一概念为切入点，对历史上不同时期的“伊斯兰国家”及其发展进行探析，指出复兴或重建“伊斯兰国家”的呼声是基于对穆斯林社会政治发展史理想化的解读，在今天一味强调早期穆斯林社会的典范作用，实际上可能会将伊斯兰教的发展带入另外一个困境。

【关键词】乌玛　伊斯兰国家　哈里发

自20世纪中期伊斯兰复兴运动以来，建立一个“真正”的伊斯兰国家，成为一些穆斯林思想家和政治家的倡议和政治行动。什么才是真正的伊斯兰国家也成为很多关注这一问题的穆斯林学者热烈讨论的问题。近年来，活跃在叙利亚和伊拉克地区的“伊斯兰国”（Islamic State，简称IS）组织不仅深深地影响了中东地区的政治格局，也在全球范围内形成了巨大的影响。

---

* 本文系国家社科基金一般项目“当代伊斯兰教新思想思潮研究”（13BZJ028）、教育部人文社科重点研究基地重大项目“当代伊斯兰思想研究”（14JJD730003）的阶段性成果。

** 王宇洁，中国人民大学宗教学重点研究基地教授。

该组织最终将自己的名称确定为“伊斯兰国”，其头目巴格达迪自称为伊斯兰国的领袖哈里发，这更让外界对何谓“伊斯兰国家”及对伊斯兰世界的政治体制和相关概念产生了疑问。本文试以“伊斯兰国家”这一概念为切入点，对伊斯兰历史上的国家以及相关历史发展进行探析。

一 作为典范的早期穆斯林乌玛

虽然当代一些伊斯兰复兴主义者常把建设一个符合伊斯兰教原初精神的“伊斯兰国家”作为奋斗目标，但是《古兰经》和圣训并不曾对信仰者社团的政治治理给出明确的方案，《古兰经》当中提及的众多先知，其使命都是在信仰方面给世人以引领，而非担任政治领袖或是组建政治团体。因而，“伊斯兰国家”的概念并不是伊斯兰教中原初就存在的一个概念，穆斯林对政治共同体的概念是随着穆斯林宗教共同体的发展逐渐形成和变化的。

在伊斯兰教产生之前，孕育了伊斯兰教先知的阿拉伯半岛中西部地区还处在部落社会阶段，尚无国家可言。公元 622 年，伊斯兰教先知穆罕默德因为宣传新宗教受到麦加贵族的迫害避走麦地那。他在那里建立了历史上第一个以穆斯林为主体的社会组织——乌玛（Umma）①，并与麦地那的民众签订了《麦地那宪章》。这一事件对伊斯兰教的发展具有划时代的意义，也标志着穆罕默德以个人的超凡魅力和社会契约方式，打破和超越了此前以血缘关系为纽带的部落社会结构。在此后数十年的发展中，穆斯林共同体开始具备国家层面社会的典型特征，表现出权威集中化、权威以领土而非血缘为基础、内部分层复杂化、以更为复杂的宗教信仰形式获得统治合法性等特征。②

可以说，早期的穆斯林乌玛并不是今天完全意义上的国家，但是伊斯兰教的产生实际上标志着阿拉伯半岛脱离部落社会模式，开始成为一个国家层面的社会。虽然乌玛在当时主要是基于宗教角度进行划分的，但是由于当时

---

① 关于伊斯兰教经典《古兰经》对“乌玛”的详细定义和梳理，参见吴冰冰《乌玛观念与伊斯兰宗教共同体的构建》，《阿拉伯世界研究》2007 年第 3 期。

② 关于国家层面的社会与部落层面社会之区别，见 Francis Fukuyama, *The Origins of Political Order: From Prehuman Times to the French Revolution*（Farrar, Straus and Giroux, 2011）, pp.80–81。

政教合一的治理方式，这个宗教共同体实际上也是一个政治共同体。

在先知穆罕默德去世之后，他的继承人（即哈里发）将622年确定为伊斯兰教纪元的开始，迁徙麦地那事件也被研究者视为伊斯兰教正式诞生的标志。先知穆罕默德在麦地那建立的乌玛，则成为之后一千年中许多穆斯林向往和追求的理想政治共同体的典范和原型。效仿早期乌玛进行政治治理，由此也成为其后直至今天一些伊斯兰复兴主义者最主要的宗教与政治诉求。

为了处理早期穆斯林乌玛的内外关系，穆罕默德与麦地那民众签订了盟约性质的《麦地那宪章》（以下简称《宪章》）。《宪章》全面反映了穆罕默德依照《古兰经》的乌玛观念构建伊斯兰共同体的奋斗目标，也从两个方面勾画了理想世界的社会关系：一方面，以宗教共同体取代作为血缘共同体的部落，所有穆斯林一律平等，平等的基础是对独一无二之神的信仰，而乌玛则担任信徒个人权利和集体权利的维护者；另一方面，乌玛权威的来源不是人而是神，穆罕默德作为真主的使者行使裁决权。从这两点出发，我们也可以看出早期的乌玛乃是一个以伊斯兰教为根基的宗教政治共同体，而先知穆罕默德作为真主的使者，虽然《古兰经》没有明文赋予他作为政治领袖的责任，但实际上他是宗教权威和政治权威的双重体现者。

正因为伊斯兰教关于理想政治共同体的根基乃是宗教，从精神源头来说，其认知是与伊斯兰教的核心思想“认主独一”紧密相关的。具体来说，就是从宇宙到理想社会都是在独一的真主安排之下运作的：由于宇宙万物皆为安拉所创，人类社会秩序为安拉所定制、以主命为转移，因而精神与物质、政治与宗教、政府体制与宗教律令皆以独一的安拉启示为依据，都是安拉意志之体现。如同信仰者必须顺从主命一样，统治者与人类社会只有遵循源自安拉启示的、神圣的伊斯兰教法，才能不偏离正道，建立公正、理想的政治组织和社会制度，保障穆斯林大众今生和后世的福利。在这种以“认主独一”为基础的观念下，伊斯兰教是理想社会的唯一思想基础，一切主权皆归真主，任何统治者不过是代行主权，其根本职责就是保卫宗教、执行律法，为臣民履行信仰义务创造条件。

穆罕默德领导的早期乌玛虽然面临新旧各种矛盾，但基本上是按照这一模式进行治理的。当时，旧有的氏族血缘纽带和贵族特权部分被打破，穆斯林之间存在的是一种以宗教为基础的平等关系，实现了此前阿拉伯半岛的部落社会中从未出现过的相对平等。同时，作为真主使者的穆罕默德既是宗教领袖，又是新政治体制的奠基人。一切政令由他而出，而在他背后，正是穆斯林信仰的唯一神——安拉。穆罕默德的两种权威在社团内部得到了广泛的认可，也成为早期乌玛得以维系的关键性因素。

先知穆罕默德领导早期穆斯林乌玛的时期被视为伊斯兰教历史发展中的黄金时期，它所体现出的宗教社团和政治组织边界的完全重叠，为此后穆斯林的政治理想树立了关键性的标准。那就是理想的政治共同体应该和早期乌玛一样，是全体穆斯林的祖国，同时具有宗教与政治完全结合的特征。简单说来，就是全世界穆斯林应该结成一个统一的共同体，并且由唯一的政治领袖按照符合伊斯兰教准则的方式来进行治理。理想的伊斯兰政治共同体必然具有统一性和唯一性且政教合一这两大特征。从这个角度来说，对于早期的穆斯林来说，乌玛即是最为理想的伊斯兰政治共同体。

但是这一典范式的政治共同体在先知去世之后就开始遭遇挑战。虽然穆斯林把继承穆罕默德先知的四大正统哈里发时期视为伊斯兰教历史上无上荣光的一个片段，但除第一任哈里发阿布・伯克尔之外，其他三位哈里发都死于非命。在第三任哈里发奥斯曼统治时期，穆斯林社团内部更是爆发了严重的动荡，一直持续到第四任哈里发阿里统治的末期。政治动荡不仅让哈里发们死于刺客和暴民的剑下，还让因先知穆罕默德的继承问题而出现的分化更加尖锐，直接导致了不同教派的出现。

二　伊斯兰世界的历史现实

要对穆斯林社团当中何时出现完整意义上的国家进行判定，是一件非常困难的工作。但是通过对早期历史记载的分析，我们可以发现在 7 世纪末期，也就是在伍麦叶哈里发帝国统治的前期，已经存在一个维持常备军队、定期向居民征税、设立行政机构以收税、裁定司法解决争端、主持公共建设等的政体[①]，这可以被视作真正的“国家”的出现。不过，这时的国家所管辖的不仅是阿拉伯穆斯林，还有被征服地区的众多其他民族、其他

① Fred M. Donner, “The Formation of the Islamic State,” *Journal of American Oriental Society* 106（1986）, p.283.

宗教信仰的人群，已经超出了穆斯林乌玛所定义的范围。

虽然哈里发国家的疆域扩展并不以传播宗教为唯一的或是主要的目标，但是伊斯兰教的传播与帝国的对外扩张基本是同一步调的。因而，与帝国的开疆拓土相伴随的是乌玛边界的不断向外延展。但是，以麦地那社团为样板的理想政治共同体很难在迅速扩张的哈里发帝国中继续保持下去。阿拉伯帝国对外征服的开展和宗教本身的分化，致使早期乌玛观念不断受到冲击，而理想政治共同体的唯一性和统一性，以及其政教合一的特点更是遭遇到严峻的挑战。虽然国家的领土快速扩张、信仰伊斯兰教的人口急剧增加，但是与之伴随的并不是理想典范在更大地理范围内的实现。相反，帝国的扩张把早期的理想化形态加速推向破产。

起初是宗教组织内部的日趋分化。在穆罕默德去世后，穆斯林社团内部就因为谁有资格来担任其继承者产生了不同意见。政治上的分野最终导致了不同神学思想的出现，原本统一的信仰者团体分成了逊尼派、什叶派和哈瓦立吉派等不同的教派。之后，逊尼派内部又因为对伊斯兰教法解释的不同意见逐渐形成四大教法学派，什叶派内部更是不断出现各种支派。而以神秘主义的修炼方式对伊斯兰教当中的世俗化倾向予以抵制的苏菲派也逐步发展壮大，成为伊斯兰教在一些地区传播的主要推动力。

在宗教组织分化的同时，穆斯林社团也遭受着内部政治分裂的困扰，在之后的历史上强盛一时的伍麦叶哈里发和阿巴斯哈里发帝国，早期都曾建立起的强大帝国，但是在经历一段时间的繁荣强盛之后，都出现了政治分裂，并且分裂迅速蔓延开来。9 世纪之后，哈里发帝国的西翼出现了易德里斯、艾格莱卜、突伦、伊赫什德和哈木丹诸王朝；在帝国的东翼，出现了塔希尔、萨法尔、萨曼和加兹尼诸王朝。这些王朝的统治者和臣民大都是穆斯林，在名义上它们宣誓效忠于中央哈里发，为独一无二的哈里发的存续留下了空间，但是它们的存在已经打破了理想的政治共同体统一性的标准。

与此同时，哈里发作为唯一中央政治权威的控制力逐渐变弱，禁卫军和雇佣军成为帝国的实际操纵者。此时，不仅仅是帝国的边远地带，帝国的核心地区和首都也先后兴起以禁卫军首领命名的布韦希和塞尔柱等小王朝，权力从哈里发转到那些自称艾米尔、国王和苏丹的人手中，哈里发作为穆斯林共同体政治领袖已名存实亡。拥有唯一政治权威和统一疆域的政治共同体的理想在现实中已经破灭。

之后，哈里发职位的唯一性也遭遇挑战。以西班牙南部为中心兴起了后伍麦叶哈里发国家，以埃及为中心的法蒂玛王朝的统治者也宣称自己是先知后裔，因而是合格的哈里发。这两个国家各自兴盛一时，形成了同阿拔斯哈里发帝国并立的局面。作为穆斯林共同体政治领袖的哈里发多头并立，其唯一性已然丧失。理想穆斯林政治共同体唯一性和统一性的两大特征已经先后消失。

13 世纪中期蒙古人的西征彻底摧毁了建立一个统一而且唯一的政治实体的理想。虽然此前作为穆斯林社会精神领袖和政治领袖的哈里发已经名存实亡，只不过是军事强人的傀儡，被称作“影子哈里发”，但是蒙古人占领了巴格达，处死了最后一位阿拔斯哈里发，这一行为摧毁了哈里发作为伊斯兰教政治体制核心的象征意义。此后，虽然也有个别统治者以哈里发的头衔来抬高自己，但是建立一个以哈里发为领袖的穆斯林政治共同体的理想距离现实已经日益遥远，之后以穆斯林为主体的国家也不再像伍麦叶王朝和阿巴斯王朝一样，被称为哈里发国家。

在蒙古人征伐过后的西亚北非地区，除了某几个帝国曾短暂地建立过宗教边界和政治边界相吻合、接近于穆斯林乌玛的理想政治体制外，在大多数时间里，以穆斯林乌玛为原型建立统一的穆斯林政治共同体的理想再也不曾实现过，就连表面上符合早期理想、由一位哈里发来统治穆斯林共同体的情况，也在之后的历史上绝迹。以穆斯林为主体的地区在政治上趋于分裂，形成了诸多小国家。不过相较近代欧洲而言，所谓“国家”对穆斯林来说并不是一个重要的概念，历史上的这些小国并没有特定的国名，其统治的时期大多是以统治者家族的出处来命名的，并没有哪个主权国家以领土名来界定。①

从政治合法性来说，统一的政权不复存在，实际掌权者往往并不符合经典的哈里发学说关于哈里发职位的一系列规定，他们需要依靠武力获得和维持权力，政治制度已完全背离了早期穆斯林乌玛的理想。政治领袖代行真主主权的宗教政治合法性也随之丧失。与此同时，统治者的精力日益集中于政

① 〔英〕伯纳德 · 刘易斯:《穆斯林发现欧洲》，李中文译，生活 · 读书 · 新知三联书店，2013，第 55 页。

治方面的领导，国家日益走向世俗化和专制化。本应作为真主使者继承人的哈里发逐渐转变成世俗王权的掌控者，具有宗教知识的群体——乌勒玛阶层开始出现，他们逐渐成为穆斯林社团的宗教教师和教法学家，成为卫护和发展穆罕默德宗教遗产的精英群体。伊斯兰教早期宗教领袖与政治领袖兼于一身的模式已经不复存在。可以说，在历史上的大多数时间里，众多以穆斯林为主体的国家依然以宗教为唯一的合法性来源，但是从政教关系角度来讲，已经不是早期理想的政教合一模式。

除政治共同体的分化之外，穆斯林内部存在的其他认同也消解着作为穆斯林政治理想原型的乌玛观念。伊斯兰教主张人类在对唯一神的崇拜之下是平等和团结的，反对因民族、部落、血缘、等级等关系而产生的分化，但是这些人类社会固有的分化并没有因为伊斯兰教的发展而消除。阿拉伯半岛前伊斯兰时期就存在的其他因素不断侵蚀着乌玛的统一性。在阿拉伯人中间，尤其是在阿拉伯半岛地区的阿拉伯人中间，以血缘为基础的部落制度依然发挥着重要作用。在历史上的伊斯兰帝国中，阿拉伯、波斯、突厥等穆斯林之间常因族裔和语言不同产生矛盾和对立。虽然麦地那的早期实践表明穆斯林社团可以结成一个宗教政治共同体，但是民族、部落等因素，却从另外一个角度销蚀着统一穆斯林宗教共同体的理想，并使得建立统一穆斯林政治共同体的理想渐行渐远。

三　现代民族国家语境下的伊斯兰国家

近代以来伊斯兰世界的衰落，让重建乌玛的呼声高涨起来。泛伊斯兰主义思想之父阿富汗尼就希望穆斯林以奥斯曼土耳其苏丹—哈里发为核心团结起来，以共同抵御西方列强。但是他主张的基础是承认当时伊斯兰世界政治实体分立的现实，他呼吁以伊斯兰宗教信仰为基础建立具有政治性的国际组织，而并非建立一个统一、唯一的伊斯兰国家。这一思路是在现实的国际体系中对传统乌玛观念和伊斯兰世界的现实政治处境进行的调和。

但泛伊斯兰主义的主张并没有让伊斯兰世界在政治上走向团结和强盛，20 世纪初期以来，伊斯兰世界日趋分裂，历史上长期存在的帝国式政治形态逐步瓦解。第一次世界大战后，奥斯曼土耳其被肢解，帝国的核心地带建立了现代土耳其国家，建国之父凯末尔宣布废除名存实亡的哈里发制度，彻底摧毁了政教合一的伊斯兰政治共同体的关键性标志。之后，伊斯兰世界出现了“重建哈里发运动”等泛伊斯兰主义的努力。1924~1931 年，世界各地的穆斯林代表先后在麦加、耶路撒冷等地召开会议，试图恢复哈里发制度，但是都未能取得任何现实的效果。

现代中东各伊斯兰国家大多是在西方主导的现代民族国家观念和自身要求摆脱土耳其人异族统治的政治努力下形成的。到 20 世纪 50 年代，现代民族国家已经成为伊斯兰世界的主要国家形态。之后陆续建立的泛伊斯兰国际组织，无论是非政府组织还是政府间国际组织，都建立在承认民族国家体系的基础之上，都受到具体国家利益的影响。① 这种“以民族国家为基础的伊斯兰统一”，已经远离了兼具统一性和唯一性的伊斯兰政治共同体的理想。以早期乌玛为典范的伊斯兰国家形态，更多的是保存在穆斯林的信仰和历史记忆之中。对于大多数伊斯兰国家来说，对理想的伊斯兰政治共同体的追求，最为现实的路径就是在民族国家体系的基础上，谋求建立政府间伊斯兰国际组织或世界伊斯兰非政府组织。

摆脱殖民统治为伊斯兰教的发展提供了有利的外部条件，但是新的政治体制并未能真正解决众多伊斯兰国家面临的发展问题。大多数国家政治局势变动不居，经济发展停滞不前，或者高度依赖油气资源。即便是外部干涉问题，也并没有因为现代国家的建立或独立而消失，显性的殖民统治和委任托管制度消失了，但取而代之的是在冷战中的阵营划分，加上阿以冲突中的连续失利，很多穆斯林在 20 世纪 60 年代有着普遍的挫折感和幻灭感。一些人转而诉诸伊斯兰教这一传统资源，以此寻找发展和变革的新路径。继二战以来的民族主义和世俗主义潮流之后，纯洁信仰、复归传统，进而振兴伊斯兰世界的伊斯兰复兴主义成为重要的思想潮流和社会运动。

在这一背景下，要求建立伊斯兰国家的呼声再次出现。但是，这一时期的思想家们所提出的伊斯兰国家的概念，与伊斯兰政治共同体的理想形态有显著的区别，显现出传统的乌玛观念和现代民族国家政治现实相结合、妥协的特征。具体来说，就是以伊斯兰世界建立的现代国家为现实出发点，对传统的政治观念进行革新，不再一味强调建立唯一和统一的伊斯兰国家，而要求首先在二战前后陆续独立建国的伊斯兰国家，实践传统的政治理念，

① 吴冰冰:《乌玛观念与伊斯兰宗教共同体的构建》,《阿拉伯世界研究》2007 年第 3 期。

比如以伊斯兰教法治国、以宗教为政治指导方针等。

20世纪著名的伊斯兰思想家毛杜迪、哈桑·班纳、霍梅尼等人的主张都体现了这一特点，即强烈反对世俗民族主义国家主权理论和以此为基础的民族国家，要求建立以“真主主权”为基础的国家，同时在宗教与政治关系上主张政教合一，在法律与国家的关系上主张以伊斯兰教法为国家根本大法。但是在实践中，这些主张事实上承认现有的国际体系规则，都认同在自身国家的范围内首先实现建立伊斯兰国家的理想，而将伊斯兰世界的统一（建立统一的乌玛）作为远期目标。这表明，在对认可民族国家体系、接受国际规范与国际制度的同时，“伊斯兰的传统政治理念依然存在，甚至成为某些国家、某些政治思潮与运动的政治追求，进而凸显了伊斯兰与当代国际体系的复杂关系”[①]。

从现实层面来看，毛杜迪及其领导的伊斯兰促进会成为独立后的巴基斯坦的主要政治反对派，当时没有机会实施其主张。霍梅尼教法学家治国的伊斯兰政府理论在伊朗一国得到了实施，但是未能如愿在全球推广，其输出伊斯兰革命的做法却加深了其与邻近的诸阿拉伯国家之间的宿怨。而解放党以建立一个全球统一的哈里发国家为目标，其颠覆现存政治秩序的斗争目标使它被多个伊斯兰国家宣布为非法组织，它采取的一些极端的宣传手段和作为恐怖主义传送带的作用，更使得它被一些国家直接认定为恐怖主义组织。

可以说，20世纪中后期以来复兴或是重建“伊斯兰国家”的呼声更多是出自对伊斯兰教政治传统高度理想化的认知，经验的历史与这一完美设想有着天壤之别。事实证明，在现代国家格局已经形成的局面下，虽然不少穆斯林的国家认同不断承受着来自民族、部落、教派等次国家认同因素的冲击，并表现出一定的脆弱性和不稳定性，但是与1000多年前的政治典范模式以及泛伊斯兰主义的政治构想相比，其依然占据上风。

近年来，中东地区的政治动荡再一次把伊斯兰国家这一概念推上了前台。在兼具统一性和唯一性的伊斯兰政治共同体消失千年之久，在哈里发制度被明确宣布废除近百年之时，由“黎凡特与沙姆地区伊斯兰国”

① 刘中民：《伊斯兰的国际体系观——传统理念、当代体现及现实困境》，《世界经济与政治》2014年第5期，第6页。

（Islamic State of Levant and al-Sham）更名而来的“伊斯兰国”宣称要建立一个全球大一统的哈里发国家，将全球穆斯林，包括中国新疆的穆斯林全部纳入治下。这一宣称貌似与早期伊斯兰教的惯例相符，但是与伊斯兰教历史发展中绝大多数时期的事实不符，是基于对伊斯兰政治发展史理想化、虚幻化的解读的。与以往重建或是复兴伊斯兰国家的号召不同的是，“伊斯兰国”的权力要求是对现代国际体系的彻底否定。当然，今天的世界已经与 1000 多年前伊斯兰教产生时的世界有了本质的不同。一味强调早期伊斯兰社会的典范作用，实际上可能会将伊斯兰社团的发展带入另外一个困境。

“伊斯兰国”的出现不仅给现有国际体系造成了巨大的冲击，也给伊斯兰思想家、政治家和宗教学者提出了严峻的智识上的挑战。什么才是真正的“伊斯兰国家”？对此的定义实际上也是一场有关什么是真正的伊斯兰教、谁代表伊斯兰正统的战争。今天，一些人认为伊斯兰教被一些国家和政府用作维护政治合法性和治理手段合法性的工具，已经丧失了早期的纯正精神。而清真寺、传统经学院系统对于宗教，特别是对伊斯兰教法相关内容的讲授和解释，在一些人看来还停留在传统时代，其“福尔马林式”解释方式①不能为穆斯林提供适合当前时代需要的神学解释。可是什么是真正的伊斯兰？吸引了不少拥趸的所谓“伊斯兰国”是否就能体现（或重现）伊斯兰之正统？在今天的世界是否能够，是否需要建立一个真正的“伊斯兰国家”？这些或许是亟须穆斯林思想家解决的问题，也是会对未来伊斯兰教的发展产生整体性影响的关键性问题。

“Islamic Country”: Ideal and Reality

WANG Yujie (Renmin University of China)

Abstract: Since the middle of 20th century the dramatic shift that in the

① Ebrahim Moosa, “My madrassa classmate hated politics, then joined the islamic state,” *Washington Post*, https: //www.washingtonpost.com/opinions/my-madrassa-classmate-hated-politics-then-joined-the-islamic-state/2015/08/21/b8ebe826-4769-11e5-8e7d-9c033e6745d8_story.html，访问日期：2015 年 8 月 20 日。

Muslim World has driven some of Muslim thinkers and politicians to take the building of a “real” Islamic country, which has also been an issue warmly discussed by Muslim scholars. In recent years, the fundamentalist organization active in Syria and Iraq and known as “Islamic State” , reinforced the doubt the outside world holds towards political systems in the Muslim World and other concepts related to them. This paper uses the concept of “Islamic Country” as an entry point to analyze different “Islamic Countries” and their development during different historic periods, thus attempting to highlight that the voice to rejuvenating or rebuilding an “Islamic Country” is derived from an idealized interpretation of the history of Muslim society and politics, but a bind emphasis of the role that early Muslim society played as a model may in fact lead the Islam into another quagmire.

Keywords: Ummah; Islamic Country; Khilafah

埃及马木鲁克制度的历史渊源及早期发展

肖　坤*

【内容提要】马木鲁克制度并不是仅仅出现于埃及的单一的历史现象，它深深根植于阿拉伯帝国尤其是阿拔斯王朝特殊的社会背景之中，同时与地区文明交汇往来的历史进程复杂交织。埃及马木鲁克统治与同时期阿拉伯帝国各个地区出现的马木鲁克政权统治有着相似的发生背景，又因埃及独特的地理位置和政治统治传统而与之相异。如果说马木鲁克制度在9世纪出现时仅仅是军事奴隶的引入和应用体系，那么到了13世纪马木鲁克势力在埃及的崛起则可看作马木鲁克制度向国家统治机制的成功转型。事实上，马木鲁克制度在阿拉伯帝国的各个地区都有不同程度的发展，而当我们研究埃及马木鲁克制度的时候，更加关注的是埃及的马木鲁克群体和以之为主导的埃及政治统治模式。

【关键词】马木鲁克　马木鲁克贸易　马木鲁克制度　埃及

一　“马木鲁克”与马木鲁克制度

“马木鲁克”在古代伊斯兰世界中是对白色人种男性奴隶的专用称谓，从这个定义上来说，“马木鲁克”很早便已出现于伊斯兰世界的历史中，据记载：“哈里发奥斯曼·本·阿凡拥有1000名马木鲁克，有一次，他在一天之内就释放了其中的80名……伊本·祖拜尔（Ibn al-Zubayr）于伊历73年

* 肖坤，北京大学外国语学院讲师、博士候选人，主要研究方向为阿拉伯历史、阿拉伯文化。

（公元 692 年）去世之时，拥有大约 1000 名有着作战技能的马木鲁克。而伊本·祖拜尔手下有一名在巴士拉的统帅，此人是拔汗那人，他的名下有约 400 名马木鲁克。”① 马木鲁克的主要来源是异教徒儿童（尤其以基督教儿童居多），他们或是在战乱中被俘，或是因生计所迫而卖身为奴，被专门的奴隶贩子运至撒马尔罕等当时庞大的奴隶市场进行售卖。这样的奴隶人口买卖也逐渐由零散的个人行为发展为行业贸易。

伴随着阿拉伯帝国的对外扩张和对河中地（Transoxiana）的征服，早期的马木鲁克大多来自中亚草原的游牧部落，在当时中亚地区的主要人口中，异教徒占了绝大部分，这在很长一段时间内保障了阿拉伯帝国境内稳定而充足的马木鲁克的输入。但随着伊斯兰教在中亚的传播和地区政治的变化，尤其是在蒙古西侵的影响下，马木鲁克的来源开始变得多样化，中亚草原不再作为马木鲁克输入的唯一主要来源，黑海北岸的欧亚草原（Eurasian Steppes）、西北高加索、外高加索地区、巴尔干，甚至非洲地区都相继成为马木鲁克的来源地。马木鲁克的买主往往是哈里发、苏丹或军队的艾米尔，这些异教徒儿童将接受系统的军事技能训练并学习宗教知识，在其成长过程中，马木鲁克完成了对伊斯兰教的皈依，并通过“释奴仪式”摆脱奴隶的身份，成为穆斯林战士，其成年后将被编入独立的军队组织——大多是马木鲁克骑兵团。由于与生俱来的骁勇善战，马木鲁克军团逐步成为最受统治者或统治阶级青睐的军事力量。与此同时，由于缺乏与外界的联系和瓜葛，他们往往是其主人忠诚的下属和依靠，这种相互依存的紧密关系使得马木鲁克较其他的竞争者更容易接近权力中心和获得权力。随着马木鲁克被广泛、大量地使用于军事领域，“马木鲁克”一词在人种学上的意义逐步让位于在社会学上的意义，即“马木鲁克”是一个独特的社会群体的称谓，它不再强调其作为白种奴隶的特性，而是强调其社会角色是“用于军事目的”的。公元 9 世纪起，马木鲁克军团开始盛行于阿拉伯帝国各地，中央和地方的统治者们都竞相购买和使用马木鲁克，一时间，马木鲁克成为当时伊斯兰世界的独特景象。随着阿拔斯时代中央权力式微，地方统治者开始尝试摆脱中央政府的羁绊，而他们手中的马木鲁克正是这种尝试的基础和保障。但令几乎所有的统

① Daniel Pipes, *Slave Soldiers and Islam: The Genesis of a Military System* (Yale University Press, 1981), p.141.

治者始料不及的是，逐渐强大起来的马木鲁克集团凭借手中的军事力量和政治特权，对国家统治机构的影响变大，并最终成为垄断国家或地区政权的军事特权集团。

需要说明的是，历史文献中在提及早期马木鲁克的时候，还出现了几个与之近乎同义的称呼，如“童仆”（ghulām，复数是ghilmān）、“突厥人”（Turk）等，这些都是有一定历史背景的。对于“ghulām”来说，“马木鲁克”只是“ghulām”的一个组成部分。马木鲁克被作为奴隶买入时，大多是异教徒儿童，尽管随着年龄的增长，他们已经不再是“儿童”，但这种称呼在他们的人生中却被使用了很久。《泰伯里史》中就曾经出现了当时还未登上哈里发之位的穆阿台绥木率领手下的“Ghulām”出战的记载。而“突厥人”（Turk）一词被用来指代马木鲁克，则与马木鲁克在阿拔斯王朝时期大多来自中亚突厥部落有关。但这两个词又都不能完全作为“马木鲁克”的同义词：使用“侍童”或“童仆”（Ghulām）等词，将“马木鲁克”的界定范围扩大了——因为“Ghulām”中也包括非军事人员，而使用“突厥”（Turk）一词无疑会将“马木鲁克”群体的民族构成单一化，忽视马木鲁克群体逐步多样化的历史现实。其他的用法还有诸如“仆人”（Khādim）等，不一而足。

马木鲁克制度是我们研读和解析马木鲁克群体历史的关键。关于“制度”一词的定义，经济学、政治学和社会学的学者们都有各自的见解，但他们无一例外地同意：制度就是作用于社会规范的人为的非物质的行为要素的总和。阿夫纳·格雷夫（Avner Greif）指出：“制度是共同作用于行为秩序的社会因素结合在一起的系统。该系统的每一组成部分皆为人为的非物质因素，对每一个个人来说，这些要素外生地影响他们的行为。……制度是规则、信念、规范和组织共同作用并导致（社会）行为秩序产生的一个系统。”[①] 塞缪尔·亨廷顿（Samuel P. Huntinton）认为：“制度就是稳定的、受尊重的和周期性发生的行为模式。”[②] 道格拉斯·C.诺斯（Douglass C. North）在他的制度变迁理论中给出的定义则是：“制度是一个社会的博弈

① 〔美〕阿夫纳·格雷夫：《大裂变：中世纪贸易制度比较和西方的兴起》，郑江淮等译，中信出版社，2008，第22页。

② 〔美〕塞缪尔·P.亨廷顿：《变化社会中的政治秩序》，王冠华、刘为等译，上海人民出版社，2008，第10页。

规则，或者更规范地说，它们是一些人为设计的、形塑人们互动关系的约束。……制度变迁决定了人类历史中的社会演化方式，因而是理解历史变迁的关键。”① 马木鲁克制度，顾名思义，是以“马木鲁克”为行为主体的社会安排，它不仅是马木鲁克集团对国家统治机制的总和，还包括了整个马木鲁克阶层的维系与发展、行为范式和共同的政治目标。这种制度的形成与发展经历了漫长的历史时期，它从最初的用于军事目的单纯的奴隶贸易而来，最终发展成为国家的政治结构安排和统治制度，并通过人员培养、人才晋升及统治权力的赋予和转移、继承等多个环节的补充，形成了一定模式的等级结构和行为规范，同时，其内部人员对这一制度的认同与维护形成了其得以执行和持续发展的相关制度安排。同一般的制度变迁一样，马木鲁克制度并非是固定的、一成不变的，相反，它是随着外部社会环境和国际背景的变化而发展的。

从公元 9 世纪起到 11 世纪，不论是在地方割据的小国，还是在哈里发帝国的中心，马木鲁克现象像一种风尚般蔓延，已构成当时伊斯兰政治的主要特征之一。一时间，上至哈里发，下至苏丹、艾米尔，纷纷购入大量的马木鲁克以巩固自己的势力：突伦王朝（868~905 年）、布韦希王朝（945~1055 年）、加兹尼王朝（962~1186 年）、大塞尔柱克王朝（1037~1157 年）及各个割据地方的塞尔柱克小王朝、穆拉比兑王朝（1061~1147 年），以及后来的法帖梅王朝（909~1171 年）和艾尤布王朝（1171~1250 年），都曾经大量地使用马木鲁克。“在伊斯兰世界的东部，这些奴隶主要来自于欧亚草原上广大地区的游牧民族，其中包括突厥人；而在伊斯兰世界的西部，军事奴隶则主要来自于北非的柏柏尔人和欧洲的斯拉夫人。”②

二 早期马木鲁克贸易与马木鲁克制度的初步形成

在阿拔斯王朝之前，马木鲁克大多通过赠予或代替缴纳赋税的形式，从各地送到中央政府或者总督的手里。而从阿拔斯时代开始，更多的统治者是通过购买等主动引入的手段来获取马木鲁克的。大部分研究相信，有

---

① 〔美〕道格拉斯·C. 诺斯:《制度、制度变迁与经济绩效》，杭行译，格致出版社、上海人民出版社，2008，第 3 页。

② Bernard Lewis, *Race and Slavery in the Middle East*（Oxford University Press, 1990）, p.63.

组织的马木鲁克军事团体在伊斯兰世界最早出现的时间，是阿拔斯王朝哈里发穆阿台绥木的时代（al-Mu‘taṣim，833~842年在位）。这位哈里发的全名是艾布・易司哈格・穆阿台绥木（Abū Isḥāq al-Mu‘taṣim），历史上有时也称穆罕默德・本・哈伦・拉希德（Muḥammad b. Hārūn al-Rashīd）。他是前任哈里发麦蒙（Ma’mūn）的兄弟，颇受麦蒙的重用。在即位之前，穆阿台绥木便已有了用于军事服务的突厥奴隶。据《泰伯里史》记载，伊历203年10月（公元819年4月），艾布・易司哈格・本・拉希德（未来的哈里发穆阿台绥木）率领手下的突厥军事奴隶（ghilmān）出征，以镇压当时哈瓦立及派的叛乱。[①] 事实上，系统地购入突厥马木鲁克的行为，从哈里发麦蒙的时代就已开始，随后即位的哈里发穆阿台绥木也将这样的行为继续了下去。当时有很多机构可以帮助哈里发进行马木鲁克购买。哈里发麦蒙就曾经命令他的兄弟拉希德为其购买突厥马木鲁克："穆阿台绥木将这个任务传达给下属，并派手下前往撒马尔罕购买，去完成这项任务的人中还包括2名麦瓦里；穆阿台绥木又命令呼罗珊总督阿卜杜拉・本・塔希尔（‘Abdallah b. Ṭāhir）购买马木鲁克，接着，这位呼罗珊总督又将这个任务交给了河中地区的总督努哈・本・阿萨德（Nūh b. Asad，818~842年在任），结果此人果然不负所托，将这些突厥马木鲁克直接送到了哈里发麦蒙的手中。……此外，穆阿台绥木还从巴格达的奴隶市场上为自己买了很多来自中亚的突厥奴隶。"[②] 哈里发穆阿台绥木在即位之前，就已经至少拥有3000~4000名的马木鲁克，成为哈里发之后，他仍旧继续大量购买新的突厥马木鲁克。在9世纪哈里发的军队中，突厥奴隶的数量约为70000人。但近年来新的统计显示，这个数字应在100000左右。[③] 由此可见，马木鲁克贸易买卖在9世纪时已经具备了相当的规模，可以承载如此庞大的奴隶人口交易。

宗教信仰多元、游牧人口数量较多的中亚地区成为马木鲁克的主要来源地。"在这段时期内所引入的马木鲁克中，大部分来自于中亚，另

---

① Edited by Ehsan Yar-Shater, translated and annotated by C. E. Bosworth, *The History of al-Ṭabari, Volume XXXII: The Reunification of The‘Abbasid Caliphate* (State University of New York Press, 1987), p.68.

② Daniel Pipes, *Slave Soldiers and Islam: The Genesis of a Military System* (Yale University Press, 1981), p.146.

③ William Gervase Clarence-Smith, *Islam and the Abolition of Slavery* (Oxford University Press, 2006), p.12.

外有很少的一部分来自于埃及；撒马尔罕已经成为新的奴隶贸易集散地，是穆阿台绥木手下突厥马木鲁克的主要来源，从那里他获得了来自拔汗那（Farghana）、呼罗珊、赭时（Shash）、粟特（Soghdia）、河中地区（Transoxina）、苏对沙纳（Usrushana/Osrūshana），以及通古斯－乌古斯地区（Tughuz Ghuzz）的突厥奴隶。”[①] 中亚这些重镇成了早期马木鲁克贸易中心和马木鲁克奴隶的集散地，是马木鲁克制度形成的关键之一。这个时期的马木鲁克奴隶的价格标准我们无从知晓，“但是有记录记载了最高的几次出价：由于麦蒙和穆阿台绥木的购买，奴隶价格被推高至 100000 甚至 200000 迪尔汗”[②]。但是并非所有的中亚突厥马木鲁克都来自奴隶市场，还有一部分是在战争中俘虏的。哈里发麦蒙就曾得到了 2000 名在喀布尔被俘的乌古斯突厥人。

麦蒙和穆阿台绥木的时代，对马木鲁克制度来说是一个至关重要的时期，因为在这个时代，真正意义上的有买卖双方和交易内容的马木鲁克贸易开始成形，马木鲁克通过这种渠道和方式，以有价的方式被引入阿拉伯帝国。这种贸易形式的存在与发展，为后面几百年中马木鲁克制度的发展和维系奠定了基础。稳定的马木鲁克人员补充以这种贸易形式被有效地固定下来。因此，有价有市的马木鲁克贸易的出现与发展，标志着马木鲁克制度的初步形成。

从穆阿台绥木时代开始，以马木鲁克为主体的军队建制开始出现，他们成为独立的军事团体，被安置在与外界隔绝的地方，身着特色服饰，甚至可以操自己的方言。这些突厥马木鲁克往往肩负着保卫宫廷、官邸的任务，是哈里发、维齐尔以及一众高级官员的贴身护卫。哈里发穆阿台绥木为自己的马木鲁克着以盛装：“他们身穿金丝锦缎，佩戴着金制或银制的腰带，衣领上也镶有金饰，等等，这使他们明显地区别于其他的军队。”[③] 此外，阿拔斯王朝独特的政治背景也促成了马木鲁克军团的崛起：一方面，阿拉伯士兵在军队中的比例开始减少，阿拉伯人逐渐淡出帝国的

① Daniel Pipes, *Slave Soldiers and Islam: The Genesis of a Military System* (Yale University Press, 1981), p.146.

② Daniel Pipes, *Slave Soldiers and Islam: The Genesis of a Military System* (Yale University Press, 1981), p.147.

③ Daniel Pipes, *Slave Soldiers and Islam: The Genesis of a Military System* (Yale University Press, 1981), p.150.

军事领域乃至政坛，造成一个政治上和军事上的权力真空状态；另一方面，阿拉伯哈里发寄希望于奴隶出身的异族士兵来平衡波斯麦瓦里，尤其是呼罗珊人的势力，确保军队对自己的效忠，尽管这种努力最后往往会得到相反的效果，阿拔斯帝国的统治者似乎也看不到更好的选择——阿拉伯人不可依靠；波斯麦瓦里分享统治权的要求又颇为令人挠头，而雇佣军的忠诚度更是值得怀疑。阿拔斯帝国的兵役制度也摇摆不定：由最早的招募阿拉伯人（最上等民）到招募麦瓦里，前者被部落感情左右，后者则需提防其有二心。最终，与其主人依附关系更为紧密、亲密的马木鲁克成功取代二者，作为国家主要军事力量登上历史舞台。公元836年，穆阿台绥木在萨马腊建立新都，并首开先河地将他的突厥马木鲁克军团安置在此，避免因他们骑马招摇过市而再次引发巴格达居民的不满和骚乱。这成为后来马木鲁克军团安置的体例——他们从此无一例外地被集中安置于与市井相隔绝的地方。他也第一次将马木鲁克军团编制在军籍，使其正式成为军队的一个组成部分。将其军事存在以合法的形式固定下来，也为后来的统治者所效仿。

从穆阿台绥木时代起，突厥马木鲁克军团开始大批取代以阿拉伯人和麦瓦里为主体的军团，进而成为阿拔斯帝国主要的军事力量。在穆阿台绥木时代的数次征战中，突厥马木鲁克军团都发挥了不容忽视的作用。自此，马木鲁克军团逐渐成为阿拔斯帝国军队的主要力量。哈里发愈发要依靠马木鲁克军团的绝对忠心以维持自己的统治，而马木鲁克军团也期待着从他们的主人那里获得更高的地位和更多的利益。二者之间相互依存的程度不断加深，塞尔柱维齐尔尼采木·木勒克（Niẓām al-Mulk）曾经说过："一个忠诚的奴隶远胜300个儿子，因为后者期待的是自己父亲的死亡，而前者希望的是其主人的荣耀。"① 因此马木鲁克群体以及马木鲁克个人在阿拉伯帝国政治权力中心的位置愈发显著，其对国家政治统治将产生的影响也是基本可以预期的——马木鲁克势力开始由军事领域向政治领域扩张。

① Carl F. Petry, *The Cambridge History of Egypt, Volume I: Islamic Egypt, 640-1517*（Cambridge University Press），1998，p.245.

三　从巴格达到开罗——马木鲁克在埃及的崛起

马木鲁克在埃及的崛起及最终夺权与埃及当地的统治传统密切相关。阿拔斯王朝早期，埃及总督的人选大多是呼罗珊军官或是阿拔斯家族的人员，这些总督与埃及当地的权势家族联合，对埃及实施统治。但事实上，总督的权力在很大程度上受到了埃及传统贵族的限制甚至削弱，这些当地贵族大多是当年阿拉伯人征服埃及时留下的后裔，他们在埃及的势力十分庞大，哈里发的指令往往鞭长莫及。这种埃及相对独立的政治统治环境，使马木鲁克较容易在埃及的夺权。

公元 826 年，阿卜杜拉・本・塔希尔（'Abd Allāh ibn. Ṭāhir）受哈里发麦蒙指派出任埃及总督。他成功打压了埃及的本土政治及军事力量，并在当地重建哈里发政府的权威，同时纳入其管辖范围的还有沙姆地区和半岛各地。从此，突厥人的势力开始大量渗入埃及，公元 834 年起，埃及的土地开始被作为封地被赏赐给那些在巴格达的突厥军官，成为他们控制并独享的地域。他们可自行任免埃及的总督，这再次使埃及基本独立于中央政府的管辖之外。公元 856 年，第一名突厥裔的埃及总督上任，他的名字是叶齐德・本・阿卜杜拉・图尔基（Yazīd b. 'Abd Allāh al-Turkī）。

公元 868 年，艾哈迈德・伊本・图伦出任埃及总督。他着力于将埃及打造成一个真正意义上独立的国家："从此总督的任免不再听从巴格达中央政府的号令；哈里发的名字仅仅在周五的礼拜上才会被提及；而埃及也仅向中央缴纳一些象征性的赋税。"[①] 伊本・图伦甚至将自己的名字与阿拔斯哈里发的名字分别印在的当时流通的钱币的两面上。接下来，伊本・图伦向叙利亚扩张领土，从而垄断途经当地的商路，以改善埃及的经济状况。"到伊本・图伦去世的时候，埃及的国库存有 10000000 第纳尔；国家拥有一支由 100 艘战船组成的军队。"[②]

在图伦王朝之前，埃及地区的马木鲁克大多是由中央政府派遣而进

① Afaf Lutfi al-Sayyid Marsot，*A History of Egypt from the Arab Conquest to the Present*（Cambridge University Press，2007），Second Edition，p.8.

② Afaf Lutfi al-Sayyid Marsot，*A History of Egypt from the Arab Conquest to the Present*（Cambridge University Press，2007），Second Edition，p.8.

入埃及的；而在此之后，埃及的马木鲁克则是由本地区的统治者自行引入的。这也使埃及的马木鲁克制度开始独立发展起来，并且相对于其他地区的马木鲁克制度，其发展得更加完善，对地区历史的影响也更为显著。同时伊本·图伦也大批购买和使用黑奴（大多是努比亚人）来充实自己的军事力量，据说“他死时留下了大约 24000 名马木鲁克和 45000 名黑人奴隶士兵”[①]。在伊本·图伦死后，连绵不休的图伦家族内部的权力斗争几乎耗尽了埃及前期积累的所有财富，社会经济凋敝，发展停滞，这为阿拔斯王朝终结图伦家族在埃及的统治提供了绝佳的机会。公元 905 年，阿拔斯哈里发的军队攻陷图伦王朝的首都盖塔伊耳（al-Qat'ī‘），埃及的统治权再次回到了巴格达突厥军官的手中，埃及重新陷入混乱和困苦。

这种情形到公元 935 年终于得到了改善，一个名叫穆罕默德·本·图厄基·伊赫什德的突厥军官被任命为埃及总督，此人之前就是大马士革的总督。伊赫什德在任期间，凭借自己的军队力量，基本保持了埃及的社会稳定。在伊赫什德及其子孙统治埃及期间，阿拔斯王朝的哈里发（在巴格达）已经再也没有能力控制埃及，此时的埃及再次处于独立的状态。但伊赫什德王朝后期的政权为宦官卡弗尔（Abu al-Misk Kafur）所控制，他原是一名阿比西尼亚黑奴，后因获得伊赫什德的赏识而成为王子们的教师。在他统治末期，埃及国资匮乏，内忧外患频生。

公元 969 年，法特梅王朝的军队趁埃及国困民乏之际向其大举进攻，结束了伊赫什德王朝的统治并建立新首都开罗。黑人奴隶军团在国家中扮演重要的角色。在穆仪兹（al-Mu‘izz）宽容的治理下，埃及开始重现往日的平静和富足。穆仪兹的儿子阿齐兹（al-‘Azīz）继任哈里发之后，于 975 年至 996 年间对其军队进行改革，主要内容是组建由突厥马木鲁克构成的骑兵团，使之与由柏柏尔人构成的军队以及由努比亚和苏丹奴隶组成的军队形成相抗衡之势。阿齐兹与他的维齐尔叶尔孤卜（Ya'qūb ibn Killis）都曾经购买并培养自己的马木鲁克。据记载，阿齐兹有自己的马木鲁克军团，史称“阿齐兹系”；叶尔孤卜（Ya'qūb ibn Killis）名下有 4000 名突厥马木鲁克和黑奴。叶尔孤卜死后，阿齐兹将其中的突厥马木鲁克收入自己的军队

① Bernard Lewis, *Race and Slavery in the Middle East: An Historical Enquiry*（Oxford University Press, 1990）, p.65.

中。[1] 997 年，曾有 700 名左右的突厥马木鲁克参与了法特梅王朝对叙利亚的战争。[2] 法特梅王朝的第八任哈里发穆斯坦绥尔（al-Mustanṣir）在位期间，缺乏对军队的有效管控，以至于突厥马木鲁克军团一度控制了开罗且肆意搜刮国家财富。[3] 虽然这场骚乱后来被平息，但突厥军团在当时的规模和影响可见一斑。1047~1048 年，突厥马木鲁克军团与黑奴军团之间爆发敌对骚乱，突厥军团获胜，并大大提升了自己在法特梅军队中的力量，突厥艾米尔在朝廷中的地位也获得显著提升。

萨拉丁及其后裔统治的艾优卜王朝时期是埃及马木鲁克制度发展的关键时期。在艾优卜王朝之前，埃及地区数个独立小王朝都曾使用突厥马木鲁克，但是马木鲁克军团的绝对优势尚不明显；到了艾优卜时代，突厥马木鲁克开始在国家的军事机构中占据优势地位，其影响也逐渐增大。究其原因，很大程度上取决于骑兵开始在战争中取代步兵，成为主要军事力量，这使马木鲁克军团在军队中的影响和地位得到了极大提升，进而获得了更多的政治利益和更大的政治影响力。这些马木鲁克军团常常以其主人的名字命名，如后来的“萨拉丁系”“撒列哈系”等。

1168 年，法特梅王朝的统治者在十字军的威胁下，不得已请求叙利亚的努尔・丁出兵救援，并许诺将 1/3 的埃及赋税收入出让，后者随即派出了一支由施尔科（Shirkūh）率领的军队。平乱之后，法特梅王朝的哈里发便任命施尔科出任维齐尔一职。1169 年，施尔科突然身亡，这个职务由他的侄子萨拉丁接任。施尔科留下了大约 500 名马木鲁克，[4] 也称“阿萨德系”（Asadiyya），是当时最有实力的军事集团之一，也是后来继位的萨拉丁的支持者。

1169 年法国人的威胁使萨拉丁获得了一次前所未有的充实自己军事实力的机会：“法特梅王朝的哈里发为他拨发了一千万第纳尔；而他在叙利亚

① Yaacov Lev, “Army, Regime, and Society in Fatimid Egypt, 358–487/968–1094,” *International Journal of Middle East Studies*, Vol. 19, No. 3（Aug., 1987）, p.343.

② Yaacov Lev, “Army, Regime, and Society in Fatimid Egypt, 358–487/968–1094,” *International Journal of Middle East Studies*, Vol. 19, No. 3（Aug., 1987）, p.344.

③ Afaf Lutfi al-Sayyid Marsot, *A History of Egypt from the Arab Conquest to the Present*（Cambridge University Press, 2007, Second Edition）, p.22.

④ A. R. Azzam, *Saladin*（Pearson Longman, 2009）, p.74.

的君主则给他增派了军队。”① 于是，萨拉丁将封地分派给自己的家族成员和手下亲信，不仅如此，他还开始为自己购买马木鲁克。他手下的马木鲁克军团被称为“萨拉丁系”（Ṣalāḥiyya），这支军团成功地帮助萨拉丁完成了其在埃及和叙利亚的征服。1174 年 10 月萨拉丁占大马士革，他扶植努尔・丁（Nūr al-Dīn）的 12 岁儿子继任苏丹，但很快萨拉丁便将之废黜，亲自接掌统治权，最终建立了一个囊括埃及、大马士革、两河流域部分地区、希贾兹、也门以及北非大部的艾优卜王朝，并于 1187 年收复耶路撒冷。萨拉丁系马木鲁克军团在这一征服扩张过程中战功斐然，且在后来萨拉丁的继任者问题上也具有相当的影响力。萨拉丁在确立了统治权后，将自己管辖的领地分封给自己的子侄，其中，萨拉丁的长子艾弗德勒・阿里（al-Afḍal ‘Alī）成为大马士革的统治者，他在萨拉丁死后继任艾优卜王朝的苏丹。但是对王位的争夺至此才刚刚开始——艾优卜家族在各地的统治者以及拥兵自重的艾米尔们在继承权问题上展开了旷日持久的较量。其中，“萨拉丁系”马木鲁克军团始终是最有权势的力量之一，他们对大马士革的艾弗德勒・阿里以及埃及的阿齐兹・奥斯曼（al-‘Azīz ‘Uthmān）构成了相当的威胁。在混乱的相互争斗中，萨拉丁的兄弟阿迪勒（al-‘Ādil）开始浑水摸鱼。1198 年 11 月 29 日，阿齐兹・奥斯曼去世，萨拉丁系军团力邀阿迪勒入主埃及，名义上是作为阿齐兹・奥斯曼之子曼苏尔（al-Mansūr）的代理人来进行统治。但是很快，阿迪勒在萨拉丁系军团的支持下在埃及宣布自己为苏丹。最初阿迪勒完全处于萨拉丁系马木鲁克军团的掌控之下，直到 1202 年，他才摆脱了该军团的控制，并压制住了叙利亚的艾优卜家族的其他王位竞争者。② 但阿迪勒稳固统治之后，并没能吸取他的兄弟萨拉丁的教训，他仍采取萨拉丁的旧法，分封自己的儿子，卡米勒（al-Kāmil）是其中最具影响力也最有实权的王子之一。同时阿迪勒将大多数萨拉丁在各地任命的统治者撤职。但也许是因为多年受缚于萨拉丁系军团的前车之鉴，阿迪勒对马木鲁克艾米尔的依赖和信任较萨拉丁要少很多，他极力将政权和兵权交由自己的儿子们来掌控，这引起了马木鲁克艾米尔们的极大不满，为不

① Carl F. Petry, *The Cambridge History of Egypt*, *Volume I*: *Islamic Egypt*, *640-1517*（Cambridge University Press, 1998）, p.215.

② Carl F. Petry, *The Cambridge History of Egypt*, *Volume I*: *Islamic Egypt*, *640-1517*（Cambridge University Press, 1998）, p.220.

久后骚乱的再次爆发埋下了伏笔。

我们可以发现，早期的艾优卜家族统治者对于军队艾米尔的势力颇有忌惮，在倚重的同时也有适量的压制，因此这时马木鲁克是埃及政治角逐的主要参与者，但其对政权的影响尚未达到顶峰。

1218 年迪姆亚特（Damietta）的陷落对阿迪勒造成了致命打击，在他死后，均衡的势力状态被打破，继承人之争立刻浮出水面。尽管卡米勒最终继任，但他的王位持续不断地受到挑战，这些挑战或是来自埃及的马木鲁克艾米尔们，或是来自叙利亚的艾优卜家族的其他王位竞争者。直到 1227 年大马士革的统治者穆阿扎姆（Mu‘aẓẓam）去世，卡米勒才最终确立了“其在叙利亚、两河流域以及安纳托利亚的直接统治”①。1238 年，卡米勒去世，他的儿子阿迪勒·艾布·伯克尔二世（al-‘Ādil Abū Bakr II）继任苏丹，但是其父亲卡米勒留下的马木鲁克艾米尔们很快背叛了他，并于 1240 年 5 月将他拘禁，转而支持其兄弟撒列哈·艾优卜（al-Ṣāliḥ Ayyub）——马立克·撒列哈·纳吉姆丁（al-Malik al-Ṣāliḥ Najm al-Dīn）在埃及继任苏丹。马木鲁克艾米尔的首领伊兹丁·艾伊贝克原本属意当时身在大马士革的马立克·撒列哈·伊马德丁·伊斯玛仪（al-Malik al-Ṣāliḥ‘Imād al-Dīn）为继任者，但其他的艾米尔一致拥立撒列哈·纳吉姆丁，伊兹丁·艾伊贝克只好同意。② 而当时的撒列哈人马单薄，时刻处在埃及和叙利亚的其他艾尤卜家族艾米尔的威胁之下，他倚重的纳绥尔·达乌德（al-Nāṣir Dāwūd）也逐渐对他心怀异心，想要加害于他。这也许在某种程度上使得撒列哈更加倾向于依赖和相信自己的马木鲁克。

马木鲁克在埃及的势力也愈发壮大。萨拉丁在埃及进行改革之时，埃及已有大约 9000 名骑兵，另外还有 1000 名苏丹亲卫骑兵团；而到了撒列哈在位时，仅他一人名下便有 10000 名马木鲁克骑兵，同时期的大马士革的伊本·瓦希勒（Ibn Wāṣil）只有约 3000 名骑兵。③ 霍姆斯和哈马等地更少。这一方面确立了埃及对大马士革的军事力量优势，另一方面也为马木鲁克在埃

① Carl F. Petry, *The Cambridge History of Egypt, VolumeI: Islamic Egypt, 640-1517*; Carl F. Petry, *The Cambridge History of Egypt, Volume I: Islamic Egypt, 640-1517* (Cambridge University Press, 1998, pCambridge University Press, 1998), p.224.

② W. H. Selmon, *An Account of the Ottoman Conquest of Egypt* (The Royal Asiatic Society, 1921), p.256.

③ R. S. Humphreys, “The Emergence of the Mamluk Army,” *Studia Islamica*, No. 45 (1977), p.74.

及上台创造了条件。

撒列哈是真正意义上将马木鲁克引入政治统治体制并催生马木鲁克军事特权阶层的人。为了防止他父亲的艾米尔们再次倒戈，也为了压制大马士革的竞争者撒列哈・伊斯玛仪（al-Ṣāliḥ Isma'īl），撒列哈开始大量购入马木鲁克组建自己的军团，史称“撒列哈系”（Ṣāliḥiyyah）。据伊本・泰格里比尔迪（Ibn Taghrībirdī）记载：“撒列哈开始大量地提拔自己手下的侍从（ghilmān），即他的马木鲁克们，任命他们出任艾米尔；同时在哲齐赖岛（al-jazīrah）上修建城堡，此举花费巨大，撒列哈花了三年的时间将之重建。”① 为了稳固自己的统治，撒列哈寻机将部分马木鲁克艾米尔削职收监，并迅速提拔自己名下的马木鲁克以取代现任的艾米尔。

撒列哈似乎对他的家族成员心存芥蒂和防范，他不再将封地赏赐给自己的宗亲，而是将之授予自己名下的马木鲁克，并使之享有“艾米尔”的称号。这一做法成功地压制了艾优卜家族的王位竞争者，有效地将权力集中于个人手中，但同时也使马木鲁克迅速渗透至国家统治中枢。同时，撒列哈大肆打压其他军团的艾米尔，常常将他们囚禁或处刑，以自己的马木鲁克来取代他们。通过这一系列的手段，撒列哈系马木鲁克很快成为军队的主要力量和掌握实权者。

这个阶段于是成为我们研究整个埃及马木鲁克制度发展脉络的重要环节。它对马木鲁克制度的完备、对马木鲁克军事特权阶层的出现都有至关重要的影响。之前艾优卜王朝的统治者们往往以封建分封的艾米尔和他们的军事力量来替代中央集权下的统一军事机构，由各地的艾米尔担负起国家的主要军事义务。这与中国古代的诸侯分封的方法不谋而合，效果也类似：初期有利于安抚人心，但往往最终导致中央权力受到地方权力的挟持、中央政府缺乏对地方的有效控制。当中央权力虚弱到一定程度，那么地方诸政权必欲取而代之。撒列哈将马木鲁克艾米尔分封，并下令分封不可世袭，而是由新任艾米尔承袭，这样的规定在很大程度上维护了王权的统一，形成了以苏丹为首、各个艾米尔相互制衡的统治模式。同时，这样的权利分配方式破坏了艾尤卜王朝传统的统治模式，“它使军队与政府的共谋成为

① Ibn Taghrībirdī, *al-Nujūm al-Zāhirah*, al-Juz'u al-Sādis, ṭaba'ah muṣawwarah 'an ṭaba'ah Dār al-Kutub, p.320.

可能，这些人都希望能在撒列哈·艾尤卜死后得到统治权；而军队与政府间的这种合作最终导致了艾尤卜家族在埃及统治的终结”①。

埃及马木鲁克制度的起源可以向前追溯至9世纪前后，即穆阿台绥木时代，其雏形是通过奴隶买卖来维持的军事组织构建体制，但在撒列哈统治埃及时期，埃及的马木鲁克制度已经完成了向国家政治统治制度的转变。也就是说，如果将马木鲁克制度看作一种国家政治统治机制的社会安排，那么它必然是到了这个时代才最终形成的。

1249年撒列哈去世，他的遗孀舍哲拉·杜尔（Shajar al-Durr）联合当时撒列哈名下的伯海里系马木鲁克，决定密不发丧，支持撒列哈之子穆阿扎姆·图兰沙（Mu‘aẓẓam Tūrān Shāh）即位。伯海里系马木鲁克是撒列哈系马木鲁克军团中的一支，因为他们的驻地被单独安排在罗得岛上，因此被称为“伯海里系”，或根据这个词的意思译的“河洲系”。这些马木鲁克是由撒列哈由南俄钦察草原购入的，多为钦察突厥马木鲁克。由此可见，此时埃及马木鲁克供应的中心已经由中亚草原转向黑海北岸，而蒙古人的势力在中亚日盛，愈发无法保障充足的马木鲁克供给。在撒列哈死去10天以后，图兰沙才从叙利亚前线返回开罗，继位苏丹。但他意欲充实自己的力量，以取代伯海里系马木鲁克。由于操之过急，这位年轻的苏丹很快惹恼了伯海里系马木鲁克，为了维护自身的既得利益，他们与舍哲拉·杜尔密谋杀害了图兰沙，舍哲拉·杜尔随即成为埃及名义上的统治者。这标志着艾优卜家族在埃及统治的终结。几天后，他们推举伊兹丁·艾伊贝克出任军队的阿塔贝克（Atābeg），此人出身为突厥马木鲁克，但非伯海里系马木鲁克。随后，舍哲尔·杜尔宣布与艾伊贝克联姻，以平息四起的反对之声。艾伊贝克于1250年出任埃及苏丹，学界一般将这一年作为埃及马木鲁克王朝的开端。

由于不满艾伊贝克独揽大权，伯海里系马木鲁克决定扶植艾优卜家族的后裔充当傀儡。1250年8月，他们将艾优卜家族的后裔穆萨·伊本·优素福（Mūsā ibn Yūsuf）推上埃及苏丹之位。艾伊贝克由于无法对抗伯海里系马木鲁克的强大势力而被迫同意下台。这位艾优卜家族的苏丹史称麦列

① Amalia Levanoni, *The Mamluks' Ascent to Power in Egypt*, *Studia Islamica*, No. 72（1990）, p.121.

克·艾什赖弗·穆萨（al-Malik al-Ashraf），这一策略既成功压制了艾伊贝克的权力扩张，同时又可平息叙利亚艾优卜家族统治者的非议，无疑是伯海里系马木鲁克制衡艾伊贝克、稳固自己政治实力的有效举措。通过这件事，艾伊贝克很快认识到，实力上的欠缺使其无法维护自身的统治权威，因此他开始充实自己控制的马木鲁克军团，同时大力地“摧残叙利亚地区拥护艾优卜王朝的合法派”，在逐渐稳固了自己的统治权之后，艾伊贝克最终废黜了穆萨，自己僭称苏丹。

事实上，在图兰沙死前，马木鲁克只是重复他们一如既往的做法：扶植新的苏丹以期获得他的回报，从而稳固自己的势力。但是撒列哈的马木鲁克军团势力已经达到足以在国家事务中独当一面、能够掌控国家的统治机器的地步，这是他们在这个时代最终由幕后走向台前的决定因素。因此当新的苏丹图兰沙准备用自己的马木鲁克取而代之的时候，他父亲撒列哈的马木鲁克就无法再容忍下去，最终推翻图兰沙取而代之。由此可见，艾伊贝克上台的这个过程是马木鲁克团体为维护自身利益而推翻世袭统治者，同时马木鲁克内部各个群体相互角力并有一方获得优势或胜出的过程。

自此，马木鲁克军团成为埃及实际上的统治者，埃及马木鲁克军事精英阶层在此后的数百年间都紧紧地将国家统治权握在手中。我们可以清楚地看到，马木鲁克在埃及的历史早已开始，而且在整个抵抗十字军和蒙古人的历史中，马木鲁克也一直扮演着重要的角色。但撒列哈时代为马木鲁克大批进入国家统治机构创造了前所未有的条件，这个时期他们获得了原来专属于艾优卜家族的政治统治参与权力。在经过数个世纪的酝酿之后，埃及马木鲁克军事特权阶层的崛起在 13 世纪最终完成，1250 年马木鲁克王朝的建立标志着埃及马木鲁克制度进入发展高峰。

参考文献

1. 金宜久主编《伊斯兰教》，中国社会科学出版社，2009。
2. 〔美〕阿夫纳·格雷夫：《大裂变：中世纪贸易制度比较和西方的兴起》，郑江淮等译，中信出版社，2008。
3. 〔俄〕B. A. 李特文斯基主编《中亚文明史》（第三卷），马小鹤译，中国对外翻译出版公司，2003。
4. 〔美〕道格拉斯·C. 诺斯:《制度、制度变迁与经济绩效》，杭行译，格致出版社、上海人民出版社，2008。
5. 〔塔〕M. S. 阿西莫夫、〔英〕C. E. 博斯沃思主编《中亚文明史》(第四卷)(上)，华涛译，中国对外翻译出版公司，2010。
6. 〔美〕菲利浦·希提:《阿拉伯通史》，马坚译，新世界出版社，2008。
7. 〔美〕塞缪尔·P. 亨廷顿:《变化社会中的政治秩序》，王冠华、刘为等译，上海人民出版社，2008。
8. Afaf Lutfi al-Sayyid Marsot, *A History of Egypt from the Arab Conquest to the Present*, CambridgeUniversity Press, 2007, Second Edition.
9. Amalia Levanoni, *The Mamluks' Ascent to Power in Egypt*, in *Studia Islamica*, No. 72, 1990.
10. A. R. Azzam, *Saladin*, Pearson Longman, 2009.
11. Bernard Lewis, *Race and Slavery in the Middle East*, Oxford University Press, 1990.
12. C. E. Bosworth, *The Turks in the Early Islamic World* (*Volume 9*), Ashgate Publishing Limited, 2007.
13. Carl F. Petry, *TheCambridge History of Egypt*, *Volume I*: *Islamic Egypt*, *640-1517*, Cambridge University Press, 1998.
14. Daniel Pipes, *Slave Soldiers and Islam*: *The Genesis of a Military System*, Yale University Press, 1981.
15. David Ayalon, *Studies on the Transfer of the 'Abbasid Caliphate from Baghdad to Cairo*, in Arabica, T. 7, Fasc. 1, Jan., 1960, pp. 41–59, BRILL.
16. Edited by Ehsan Yar-Shater, translated and annotated by C. E. Bosworth, *The History of al-Ṭabari*, *Volume XXXII*: *The Reunification of The'Abbasid Caliphate*, State University of New York Press, 1987.
17. R. S. Humphreys, *The Emergence of the Mamluk Army*, in *Studia Islamica*, No. 45, 1977, pp. 67–99, Maisonneuve & Larose.
18. William Gervase Clarence-Smith, *Islam and the Abolition of Slavery*, Oxford University Press, 2006.
19. W. H. Selmon, *An Account of the Ottoman Conquest of Egypt*, The Royal Asiatic Society, 1921.
20. Yaacov Lev, *Army*, *Regime*, and *Society in Fatimid Egypt*, *358-487/968-1094*, in *International Journal of Middle East Studies*, Vol. 19, No. 3, Aug., 1987,

Cambridge University Press.

21. الامام أبي جعفر محمد بن جرير الطبري، **تاريخ الأمم والملوك**، الجزء الثامن، مطبعة الاستقامة بالقاهرة، 1939.

22. جمال الدين أبي المحاسن يوسف بن تغري بردي الأتابكي، **النجوم الزاهرة- ملوك مصر والقاهرة**، الجزء السابع، دار الكتب المصرية، الطبعة الأولى، 1938.

23. د. عرب دعكور، **تاريخ الفاطميين والزنكيين والأيوبيين والمماليك وحضاراتهم**، دار النهضة العربية، الطبعة الأولى، 2001.

The Historical Origin and Early Development of the Mamluk System in Egypt

XIAO Kun (Department of Arabic Language, School of Foreign Languages, Peking University)

Abstract: The Mamluk system is not a unique historical phenomenon that appeared solely in Egypt, but is deeply rooted in the special social background of the Arab Empire, especially in the era of the Abbasid Dynasty, and intertwined with the historical process of communications between regions and civilizations. The reign of Egyptian Mamluks shared similar backgrounds with other Mamluk regimes in various regions of the Arab Empire, yet it differs from the latter due to the unique geographic location and political tradition of Egypt. If we regard the Mamluk system merely as an introduction and application system of military slaves in the 9th century, then we can consider the rise of Mamluk power in the 13th century as a successful turn into a governance mechanism. In fact, the Mamluk system has experienced different levels of developments in different regions in the Arab Empire. When we look into the Egyptian Mamluk system, more emphasis should be placed on the Mamluks in the country and the Mamluk-dominated Egyptian political governance pattern.

Keywords: The Mamluks; Mamluk Trade; the Mamluk System; Egypt

A Brief Survey of Ismāʿīlī Studies in the Modern Era
（简析现代伊斯玛仪派研究）

Dr. Amier Saidula*
（〔英〕阿米尔・赛杜拉）

Abstract: As one of main branches of Shi'ite Islam, Ismailism has left modern scholars with a rich heritage of literature concerning its history, doctrine and jurisprudence. Western scholarship of Shi'ism—Islmailism included—dates back to the Enlightenment era and had been greatly influenced by European orientalist traditions. This introductory paper summarizes some of the modern progress made in the field of Ismāʿīlīstudies, with a focus on the contemporary scholarly works undertaken in the West, by western and Muslim scholars alike.

Keywords: Ismāʿīlīstudies

Introduction

This introductory paper summarises some of the modern progress made in the field of Ismāʿīlī studies, with a focus on the contemporary scholarly works undertaken in the West, by western and Muslim scholars alike. The emergence of a new phase in the field of Ismāʿīlī studies, examining the community through the

* 阿米尔・赛杜拉，伦敦伊斯玛仪派研究院副研究员。

writings of the Ismāʿīlī authors, since the mid-20th century, has been inspired in one way or another by, or associated with, the developments of Western academic milieus in the late 19th- and early 20th-century. In other words, though the early phase of modern study of Ismāʿīlism commenced in India, it was born within an intellectual tradition with its roots in Enlightenment Europe. Today, developments in the landscape of Ismāʿīlī studies have descaled the tarnished image of a misunderstood community, and dispelled a myriad historical myths, legends and fabrications which had been associated with the Ismāʿīlīs for over a millennium.

Moreover, as far as we know, most of the research to date on Ismāʿīlī-related topics has been undertaken by scholars and institutions in the West. Progress in this area of Islamic studies, in the Muslim-majority countries, has been mostly hobbled by the sectarian divisions, doctrinal and theological differences, and political rivalries. Likewise, these concerns have also delineated the scope and direction of scholarly studies within traditional Muslim societies, exposing the innate limitations of the works produced in such milieus. Clearly, such biases may not always be confined to the obvious Sunni-Shiʿi contention, as intra-group differences, even seemingly within one community of interpretation, sometimes diverge and prove harder to bridge. Like the four different *madhabs* (schools of thought) within Sunni Islam,① a number of sub-branches within Shi'i Islam② may not always subscribe to a single reading of their history or doctrine, a state of affairs that sometimes renders works produced in such a context stillborn ab initio. Lastly, unless they are translated into English, works published in the Muslim and other non-Western countries are not included in this summary paper.

Background

In 41/632 the Prophet Muhammad died without appointing a legatee (*waṣī*) to carry on his duty as the head of the Muslim *umma* in spiritual and temporal

① Hanafi, Maliki, Shafi'i, and Hanbali.

② Like the Twelvers, the Ismāʿīlīs, the Alavis, the Zaidis.

matters. The subsequent disagreement over who should, or is more qualified to, lead the Muslim world, created a lasting rift among the nascent Muslim polity that still resonates today. On the day the Prophet died, the Meccan tribal chieftains and aristocrats of *Quraysh*, the noble tribe of the Mecca, convened at *al-Saqīfa* and chose Abū Bakr as the first caliph and successor to the Prophet. Caliph is a person who succeed to the prophet Muhammad as a political and spiritual leader of the entire Muslim community. Later ʿUmar (ʿUmar ibn al-Khaṭṭāb) and ʿUthmān (ʿUthmān ibn ʿAffān) succeeded him as the second and third caliphs, against the wishes of a group consisting of the members of the Prophet's family and some of the early Muslims also known as the *Muhājirūn*, who believed that ʿAlī (ʿAlī ibn Abī Ṭālib) was the rightful candidate for the post. They claimed that the Prophet himself designated his cousin and son-in-law ʿAlī b. Abī Ṭālib (d. 40/661) , married to the Prophet's daughter Fāṭima, as his successor by divine decree, or *naṣṣ*, made public through a revelation at *Ghadīr Khumm* during his last pilgrimage to Mecca in 632 (Daftary, 1998: 23) .

The latter group known as *Shīʿat ʿAlī*, the party of ʿAlī, or Shiʿi in short form, championed ʿAlī's claim. They regarded the three preceding caliphs as usurpers, insisting that only someone from the Prophet's bloodline possessed the qualities essential for leading the Muslim community. The rest, that who accepted the *status quo*, recognised the succession order of the caliphs and dismissed the idea that the Prophet has appointed his successor, were to become known as the Sunni Muslims. This schism, with its roots in the formative period of Islam, permanently bifurcated the future direction of the Muslim history.

Although initially political movements, the Shiʿi and Sunni Muslims gradually developed their respective theological and doctrinal arguments over the course of centuries, drifting further apart. The assassination of ʿAlī in 661 in Najaf, Iraq and, the murder of his son Ḥusayn in Karbalaʾ in Iraq in 680 and the subsequent shift of the Muslim power base to Syria under the Umayyad dynasty ruled out the possibility of restoring power to the family of Muḥammad, known as the *ahl al-bayt*. In the meantime, as a result of disagreement over the succession to the office of imam, the Shiʿis also went through a number of internal sub-divisions with each following their own trajectory of imams. While the theological and historical debate continued, the political dominance of the Sunni majority was left unchallenged well into the 8th century.

Nevertheless, Shiʿi opposition and political activity continued. In a bid to restore power to the progeny of the Prophet, the Shiʿis supported the Abbasid revolution, which was launched under the name of Muḥammad's youngest uncle, ʿAbbās ibn ʿAbd al-Muṭṭalib (566–653) , from whom the Abbasid dynasty took its name. The Abbasid dynasty (750–1258) turned its back on its Shiʿi supporters upon assuming power, once again stalling their hopes of establishing a Shiʿi polity.

In short, after over two centuries of campaigning from the margins, the Shiʿi movement emerged as a significant political opposition, and established a few Shiʿi states, thereby challenging Sunni dominance. The Idrisids (780–974) , a Zaydi dynasty in the Maghreb, the Uqaylids (990–1096) of al-Jazira, northern Syria and Iraq, the Alavi dynasty (864–928) of Mazandaran (Tabaristan) on the Caspian coast in the north of Iran, and the Hamdanids in northern Syria were some of the Shiʿi states with limited political and religious influence. The Buyid dynasty (945–1055) from Daylaman in the north of Iran was one of the powerful Shiʿi states that ruled over the central and western parts of Iran and Iraq. The Zaydi Imams of Yemen, another Shiʿi branch, dominated local politics from 897 until 1962. It was the Ismāʿīlī Fatimids, first established in Ifriqiya in 909 and later in Egypt, who was the most powerful Shiʿi state and who ruled over large parts of the Maghreb, Egypt, the Arabian peninsula and the Levant until 1171. At its peak, the Fatimid caliph-imams seriously challenged the religious and political authority of Sunni Abbasids (Daftary, 1998) .

Shiʿism and the Ismāʿīlīs

One of the principle Shi'i religious tenets, which sets them apart from the Sunni majority, is that they believe that the sacred scriptures, religious commandments and prohibitions contained esoteric (*bāṭinī*) and exoteric (*ẓāhirī)* messages. They hold that human logic alone is not capable of grasping the hidden meaning of the divine message, therefore, a divinely guided Imam has to rely the word of Allah. As the rightful successor to the Prophet, ʿAlī was the first imam of this line, followed by his two sons, Ḥasan and Ḥusayn, born to Fāṭima the daughter of the Prophet Muḥammad (Daftary, 1998: 50) .

According to Shiʿi teaching, only the progeny of the Prophet and ʿAlī possess the required qualities to interpret the hidden meaning of the Qur'an. In subsequent centuries, the disagreement over the succession broke the unity of the early Shiʿi communities, and each branch followed their own trajectories of imams, but the doctrinal foundation was shared by most of them. Today, the Twelvers, Ismāʿīlīs and Zaydīs are the three main Sḥiʿi groups, with Twelver Shi'i being the largest and most influential among them. Because the Ismāʿīlīs and the Twelvers both accept the same initial Shiʿi imams who were the descendants of Muhammad through his daughter Fāṭima and his cousin ʿAlī, these two groups therefore share much of their early history. Upon the death of Imam Jaʿfar al-Ṣādiq in 148/765, the Ismāʿīlīs followed his second son Ismāʿīl ibn Jaʿfar as their imam, hence their name. Twelvers on the other hand, gave their allegiance to Mūsā al-Kāẓim, the younger brother of Ismāʿīl, as their imam.

The Emergence of Shiʿi Studies in the West

Starting from the time of the crusades, western scholarship on Islam went through over a millennium of ebbing and flowing (Hamilton, 1994) . Its emergence as an academic discipline, i.e. the study of Islam as a religion and a culture, however, was gradually shaped by the centuries following the European Enlightenment. Needless to say, it took some time to identify, acknowledge and study the internal diversity, differences and multiple sub-divisions within Islam. In occidental literature of the medieval times, notwithstanding a conspicuous Sunni-centric approach, it was actually the Fatimid Ismāʿīlīs and Syrian Nizārī Ismāʿīlīs who were the early Muslims with whom the Crusaders first clashed with during their quest in the Near East (Kohlberg, 1991: 31; Daftary, 1998: 13;

Brunner, 2000: ix) . The legends about the "old man of the mountain" and the "assassins of Syria" spread by crusader literature, have left an indelible mark in the collective memories of mediaeval Europe (Daftary, 1995) . That was because:

> Crusaders and their chroniclers, who were not interested in obtaining accurate information about the Syrian Nizaris and other local Muslim communities, remained almost completely ignorant of Islam as a religion its internal divisions despite their protracted exposure to the Muslims of the Near East (Daftary, 1998: 13) .

In fact, until the Safavids (1501–1736) of Persia declared Shiʿism as their state religion, very little attention was directed towards this branch of Islam in the West. Even then, up until the 19th century, Shiʿi studies were mainly conducted on the materials written by non-Shiʿi authors and erroneous medieval European literature. Shiʿi manuscripts were hardly consulted, and in the words of Brunner, "Many [scholars] probably had no idea of the existence and richness of that (Shiʿi) material" (Brunner 1991: ix) . The Orientalists' endeavors of the 19th century improved Western knowledge of Shiʿi Islam, as many translated and edited works on Shiʿi law and other subjects from India, Iran and elsewhere became available in European libraries. Scholars such as Ignaz Goldziher and Edward Granville Browne from the end of the 19th century wrote about Twelver Shiʿism, and Rudolph Strothmann, Louis Massignon, Anne Lambton, Wilferd Madelung, Heinz Halm, Henry Corbin and Etan Kohlberg, to name but a few, contributed extensively to scholarship on Shiʿi Islam. "The contributions of Corbin are unique in providing an invaluable understanding of Shiʿi thought, both Ismāʿīlī and Ithna'ashari [Twelver]" (Lalani, 2000: 1) .

As more and more original Shiʿi manuscripts and texts were collected, edited, studied and made available, the viewpoint on Shiʿi studies in the West started to change, and by the mid-20th century more specialized fields of Shiʿi studies began to appear. A mark of its progress is that Shiʿism is no longer studied from the point of its detractors, a development that has opened a new phase in the field of Islamic studies. Along with scholarship on the Twelvers, research on the Ismāʿīlī, Zaydī and other little-known branches of Shiʿi Islam has expanded and come to fruition over time.

Ismāʿīlī Studies

For centuries, the Ismāʿīlīs were primarily studied through prejudicial non-Ismāʿīlī literature and texts. The origin of these writings can be traced back to the polemical writings of Abbasid period and the Saljūq rule. Later a parroted version of much of the anti-Ismāʿīlī literature arrived in medieval Europe through the works of the crusader chroniclers and other contemporary western authors. This also influenced the Orientalist writers of the 19th century Europe, starting with Silvestre de Sacy (1758–1839) , Etienne M. Quatremère (1782–1857) , Joseph von Hammer-Purgstall (1774–1856) , Charles F. Defrémery (1822–1883) , Michael Jan de Goeje (1836–1909) and the work of some later Orientalist scholars who studied Islam on the basis of Arabic manuscripts shows that they had hardly changed their preconceived judgement about the Ismāʿīlīs.

That was because the Arabic sources they consulted were mainly composed by the anti-Ismāʿīlī Sunni authors, who had very little good to say about the Ismāʿīlīs. Ever since the Ismāʿīlīs emerged as a major political and religious rival, they were denigrated as *malāḥida*, heretics or deviators from the true religious path by the majority-Sunni establishment, the tone of whose writings reflected the systematic anti-Ismāʿīlī propaganda launched by the Abbasids and their Saljūq overlords at the apogee of their rivalry. The discovery of "original" Muslim writings by the Orientalists in a way enhanced the existing misinformation contained in the occidental sources of crusader era.

The body of literature produced by Muslim writers during this time, aptly termed "black legends" by Daftary (1998: 10, 2004: 92) , had a lasting effect in the west and the Muslim world alike. The richness of assassin legends of the crusaders and the fanciful writings of Marco Polo about the Ismāʿīlīs still captivate people's imagination. In short, until the discovery, edition and study of authentic Ismāʿīlī literature in the first half of the 20th century, the Ismāʿīlīs were "perceived, studied and judged almost exclusively on the basis of evidence collected or often fabricated by their enemies" (Daftary, 2004: 84) . Nevertheless, a few early Ismāʿīlī manuscripts were studied by the Orientalists of the late 19th and early 20th centuries. Stanilas Guyard (1824–1884) , for example, and others looked at and published some fragments of Ismāʿīlī manuscripts collected from Syria. Paul Casanova (1861–1926) was the first to identify the Ismāʿīlī origin of the *Rasā'il Ikhwān al-Ṣafā'*, while a German Orientalist Friedrich Dieterici (1821–1903) published parts of the same manuscripts without actually recognising its Ismāʿīlī connection (Daftary, 2004: 93) .

In the meanwhile, the early Russian Orientalists of the same era also produced valuable works about the Ismāʿīlīs of the Badakhshan region (which is now divided by the Oxus River into Afghanistan and Tajikistan) .① After the Pamir region was brought under the control of the Russian Empire, scientific expedition teams were dispatched to the Ismāʿīlī area in 1898 and 1914 in order to study the people and their culture (Karamshoev, 1975; Elnazarov and Aksakolov in Daftary eds., 2010: 49) . Russian researchers, including Aleksey Bobrinskoi (1861–1938) , Aleksander A. Semenov (1873–1958) , Ivan I. Zarubin (1887–1967) and Mikhail S. Andreev (1873–1948) , participated in these expeditions to collect detailed ethnographic data about the religious leadership, practice, language and various other aspects of daily life of the Ismāʿīlīs of the region.② The expeditions also collected manuscripts from Shugnan, Rushan, Wakhan and other districts of Badakhshan, and most of their collections are preserved in the library of the Institute of Oriental Studies in St. Petersburg (Daftary, 2004) .

---

① I owe this information to my colleague Dr. Aksakalov, who wrote extensively on the subject as a part of his PhD thesis.

② For a detailed analysis of how Ismāʿīlīsm was covered in the works of pre-Soviet Russian scholars, see the study by N. Davlatbekov, Osveshenie Ismailzima na Pamire v trudakh russkikh dorevoliutsionnikh issledovatelei (Dushanbe, 1995) .

Under Soviet rule, the scope and direction of research on the Pamiri Ismāʿīlīs acquired a new intensity and attention, as it was attuned to the demands of the new Soviet state ideology and its disciplinary preferences. As a consequence of Soviet policy towards the research on the indigenous population of Central Asia, the Pamirs, a Department of Pamirology (Pamiri studies), for example was created as a special branch of Oriental studies, allowing scholars like Semenov, Zarubin and Andreev to continue working on linguistic and ethnographic research among the Ismāʿīlīs of the upper Oxus region.①

By the middle of the 20th century, Soviet scholarship on Ismāʿīlīsm had expanded from ethnographic and linguistic research to include textual analysis, and the edition and publication of early and medieval Ismāʿīlī sources. Between 1959 and 1963 a new expedition was sent to the Badakhshan Autonomous Province by the Institute of the People of Asia and the then unit of Oriental Studies and Written Heritage of the Tajik Academy of Sciences, acquiring over 180 different manuscripts from the Ismāʿīlī region (Bertels, 1967) .

A. E. Bertels, B. Gafurov, L. V. Stroeva and K. Dodikhudoev are just some of the well-known names among the Soviet-Russian and Tajik scholars who worked on the Ismāʿīlī-related topics and made significant contributions to the field. Scholars such as N. Arabzoda and A. Shohkhumorov in the later Soviet era examined various aspects of the work of Nasir-i Khusraw, who was instrumental in the spread of Ismāʿīlīsm to the mountainous heartland of Central Asia during the 11th century. The number of student papers, dissertations, monographs, books, reports, brochures and academic articles dedicated to Ismāʿīlī studies increased greatly during the closing decades of the Soviet era.

It may not be too far off to suggest that the Russian use of Ismāʿīlī manuscripts to study the community in Badakhshan in the late 19th and early

---

① For more on the study of the Pamir region and its people, especially the ethnographic and philological study of the region, see D. Karamshoev, "Filologicheskoe izuchenie Pamira (Badakshhana)" and L. Monogarova and I. Mukhiddinov, "Etnographicheskoe izuchenie Sovetskogo Badakhshana", in M. Asimov et al. (1985), *Ocherki Po Istorii Sovetskogo Badakhshana*, pp.322–384.

20th centuries, in a way anticipated the arrival of a new a trend which replaced the tradition of studying this community through the writings of their enemies.

Contemporary Developments

Up until the turn of the 20th century, due to insufficient knowledge and the inaccessibility of the wealth of Ismāʿīlī manuscripts kept within the community, Western scholarship in this area largely lingered in the shadows of the erroneous past. From the early decades of the 20th century, however, the discovery and collection of Ismāʿīlī manuscripts from Yemen, Central Asia and the Indian sub-continent ushered in the modern phase in the field of Ismāʿīlī studies. The Ismāʿīlī Bohra community in India had preserved a significant number of Ismāʿīlī manuscripts, mostly from the Fatimid era. It was the early 1930s, with a few western trained Bohra Ismāʿīlī scholars in India and the "pioneering efforts of Wladimir Ivanow (1886–1981) " (Daftary, 2004: 94) , that heralded the arrival of modern age in the field of Ismāʿīlī studies. The early research by the Ismāʿīlī Bohra scholars was mostly based on private manuscripts held by their own families.[①] Their effort contributed greatly to the fields of Ismāʿīlī jurisprudence, Fatimid history, Ismāʿīlī doctrine and highlighted the richness of the Ismāʿīlī literary heritage. Ivanow's connection with the Nizārī Ismāʿīlīs of India, who are known as the Khojas within the Ismāʿīlī community, and his contact with the Nizārīi Ismāʿīlīs of Central Asia, enabled him to access manuscripts kept among the communities in both regions, thereby enriching the collection of original Ismāʿīlī sources.

In 1946, under the patronage of the forty-eighth Nizārī Ismāʿīlī Imam, Sir Sultan Muhammad Shah, Aga Khan Ⅲ (1877–1957) , an Ismāʿīlī Society was established in Bombay, India, greatly improving the scholarship in the field of

① According to Daftary (2004) , Ismāʿīlī Bohra scholars Asaf A.A. Fyzee (1899–1981) , Husayn F. al-Hamdānī (1901–1962) and Zāhid ʿAlī (1888–1958) started their research on the manuscripts kept in their family. Their work was the watershed event in the field of Ismāʿīlī studies and established the modern phase of the field.

Ismāʿīlī studies. Subsequently, a detailed catalogue of Ismāʿīlī works compiled by Ivanow in 1933 included over 700 titles. Owing to this breakthrough in this area, the Indian phase was often seen as the beginning of modern scholarship in the field (Daftary, 2004: 95) . The ground-breaking works of Ivanow and his Indian colleagues set the stage for the emergence of a renewed interest into this hitherto misunderstood sub-branch of Shiʿi Islam.

In the subsequent decades, many new contributions were made by western scholars who critically edited numerous Ismāʿīlī texts. Henry Corbin (1903–1978), Muḥammad Kāmil Ḥusayn (1901–1961) , Paul Kraus (1904–1944) and Wilfred Madelung (born in 1930) are some of the eminent names whose contributions cover important periods in Ismāʿīlī history that include the Fatimid and post-Fatimid phases of Ismāʿīlī texts. In general, the Fatimid period of Ismāʿīlī history has been sufficiently explored as part of the history of Egypt by local and foreign Egyptologists, adding to knowledge about a period often regarded as the "golden age" of Ismāʿīlī history. Progress in the field attracted attention to the different phases and cultural communities in the history of the Ismāʿīlīs. G. S. Hodgson (1922–1968) devoted his scholarly exploration to the Nizārī Ismāʿīlīs of the Alamūt period, and Samuel M. Stern (1920–1969) and Wilferd Madelung clarified the complex internal relationships within different branches of the Ismāʿīlī communities. In order to facilitate the search for original Ismāʿīlī literature, Ismail K. Poonawala complied his *Biobibliography of Ismāʿīlī Literature* in 1977, which included over 1300 titles written by more than 200 authors, that is almost twice as many as Ivanow's catalogue of 1933.

These new developments in the field achieved by studying this community through their own literature have transformed the image of the Ismāʿīlīs. Contemporary scholars such as Azim Nanji, Aziz Ismail, Ayman Fu'ād Sayyid, Farhad Daftary, Farhad Dachraoui, Mohammad Yalaoiu, Heinz Halm, Paul E. Walker, Thierry Bianuis, Michael Brett, and Yaacov Lev have each added to our knowledge about various aspects of the Ismāʿīlīs, their history and doctrine.

Among the contemporary scholars listed above, the contribution of Farhad Daftary merits special attention in this regard. Dr. Farhad Daftary is the current director of the Institute of Ismāʿīlī Studies in London, and head of the Department of Academic Research and Publication at the same institute. As an authority in Ismāʿīlī studies, a prolific author and a frequent contributor and one of the editors of *Encyclopaedia Islamica*, his career started with his seminal work on the history and doctrine of the Ismāʿīlīs, which was published by Cambridge University under the title of "The Ismāʿīlīs and their Doctrine" in 1992 and was later updated in 2007. Thereafter, he has published several acclaimed books in this field of Islamic studies, including *The Assassin Legends: Myths of the Ismāʿīlīs* (1994) , *A Short History of the Ismāʿīlīs* (1998) , *Ismāʿīlī Literature: A Bibliography of Sources and Studies* (2004) , *Ismāʿīlīs in Medieval Societies* (2005) , co-authored *The Ismāʿīlīs: An Illustrated History* (2008), and has edited *Medieval Ismāʿīlī History and Thought* (2001) , *Intellectual Traditions in Islam* (2001) , *A Modern History of the Ismāʿīlīs* (2010) , co-edited *Culture and Memory in Medieval Islam: Essays in Honour of Wilferd Madelung* (2003) , *Living in Historic Cairo: Past and Present in an Islamic City* (2010), *The Study of Shi'i Islam* (2013) and *The Shiʿi World* (2015). The translation of his *A Short History of the Ismāʿīlīs* into thirteen languages is a testimony to his academic prowess and the international recognition of his contribution. As Nanji rightly sums up, "his contribution will be remembered because it has rehabilitated the value of historical knowledge and the discipline of history itself within the field of Ismāʿīlī studies" (Nanji in Ali-de-Unzaga eds., 2011: xiii) .

Over the last four decades, the Institute of Ismāʿīlī Studies (IIS) in London has established itself as an academic centre for promoting knowledge on Islam with a focus on Ismāʿīlī studies. The Institute was established in 1977 under the aegis and patronage of the forty-ninth Nizārī Ismāʿīlī Imam, Prince Karim al-Husayni, Aga Khan Ⅳ, and it works closely with academic institutions globally. It is established as a research institute with the aim of promoting the study of Muslim cultures and societies, both historical and contemporary, in order to foster a greater understanding of their relationships with other societies and faiths. The Institute provides a platform for scholars working on Islam and Ismāʿīlī-related topics. As a part of the Institute's collaborative effort, its faculties employ well-known scholars in the field of Islamic studies. Scholars working with the Institute have published substantial books on the history, doctrine and modern status of the Ismāʿīlīs. The Institute's output includes academic publications, translations and curriculum materials, reflecting its aim of promoting modern scholarship in various areas of Islamic studies.① Its efforts to persue academic excellence is being rewarded and "this institute is already serving as the central point of reference for Ismāʿīlī studies while making its own contributions through various programmes of research and publications" (Daftary, 2004: 98) . As the number of its publications has been steadily increasing since the closing decades of the last century, so have its academic credentials and prestige.

Within the Institute there are specialised departments set up to work on areas such as the Qur'anic studies, Shi'i studies, and Central Asia Studies. Through its "Ismāʿīlī Heritage Series" the institute is presenting the result of modern scholarship on the intellectual and cultural traditions of the Ismāʿīlīs. The institute also publish critical edition of original Arabic and Persian texts along with English translation in its "Ismāʿīlī Text and Translation Series". It has just published the critical edition and translation of Rasā'il Ikhwān al-ṣafā. These programmes have attraced top scholars from all corners of the world, and their contribution is adding lustre to the prestige of IIS as a *bona fide* academic Institute. The IIS library houses the largest collection of Ismāʿīlī manuscripts, in Arabic, Persian, Khojki and few other Hindic languages, that offers a wealth of invaluable original sources written by the Ismāʿīlīs themselves.

With its excellent facilities, first class research team and large collection of Ismāʿīlī manuscripts, the Institute has become a place of learning for Ismāʿīlīs in search of knowledge about their own history and thought, and for locating their own position within the broader Muslim world. Apart from research, the

---

① For more information on the Institute's academic activities and publications, please refer to its website at http: //www.iis.ac.uk/.

Institute also runs a graduate programme in Islamic Studies and Humanities (GPISH) and through its Secondary Teacher Education Programme (STEP) trains educators to teach its curricula in Ismāʿīlī-populated areas. It provides full scholarships for successful candidates and is starting to reap the benefit of these intellectual endeavours, as more and more IIS-sponsored graduates join the workforce and contribute positively to their respective societies.

To sum up, in the last half a century, the field of Ismāʿīlī studies has distanced itself from the days when it was studied through the accounts of inaccurate outside sources, which were the product of an age plagued with inter- and intra-group political and religious rivalries both inside and outside the Muslim world. The antagonistic, inaccurate, mythical or outright fabrications in non-Ismāʿīlī writings perpetuated a lasting misconception about the Ismāʿīlīs and their history, doctrine and practices. The discovery, accumulation and critical study of original texts produced by the Ismāʿīlīs have transformed the landscape of present-day Ismāʿīlī studies into a polymorphic field without precedent. Clearing the field from the influence of outdated medieval literature, the new scholarly works on the history, culture and religious traditions of the community have corrected many lingering fallacies, and rescued the field from the shadows of the "imaginative ignorance of earlier generation" (Daftary, 2004: 98).

Today, the Shiʿa Imami Nizārī community is the largest Ismāʿīlī community. Scattered over 25 countries from Afghanistan to Zanzibar, all pledge their allegiance to a living Imam whose genealogy is traced back to Imam ʿAlī and Fāṭima and their descendants through Imam Ḥusayn. However, both ethnically and culturally, the Ismāʿīlīs represent a vast spectrum of diversity. Evolving around an Imam-centric doctrine, the spirituality expressed in each culture also bears the mark of its respective historical and cultural experience. With the spread of Islam, geographic regions where various forms of belief systems coexisted, intermingled and evolved side-by-side over time, older traditions and rituals persisted after adapting to changing religious contexts. This was a synchronic process that contributed to the formation of context-specific diversity within seemingly similar religious communities. Nonetheless, most of the contemporary advances in the field of Ismāʿīlī studies have yet to account fully for the internal diversities, which may not fully conform to the prescriptions provided by the manuscripts and other texts.

Unlike the Ismāʿīlīs of the Middle East and Iran, where doctrinal and theological debates thrived, and whence most of the manuscripts and texts spread, the communities located at the geo-cultural fringes, such as the mountainous heartlands of Central Asia for instance, domesticized such exogenous texts by absorbing and adjusting them to their local realities. The communities without a written culture and literary tradition, such as the Ismāʿīlīs from western China and the immediate surroundings, preserved their religious and cultural traditions by living according to the way their own heritage was passed down. Therefore, along with the advances in textual studies, a concurrent exploration of the living traditions would surely add to the scope and scale of developments in the field.

References

1. Ali-de-Inzaga, Omar, eds. 2011. *Fortress of the Intellect.* London: I. B. Tauris Publishers.
2. Bertel's, A. E and Baqoev, M. 1967. *Alphabetic Catalogue of Manuscripts Found by 1959-1963 Expedition in Gorno-Badakhshan Autonomous Region.* Moscow.
3. D. Karamoev, 1975. *Olimoni Soveti dar borayi Pomir.* Dushanbe.
4. Daftary, F & Miskinzoda G, eds. 2014. *The Study of Shi'i Islam.* London: I. B. Tauris Publishers.
5. Daftary, F. 1995. *The Assassin Legends: Myths of the Ismāʿīlīs.* London: I. B. Tauris Publishers.
6. Daftary, F. 1998. *A Short History of the Ismāʿīlīs.* Edinburgh: University of Edinburgh Press.
7. Daftary, F 2004. *Ismāʿīlī Literature* I.B. Tauris Publishers, London.
8. Daftary, F. eds. 2010. *A Modern History of the Ismāʿīlīs.* london: I.B. Tauris Publishers.
9. Elnazarov, Hakim and Aksakolov Sultonbek. 2010. "The Nizari Ismāʿīlīs of Central

Asia in Modern Times" *Daftary* 2010: 45–76.
10. Guillaume, A. 1955. *The Life of Muhammad*, Oxford: Oxford University Press.
11. Hamilton, Alastair. 1994. *Europe and the Arab World: five centuries of books by European scholars and travelers from the libraries of the Arcadian group*, Oxford: Oxford University Press.
12. Kohlberg, Etan. 1991. "Westren Studies of Shi'a Islam" In *Belief and Law in Imami Shi'ism* Variorum.
13. Lalani, Arzina, R. 2000. *Early Shi'i Thought: the teachings of Imam Muhammad al-Baqir*. London: I.B. Tauris Publishers.
14. Landolf, H, Sheikh, S and Kassam K.eds. 2008. *An Anthology of Ismāʿīlī Literature*. London: I.B. Tauris Publishers.
15. Madelung, W. 1997. *The Succession to Muhammad*. Cambridge: Cambridge University Press.
16. Poonawala, Ismail K. 1977. *Biobibliography of Ismāʿīlī Literature*. Calilfornia: Undena Publications.

简析现代伊斯玛仪派研究

〔英〕阿米尔·赛杜拉

【内容提要】伊斯玛仪派是伊斯兰教什叶派的重要分支之一，至今仍有大量关于其历史、教义、司法等内容的丰富文献流传至今。西方什叶派包括伊斯玛仪派研究起源于启蒙运动时期，受到近代欧洲各国东方学传统的重要影响。本文概述伊斯玛仪派研究在现当代时期取得的主要进展，尤其聚焦于西方学者及穆斯林学者的当代研究。

【关键词】伊斯玛仪派研究

中东研究

A Deconstructionist Approach to Events in the Arab World（阿拉伯事件的解构主义解读）

Farid Abboud*

（〔黎巴嫩〕法里德·阿布德）

Abstract: The Arab Change since 2010 and follow-up violence often lead researchers to feel puzzled. This paper will give a deconstructionist interpretation of the phenomenon, and analyze eight factors of this events and their interaction. This approach not only allows professional researchers to avoid generalizations and stereotypes, but also for non-professional researchers to facilitate an understanding of these phenomena.

Keywords: Deconstruction Perspective; Arab Change; Unemployment; Legitimacy

The upheavals taking place in the Arab countries since 2010, and the violent events that are still following these upheavals across the world, offer a bewildering spectacle for students and practitioners interested in Islam or involved in matters related to the Muslim world. The confusion is amplified by the fact that recent terrorist actions perpetrated by extremists have engulfed innocent bystanders unconnected with this area of the world, many of them are outsiders who

* 法里德·阿布德，北京大学外国语学院阿拉伯语系访问学者，黎巴嫩前驻华大使。

ignore the intricacies of the region's problems and history. Simultaneously, the explanatory discourse offered to an audience eager for clear and straightforward explanations is often painted with a thick brush: the general message is that each event, whether the fall of a dictator, the outbreak of a civil war or the terrorist attack on a civilian target, is simply the result or manifestation of a broad world-view called Islam that is fundamentally alien, often irrational and sometimes hostile. The torrent of studies and comments dealing with the so-called "Arab Spring"—and the events which followed it, including the acts of terrorism—have in common a resolutely holistic approach through which the present eruption is analyzed as a unified phenomenon encompassing all the individual events that occurred since the end of 2010. These events are treated as branches sprouting from a single trunk labeled Islam.

This approach has the advantage of keeping in focus the common background—religious, cultural and geographical—of the present uprising and the links between its different components. It follows and illuminates the thread connecting France and Russia to Libya and Syria, Turkey and Israel to Saudi Arabia and Iran. Encompassing a wide range of issues and theaters under a single umbrella, it provides a well-defined anchor to an audience impatient with details even when dealing with complex issues. While useful and unavoidable, this approach is fraught with dangers and often leads to conclusions that are more political than scientific. Its most prominent flaws stem from the breadth of its scope and the unity of its point of reference. While these are also its chief advantages, they inevitably leave the door open to stereotypes, generalizations and extrapolations. In addition to these issues of methodology, the holistic approach is unwieldy as a research tool and too blunt as a teaching format.

This article endeavors to present the outlines of an alternative approach to the study of the present Islamic uprising that is in sharp contrast with the preceding model: a piece-meal approach which consists in deconstructing the phenomenon under study into a limited number of variables and analyzing the interplay between these variables. These variables transcend chronology and geography and can be applied to analyze each event separately. In this model,

Islam is one of the most important variables used, notably as an ideological background and action motivator, but it is not the exclusive prism through which social realities are interpreted and events analyzed, as the actors themselves view it. The deconstruction is an intellectual detour providing the tools for a better understanding of the events under study, of the actors' motivations and goals, and of the response of specific State systems to the challenges confronting them. It also protects the student/researcher from the facile traps of generalizations and stereotypes. Lastly, slicing the phenomenon into a number of constitutive elements facilitates its understanding by non-specialists who are unfamiliar with the immense field of Islamic studies (the method was tested with Chinese students at Peking University in Winter 2019 and produced satisfactory results). At the end of this temporary detour, all roads will inevitably lead back to the crucible of Islam and Islamic societies, which remains the key to understanding the course of future events in this area of the world.

Except for two (Income and Age), the eight variables selected are different from those frequently used in studies of quantitative analysis of Western societies, and are specific to Islamic societies or to Muslim communities in Western societies. They are: unemployment and economic factors, corruption and nepotism, loss of legitimacy, absence of a legitimizing narrative/myth, breakdown of law and order, exclusionist and divisive policies, catastrophic mistakes, and outside intervention.

Some of these variables are interactive and one affects the others; some are necessary (a condition 'sine qua non') and their absence explains the fact that the society under study did not witness the violent actions that other societies have gone through; some have a neutralizing impact upon others or an amplifying one on them; some are decisive in specific theaters and negligible in others...The interplay between different indicators is at the core of each case.

Unemployment and Economic Factors

The hardcore participants in the events that constituted the "Arab

Spring" and its aftermath came from economically deprived sub-groups or were unemployed/underemployed. While demonstrations at the start of the revolutions in Tunisia and Egypt involved a wide spectrum of participants, including members of the middle-class and unionized workers, these categories gradually peeled off the movement, especially when it became increasingly confrontational and violent. By the time the movement was taken over by Islamists in Egypt, Jihadists in Syria or terrorists in Paris, it had became the affair of hardened young militants, mostly unemployed, deprived, marginalized, and belonging to families suffering economic hardship. This feature is common to all theaters, but it is not necessarily decisive in every one: in Tunisia, the continued involvement of an active middle class and an influential union movement helped steer the process away from a violent outcome in spite of terrorist acts perpetrated by members of the marginalized categories. In Egypt, the process was controlled and then recuperated by the military in spite of the fact that the above categories remained substantial and active. In Iraq, ethnic and religious divisions have superseded economic factors as political motivators, and these fault lines have become the most important elements of the political process...

All these exceptions do not alter the fact that economic deprivation and unemployment were the decisive factors that lead to the outbreak of the movement and motivated participants. Even in Paris, the terrorists were unemployed and economically marginalized, stuck in suburbs that were excluded from the prosperity of the western metropolis where they lived. On the eve of the Arab revolutions, all countries/theaters involved were suffering from grave economic problems and high unemployment rates, and the active participants were mostly deprived or marginalized.

Corruption and Nepotism

In 2010, unemployed Arabs perceived economic distortions and the hardships accompanying them as the consequence of failure on the part of their countries' ruling elite, whether owing to incompetence or corruption. Inevitably, this perception was translated into an assignment of responsibility or guilt (for a mobilized public opinion, the passage from responsibility to guilt is automatic and the nuance between the two is irrelevant). For those living in the West, blame was even broader and less nuanced: the guilty were all the "others", citizens and rulers alike, hence the "legitimacy" of attacking them all. In both theaters, the Arab world and the West, economic deprivation was regarded as an aggression and as the direct result of hostile actions, rather than the outcome of "liberalization reforms" carried out in the Arab countries in the last 10 years or the natural result of market forces in the West. Admittedly, some of these economic policies were ill-timed, or not adapted to the systems they were supposed to reform, or applied on societies that were ill-prepared for them, but their imposition was interpreted as an act of aggression by many because of one particular issue: corruption. One specific variety of corruption that is still widespread in the Arab countries is nepotism, and it fired anger on a particularly high pitch in Tunisia and Egypt. Along with unemployment, symbolized tragically by the self-immolation of Bouazizi on December 17, 2010, it became a major motivator of the revolution in both cases. Ironically, Tunisia enjoyed a competent Public Administration, even under Ben Ali, and corruption in it probably drained a lesser portion of its GDP than in the case of other Arab countries, but the misdeeds of the President's in-laws were too much to stomach for a relatively informed and sophisticated population. At any rate, the issue of corruption has become a potent incentive across the Arab world because of increased public awareness and the feeling that the resources drained through nepotism are, in a fact, stolen from the citizen. Along with unemployment, it is the most important variable a researcher can use to explain past upheavals and predict future ones.

Loss of Legitimacy

Corruption scandals had a devastating impact on the reputation of several

Arab leaders and contributed to their loss of legitimacy, an important step towards their loss of power. Social media and foreign information outlets were active in the months preceding the collapse of the Arab state system in disseminating detailed information about fortunes made, relatives favored and resources wasted. Admittedly, numbers were exaggerated and the rumor mill overplayed its hand in many cases, but politics is about perception rather than accuracy, and the corruption scandals were real even if some details were fuzzy. By the end of 2010, Ben Ali's reputation was completely ruined by gossip about his wife and her family, as were Mubarak's and Assad's. A few were ready to give the leader the benefit of doubt, arguing that corruption was the fault of relatives and cronies and that he did not benefit from it personally. But in the Arab culture, such argument usually backfires and damages even more the leader's reputation and image: the fact that he is incapable of controlling his relatives and friends is perceived as an indicator of weakness, and a leader who does not come to power through the ballot box cannot expect to survive for a long time if he is perceived as weak. Corruption thus undermines the legitimacy of these Arab leaders in three dimensions: their non-adherence to legal and moral principles, their weakness, and the lack of their managerial skills (since corruption is associated with waste). In the case of the leaders mentioned above, the impact was devastating.

Absence of a Legitimizing Narrative/Myth

A few authoritarian Arab leaders have succeeded in creating a legitimizing discourse pertaining to their background or their mission, a narrative designed to justify their rule and to shield them from criticism. This practice is found frequently in hereditary systems such as kingdoms and emirates, but not exclusively so. Some researchers describe these images and discourses as "legitimizing myths", not to question their accuracy but to stress the fact that they are analyzed simply as political tools and that their accuracy is irrelevant: as mentioned above, politics is perception, and what counts is not whether these are images or objective reflections of realities, but how they are used and received. The kingdom of Morocco has thus successfully introduced into its political system the idea that the King is a direct descendant of the Prophet's family. In a society where faith in Islam is strong and widespread, such lineage is a potent source of support for the head of state and provides him with a solid protective shield in times of crisis. In this case, it is safe to consider it as the single most important factor that has allowed the King to weather the storm of the so-called Arab Spring. Jordan has tried to use a similar narrative, albeit less successfully. In Saudi Arabia, the King is portrayed as "Custodian of the Holy Shrines" and this religious label is used as a basis for political legitimacy. Other leaders in non-hereditary regimes were less successful in nurturing a usable legitimizing myth. Attempts by Tunisia's Ben Ali to present himself as an enlightened and secular reformer were thwarted by the corruption scandals, in addition to his lackluster personality. Syria's Assad is still using the narrative of secularism and nationalism that has served his father well and was rendered more credible by the appalling behavior of some of his opponents in the name of Islam. Egypt's Mubarak did not succeed in promoting a legitimizing myth at all. In all cases, the existence of a legitimizing discourse and the effectiveness of its use were an important factor contributing to the survival of the regime.

Breakdown of Law and Order

One of the main functions of any political system is to susitain the peaceful functioning of the society. Stability and the prevalence of law and order are the prerequisite for its acceptance as legitimate. As long as the maintenance of stability involves police action and selective repression within limits accepted as tolerable by the majority of the population, the system's legitimacy is not questioned. Once this threshold is crossed, the ruler is perceived as an oppressor and his legitimacy is lost. Protracted use of large-scale and indiscriminate force to quell disturbances or suppress protest leads inevitably to loss of legitimacy and, eventually, the collapse of the system. No Regime can survive such situation if it becomes semi-permanent, and no Government can sustain a violent and generalized confrontation with its people for a long period of time, even if it has at its disposal enormous military means. The limits of power were best illustrated by the Shah of Iran's fall in 1989, and this precedent was present in the minds of Arab leaders confronted with the upheavals that started more than twenty years later. In Tunisia, the Army was too small and its leaders reluctant to engage in large-scale repression, hence the quick exit of Ben Ali. In Egypt, Army leaders were involved in complex maneuvers aimed at ensuring their return to power in the after-Mubarak era, and dealt with the disturbances in a careful and selective fashion. In Syria, the role of the Army was altered dramatically because of the ethnic-religious dimension of the country, and as a result of the emergence of the Islamists as the main opposition force. The Army is no longer involved in repressing disturbances, but has become a major protagonist in a civil war. Whether the system will survive remains to be seen.

In each case, the inability to maintain order without using large-scale violence, and the impossibility to resort to such means, signaled the collapse of the system.

Exclusionist and Divisive Policies

The Arab world is a mosaic of ethnic, linguistic and religious groups. With the exception of Libya, Tunisia and Qatar, every single country includes substantial minorities, conscious of their heritage and resentful of their marginalization. Repressed and controlled for decades, these groups contribute to the weakening of the state system in times of crisis. The process is reversed–with even more devastating effects—when a minority holds power and marginalizes the majority. Iraq and Bahrain are typical examples of majority rule, while Syria is considered a typical minority rule system. Saudi Arabia is a remarkable example of both: in it, the Sunni majority rules while the Shiite minority is marginalized, but a small minority within this majority–the extended clan of the Sauds—enjoy powers and privileges from which the majority of other Sunnis are excluded. Family, tribal, religious and parochial connections, or a combination of any of them, provide loyalty bonds that are stronger and more reliable than mere citizenship. But giving the preference to these links come with a steep price for the ruler who did not come to power through the electoral process: first, his power-base is narrowed dramatically, and second, members of the narrow circle of "supporters" will inevitably take advantage of their access to power and will abuse the system to enrich themselves, which brings us back to the deadly issues of corruption and nepotism (variable No.2). Regimes following divisive policies rather than inclusive ones are imprisoned in a vicious circle and are living on borrowed time. Sooner or later, majorities will ask for their fair share of the system; at that juncture, repression and reliance on narrow loyalties will prove insufficient to protect the regime even if they seemed expedient and cost-effective before the crisis.

Catastrophic Mistakes

The above indicators are in no way exhaustive and do not cover the entire spectrum of possible factors which could motivate destructive behaviors or lead to a destructive outcome. One additional variable needs to be taken into account: mistakes. Political actors, whether leaders or terrorists, are human beings, and human beings make mistakes, some of them are catastrophic. The road to these mistakes can be explained or rationalized, but neutral observers clearly detect the irrational motivations behind the leader's catastrophic decision such as conceit, wishful thinking or prejudice. Some historians prefer to avoid including this variable in the list of possible factors leading to violent events, but we feel that it is pertinent in the case of the Arab uprising. Power is a great simplifier; when unchecked it creates blind spots that easily mislead the rulers, hence the propensity of dictators to commit grave mistakes with catastrophic consequences increases. One eloquent illustration of this variable is Saddam Hussein's decisions to invade Iran, then Kuwait. The former was much larger than Iraq, still mobilized by the fires of a radical revolution, while the latter was far too important as an oil producer to be left to its fate by the powers that be in the Western world. In both cases, the chances of a decisive victory by Iraq were nil. These two fateful decisions can be described as “catastrophic mistakes” which led inexorably to the collapse of the regime and the destruction of the country as a functioning state system. By contrast, the decision taken by another Arab leader provides an eloquent example of a “catastrophic mistake” which was avoided. When confronted with widespread protests similar to those that took place in Tunisia and Egypt, the King of Morocco did not reject the protesters’ demands nor did he procrastinate: he compromised. He changed the Constitution, reduced his power, organized elections, and coopted different parties in the government of the country. Had he made the fateful mistake of confronting the protesters and rejecting their demands, the grievances would have metamorphosed into questions about his legitimacy and would have lead to existential threats to his regime. More probably than not, he would have joined the ranks of Ben Ali and Mubarak, and the Shah of Iran.

Outside Intervention

The Arab World has been the object of Western intervention more than any other area in modern times. Three main issues motivate this seemingly incurable Western inclination to meddle in its affairs: oil, Israel and security/terrorism. Western powers were involved in most events that took place since 2010 in the upheavals generically described as the “Arab Spring” (obviously a misnomer). Some commentators dismiss the idea of outside manipulation and intervention as creations of amateurs obsessed with conspiracy theories. Actually, the rebuttal itself can easily be rejected since it contradicts open facts: intervention is declared and verifiable in most cases, whether in Iraq, Libya, Syria, Sudan or Yemen, and it is carried out by Western and non-Western countries alike. It goes without saying that open intervention is accompanied by covert actions, using methods and means that are undeclared. Labeling these actions as conspiracies does not add anything to our research and it is preferable to avoid such labels.

It is the nature of things. Suffice it to say that outsiders can affect each of the variables above, and that they can use one to strengthen or weaken another, thus steering events according to their goals, sometimes in a decisive fashion. If our research were quantifiable and the variables weighted to measure their respective impact, it is probable that this variable, i.e. "Outside Intervention", would carry more weight than each of the other variables taken separately.

The set of variables listed above constitutes a research tool. It could be used to analyze past events in the Arab world and to provide a teaching model for students unfamiliar with its complexities. Applying it on case countries is not particularly challenging and opens the doors for deeper analysis. If we take Tunisia as an example, variables 1, 2, 3 and 4 are the most pertinent and illuminating. If we take Iraq, variables 6, 7 and 8 are obviously more relevant than the others. In Libya's case, variables 4, 5 and 8 seem the most useful. In the case of Yemen, items 5, 6 and 8 are prominent. The list is flexible. Useful as is at this juncture, it could be develop or be refined in the future since the situation in the Arab world is in flux and could change again.

阿拉伯事件的解构主义解读

〔黎巴嫩〕法里德·阿布德（北京大学访问学者）

【内容提要】2010 年以来的阿拉伯变局及后续的暴力事件常令研究者感到疑惑。为了对这些现象提供解释，本文以解构主义的方法，采用 8 个变量对这些事件进行解读，并分析这些变量之间的相互作用。这种方法不仅能够使专业研究者避免一概而论和刻板印象，而且能为非专业研究者对这些现象的理解提供便利。

【关键词】解构视角　阿拉伯变局　失业　合法性

Iranian Challenges to Azerbaijan's Foreign Policy（伊朗对阿塞拜疆外交政策的挑战）

Faig Aghabalayev*
（〔哈萨克斯坦〕法伊格·阿加巴拉耶夫）

Abstract: As one of Azerbaijan's three immediate neighbors in the Caucasus region, Iran has exerted a great impact on Azerbaijan's foreign policy. After giving a historical survey of Iranian-Azeri relations since the 17th century, this paper examines the main challenges Iran has been posing to the latter's foreign policy in the Republican era, indicating that contemporary issues including energy politics, economic security, polar alignment in the international community, territorial integrity and disputes, and cultural security that presented the most significant obstacles to the bilateral relations between the two countries.

Keywords: Azerbaijan; Iran; Foreign Policy

Azerbaijan's foreign policy is heavily influenced by its immediate neighbors, in particular by Turkey, Russia, and Iran. Historically these three states have sought influence or direct control over the Caucasus region. Since the discovery of oil in the 19th century, the focus of that interest has been

* 法伊格·阿加巴拉耶夫，北京大学外国语学院阿拉伯语系博士生。

especially on the South Caucasus and on Caucasian Azerbaijan. After the dissolution of the Soviet Union, Turkey and Iran again had the opportunity to cultivate and pursue their interests in Transcaucasia and the Caspian Sea basin with relatively free hands, hindered only by Russia's continued interest. The newly established Republic of Azerbaijan has therefore had to balance its foreign policy to consider the interests and pressures from all three of these powerful neighbors. While relations with Turkey have at times been strained, they remain predominantly positive. Iran on the other hand, has primarily represented a constant challenge for Azerbaijan's foreign policy. This might not have been expected by some parties prior to the 1990's, and indeed may perplex some today. The cultural and religious affinity, as well as the ethnic connection to the very large Azerbaijani population in Iran, could have lead to very naturally positive relations. However, this has not been the case, and Iran, though maintaining formally positive relations and serving as an important trade partner, has nonetheless posed several significant challenges to Azerbaijan. This paper will examine the challenges presented by Iran.

Historical Overview

During various periods of the Middle Ages, Persia directly or indirectly controlled the numerous khanates in the area where now is modern Caucasian Azerbaijan. While modern Iranian Azerbaijan was a valuable source of wheat, fodder and foodstuffs, the khanates in the north were primarily important because of their strategic location as a crossroads between the Middle East and the Volga plains. Various nomadic peoples have populated the plains in the north over the centuries and often threaten to move south into the Middle East. Whatever eminent power controlled the region at a given time, most often Persia, ensured that they controlled the Caucasus northward to Derbent, which was a strategic choke point. Thus Caucasian Azerbaijan was strategically valuable and often controlled directly or indirectly by Persia.

In the 17th and 18th centuries the expansionist imperial policies of Russia led to its efforts to conquer the region. This culminated in a series of Russo-Persian wars in the late 18th and early 19th centuries. The process resulted in the Turkmenchay Treaty of 1828. This treaty has permanently separated the Azerbaijanis of Iranian Azerbaijan from those of the Caucasian khanates. Russia soon renamed the Caucasian khanates "Azerbaijan."

In the mid-19th century oil was discovered in Baku. With the industrial revolution in full swing, oil has quickly become one of the world's most important commodities. Western enterprises set up operation in Baku and with them they brought European ideas such as democracy. By the turn of the century, not only had the Azerbaijanis of Caucasian Azerbaijan embraced democratic ideals, they also actively passed these ideas across the border to those in Iranian Azerbaijan. In 1906 these democratic ideas had taken sway in Iranian Azerbaijan, especially in Tabriz. The Azerbaijanis of the south drove forward an agenda of reform in Iran leading to a constitutional revolution. This notion of Caucasian influence in Iran was also actively discussed in Russia in 1908–1909.①

When the Czar fell in 1918, Caucasian Azerbaijan declared itself an independent state. It soon called for greater rights for the Azerbaijanis of the southern Iran. A British representative in Tehran advocated to the British government that they should support a movement of Iranian Azerbaijanis to break away from Tehran and join the new democratic republic in Caucasia.② When the name of "Azerbaijan Democratic Republic" was chosen for the new Caucasian republic, some in Iran questioned this name choice. Tehran was suspicious of Turkey's use of the new republic to detach Iranian Azerbaijan from Iran.③ However, diplomatic relations were established between Tehran and the new ADR and officials were exchanged. When the independent republic

① Jamil Hasanli, "The Republic of Azerbaijan in International Relations Systems (1918–1920)," *Azerbaijan In Global Politics: Crafting Foreign Policy* (Baku: Azerbaijan Diplomatic Academy, 2009), p.27.

② Ibid.

③ Tadeusz Swietochowski, *Russia and Azerbaijan: A Borderland in Transition* (New York: Columbia University Press, 1995), p.69.

ended in 1922, the relationship continued but in the context of the Soviet Union.

By the early 1940's, the Russian expansionism and communist agenda had led to renewed interest in Iranian Azerbaijan on the part of Moscow. Prior to the outbreak of the war between Nazi Germany and the Soviet Union, Stalin had been planning to invade Iranian Azerbaijan and unite northern and southern Azerbaijan. The leader of Soviet Azerbaijan was enthused about the plan and in 1941 troops and resources were being assembled for the project in northern Azerbaijan.[①] Iran was viewed as pro-German, and so when Hitler attacked the Soviet Union on June 22, 1941, the Russian invasion of Iranian Azerbaijan was still on, but for slightly different reasons. Ostensibly the invasion was to neutralize the pro-German Iranian elements, and with this excuse, the British supported the operation. However, by 1944 the Soviets had discovered oil in Iranian Azerbaijan and resolved to stay. Moscow helped develop a new political party within Iranian Azerbaijan with the goal of promoting Azerbaijan's autonomy. Eventually the staunch opposition of U.S. President Truman and his British counterparts, as well as competing Soviet plans in other arenas, made Stalin finally abandon the fledgling government in Iranian Azerbaijan and withdraw Soviet troops.

The Modern Republic

When the Soviet Union was dissolving, Azerbaijan declared itself independent on October 18, 1991. The new republic moved quickly to establish diplomatic relations with key states, and Iran formally recognized the new Republic of Azerbaijan on January 4, 1992. Later that year, Abulfez Elchibey was elected president of Azerbaijan. He formally endorsed unification with Iranian Azerbaijan. This position naturally offended the Iranian government and strained the bilateral relations. Furthermore, in 1992 Elchibey visited

① Jamil Gasanly, "Iranian Azerbaijan: The Epicenter of a Cold War," *The Caucasus and Globalization*, Vol. 2, Issue 1 (2008), p.7.

Turkey and made a call for the downfall of Iran. With these statements Iranian-Azerbaijani relations came perhaps to their nadir. However, Elchibey's administration soon came to an end, and his successor Heydar Aliyev did not continue with this position. But the relations have only improved slightly.

While Heydar Aliyev supported Iran's territorial integrity, he had a history of supporting Azerbaijani ethnic unity and have always supported greater rights for Azerbaijanis in Iran. In 2002, Aliyev chose to reject a possible visit to Tabriz in order to soften relations with Iran. The two presidents signed accords supporting each other's territorial integrity. In 2004, President Khatami visited Baku, the first Iranian presidential visit since over ten years ago, and finally granted the opening of an Azerbaijan consulate in Tabriz. In the following year, Ilham Aliyev made a visit to both Tabriz and Tehran in Iran.①

Although some NGOs and political figures have continued advocating for the unification of Caucasian Azerbaijan and Iranian Azerbaijan, the issue has not been a major challenge to their official relations. It has perhaps contributed to the stubbornness with which Iran resists increased rights for the Azerbaijanis to practice their language and culture in Iranian Azerbaijan, which the Republic, or its people, has at times criticized. However, cessation, or unification depending on how one views the issue, itself has not been a major problem in formal relations between the two states. Several other issues however have come to the forefront and caused ongoing problems.

Caspian Sea

Iran and the Soviet Union had previously made multiple agreements on the division of the Caspian Sea. The breakup of the union, however, threw these agreements into doubt. Russia and the former Soviet republics came to an agreement, while Iran has continued agitating for a greater share of the Sea. Iran

① John W. Parker, *Persian Dreams: Moscow and Tehran Since the Fall of the Shah* (Washington D.C.: Potomac Book, Inc., 2009), p.285.

has primarily argued that the previous treaties with the Soviet Union stand. In the early 1990's Iran and Azerbaijan made overlapping claims to three oil fields in the Caspian.① Western oil companies evaluated the risk of this situation and estimated that Azerbaijan's claims would stand the test of international court, therefore proceeded to work under an assumption of the Azerbaijani claim. But relations between the two states were negatively affected.

In 2001 Iran formally protested Azeri operations in the Caspian and soon began using its enhanced naval capabilities to influence the conflict of rights to the Caspian. In July 2001, Iran interfered with Azeri-BP oil exploration operations in the Alborz/Aloz field, forcing two exploration vessels back to port in Azerbaijan. BP immediately announced they would suspend operations in the field until the issue was resolved. The Azeri government, however, held fast to its right to the field.② At present, the exploration of the field has not yet been resumed.

In 2002 Putin consolidated control over Gazprom and Lukoil, strengthening the Russian position in Central Asian and Caspian energy resources. Lukoil's participation in the "Deal of the Century" in Azerbaijan has kept Russian and Azeri interests in the Caspian aligned. However, the strengthening of the Russian position had a negative effect on Iran's interests, thus pushing the Russian-Azeri position further apart from the Iranian position.③ In August 2002, Russia conducted naval exercises in the Caspian to emphasize its willingness to oppose Iran with force if necessary. In September of the same year, Azerbaijan and Russia signed agreements on the division of the sea, which Tehran of course rejected.④

In 1998 Iran began insisting on an even split of the Caspian, and therefore demanded 20% of the sea.⑤ In order to disregard current agreements, Tehran

① Steve LeVine., *The Oil and the Glory*, p.207.
② Parker, pp.158, 148.
③ Ibid., pp.147–148.
④ Ibid., p.161.
⑤ Ibid., p.147.

continuously maintains that previous treaties between Iran and the Soviet Union should govern the current regime.① However, under those treaties of 1921 and 1940, Iran was only entitled to 14% of the Sea, even lower than their current share of 15%. The previous treaties also fails to clearly deal with seabed rights or with drilling and energy issues. They were primarily military treaties. Tehran's main agenda seems to be to force the Caspian states to negotiate a new treaty, or force the Sea to be redefined as a lake, in which case each state would be entitled to an equal share of 20%.

Iran recently commissioned a new deep water oil rig named Iran-Alborz, a clear statement to Iran's ongoing claim to the contested field. Azerbaijan currently has the second largest share of the Sea (21%) and possesses the best of the known oil reserves in the Sea. Iran is naturally looking to improve its economic situation and gain control over more resources, and agenda which it puts is 7 at direct odds with Azerbaijan. Firmly resisting Iranian efforts in this area, and at the same time maintaining good economic relations and even energy cooperation with Iran, is a significant challenge for Azerbaijan.

Pipelines

Iran is already in possession of significant oil and natural gas reserves within its existing territory and in the Persian Gulf. While oil companies have sought greater profit and access to Iranian oil, they have come into conflict with the US foreign policy.② The US embargo stands in the way of Western oil companies who hope to transport oil through Iran. This has actually worked to Azerbaijan's favor, since pipelines to the Mediterranean are the next best choice when transport to the Persian Gulf is ruled out. Thus in 1998 these companies shifted their efforts from a project of Iranian pipeline to an Azeri pipeline project. At around the same time Iranian aspirations in the Caspian were being

① Ghafouri, p.89.

② LeVine, pp.348–349.

reasserted.

Natural gas resources are also abundant in Iran and much of Central Asia. Iran have been competing to be the transit state at least for Turkmenistan's gas, a role Azerbaijan had also been lobbying for. Russia and Iran represent two of the world's top gas producers and together have been promoting a gas line from Russia south to the Persian Gulf through Iran.[①] Recent Nabucco Agreements on routing Central Asian gas through Azerbaijan to Turkey has allowed Azerbaijan to win the current round of this competition. Iran was also hoping to be a supply state to Turkey, but recent agreements on building new pipelines from Iraq to Turkey have again thwarted Iran's aspirations. In a free market environment, this competition is healthy; but for the relations between Iran and Azerbaijan, it serves to frustrate Iran in their regional energy goals and place Azerbaijan at the center of their frustration.

Western oil companies have continuously desired a cheaper route for oil and gas transportation through Iran and argue that the resulting economic influx would be good for the region, but the U.S. government is standing firm for the time being.[②] Only the Russian invasion of Georgia in 2008 once threatened that reality as the Azerbaijan-Georgia route suddenly looked less stable.[③] Many of the largest petroleum companies in the world are based out of the United States and United Kingdom. Therefore they are heavily pressured by their governments to not do business with, or via, Iran. This has had a significant influence on which pipeline routes are funded and which are not, especially when the planned destination of the resources is the West. The West has repeatedly chosen Azerbaijan as its preferred business partner for accessing Caspian and Central Asian oil and natural gas. While Iran maintains an intense war of words with the U.S., Azerbaijan has been obviously favoed by the West and the U.S. This competition and the resulting alignment of Azerbaijan with the West at least

---

① Paul Goble, "Is Iran The Main Beneficiary Of The Russian-Georgian War?" *Azerbaijan in the World*, Volume I, No. 21 (December 1, 2008), p.4.

② Ghafouri, p.92.

③ Goble, p.4.

on energy issues is a challenge to Iranian-Azerbaijani relations. The pipeline competition has not come to any obvious head, or sparked any direct conflict, as has the Caspian rights situation, but it has certainly added to other challenges in a negative way.

Iranian Support of Armenia

While Iran is one of the first nations to recognize Azerbaijani independence in 1991, it also quickly came to support Armenia in the Nagorno-Karabagh issue, at least indirectly. Iran became a key trade partner with Armenia and the road across the border became known as the "Road to Life."① Azerbaijan found Iran's position ironic given the cultural and religious affinity between the two societies. In Iran, Armenian culture and identity were uplifted, while Azeri culture and language were suppressed.②

Of the three regional powers, Turkey alone has taken Azerbaijan's side in the conflict and cut off both diplomatic and economic relations with Armenia over the issue. Russia supported Armenia very strongly during the conflict and afterward primarily in order to maintain a foothold in the Caucasus. The Russians has significant quarrels with Georgia and Azerbaijan, and so have gone to great lengths to maintain close involvement in Armenia. The Iranian pro-Armenia stance was more surprising. However, the fact that Armenia was desperate gave Iran a unique chance. Armenian-Georgian relations were not good, and it was at war with Azerbaijan, and Turkey closed its border with Armenia. All these left Armenia only one choice of trade partner, Iran. Iran was not going to pass up the economic opportunity of being Armenia's sole supplier of energy and other goods. Ethnic and religious affinity was trumped by economic opportunity and a desire to gain regional influence, revealing a surprisingly practical side of the Iranian theocracy.

---

① Parker, p.49.

② Goltz, pp.162–163.

As recently as in 2008, after the Russian invasion of Georgia, Russia pressed for Iran's inclusion in the Nagorno-Karabagh talks, demonstrating that it sees Iran on the side of Armenia and Russia in the matter.① Furthermore, Iran has engaged itself in intelligence and security cooperation with Armenia.② The Nagorno-Karabagh issue remains unresolved and the Iranian pro-Armenia position will not soon be forgotten by Azerbaijan. Like the competition over gas pipeline routes, this issue of contention is not something that will come to direct conflict by itself, but serves to embitter Azerbaijan and potentially sour its relations with Iran on other matters. It certainly has eroded mutual trust and Azerbaijan now knows with certainty that Iran will not necessarily take Azerbaijan's side in a conflict with other parties, even other parties are those who have no natural affiliation with Iran.

Iranian–Russian Relations

The conflict over the Caspian Sea that began to heighten in the late 1990's led to frustration in Russian-Iranian relations. While Russia saw increased Iranian involvement in Central Asia and the Caucasus as meddling, Iran saw many of these countries including Azerbaijan as part of its greater nation in the history.③

Never the less, Iran and Russia have been developing warmer relations on many key issues. Their mutual dislike for the hegemonic power of the U.S. and the West has drawn them together. While they have been at odds over the Caspian Sea, they have found consistent common ground in many other areas. Russia has provided nuclear technologies and knowledge, sold arms and military equipment to Iran, and supposed an increased role for Iran in regional

---

① Goble, p.4.

② Paul Goble, "Azerbaijan After Georgia: Ten Shattered Assumptions of Azerbaijani Foreign Policy," *Azerbaijan in the World*, Volume I, No. 14 (September 1, 2008), p.6.

③ Parker, pp.147–148.

politics.① In March of 2008 Russia sent a shipment of 14 tons of materials for Iran's nuclear plant. Azerbaijan delayed the shipment for several weeks, straining relations with Iran and Russia, but drawing international attention to the shipment by doing so.②

Russia has even advocated developing a counter-NATO organization that would include Iran.③ Russia has been losing steady influence in the Middle East and even in its own "backyard" of the Caucasus and Central Asia. The U.S. occupies both Iraq and Afghanistan, and also enjoys close relations with Turkey, Georgia and increasingly with Azerbaijan. Keeping Iran on its side in regional issues is an important long-term move by Moscow.

Iranian Policy on USA and Israel

Azerbaijan has actively sought positive relations with both the United States and Israel. Azerbaijan has welcomed America's involvement in the region since its independence. Likewise, Azerbaijan has developed strong economic ties with Israel including using Israel as a source for military asset purchases. Azerbaijan exported to Israel US$3.5 billion in oil and oil related goods in 2008 alone.④ At the same time, Iran has persistently used Israel and the United States as a focal point for its hostile rhetoric. After the Islamic revolution, the Supreme Leader identified the U.S. as "the Great Satan" and various Iranian officials have called for the destruction of the state of Israel and funded terrorist organizations in support of that effort.

This contradiction puts Azerbaijan in a difficult position. Azerbaijan would prefer to maintain positive relations with Iran, but also wants to continue

---

① Goble, "Is Iran The Main Beneficiary Of The Russian-Georgian War?" p.4.

② Paul Goble, "Baku's Detention Of Russian Nuclear Equipment Destined For Iran: Why It Happened And What It Means," *Azerbaijan in the World*, Volume I, No. 7 (May 1, 2008), pp.8–9.

③ Goble, "Is Iran The Main Beneficiary Of The Russian-Georgian War?" p.4.

④ Novruz Mammadov, "Azerbaijan's Relations with the Islamic World and the Countries of Asia," *Azerbaijan In Global Politics: Crafting Foreign Policy* (Baku: Azerbaijan Diplomatic Academy, 2009), p.165.

fostering good relations with the U.S. and Israel. To navigate this difficult position, Azerbaijan has often taken a "slow and steady" approach, not moving too fast or too openly in its relations with the West and Israel, so as not to irritate Tehran. While this approach has largely been successful, relations with the U.S. might have developed further at this point if the problems in its foreign relations with Iran did not exist. Relations with Israel issues in particular have been retarded.①

The Iranian-Azerbaijani Friendship Treaty of 2002 has been used by Ilham Aliyev to demonstrate that Azerbaijan would never allow its territory to be used for aggression against Iran.② The treaty would seem to alleviate any concern of Iran's enemies using Azerbaijan as part of any efforts against it, but this has not been the case. One clear example is Putin's surprising offer to the U.S. to allow the use of the Qabala radar station in Azerbaijan for its missile defense grid. The announcement surprised the world, especially Iran.③ Putin claimed to already have the consent of Azerbaijan, which naturally soured relations between Azerbaijan and Iran. Azerbaijan's slow but steady efforts to cultivate closer relations with the EU, Israel and the U.S. will continue making Iran suspect that in a conflict Azerbaijan would side with Iran's declared enemies. While Azerbaijan's choice of alignment in world politics makes very good sense, it will only worsen Azerbaijan-Iranian relations in the years to come.

Iran's Support for Religious Fundamentalism in Azerbaijan

While the wars between Chechnya and Russia have resulted in an influx of Wahhabist Muslims to the Caucasus via Azerbaijan, there has also been an increase in Shi'ite activities and influence. As early as in 1991 fundamentalist from Iran were crossing the open borders and entering into Azerbaijan. This

① Rashad Guseinov, "The Main Development Trends in Bilateral Relations Between Azerbaijan and Israel," *The Caucasus and Globalization,* Vol. 2, Issue 1 (2008).

② Parker, p.287.

③ Ibid., p.304.

started primarily in the form of Iranian Azeri clerics.① At the same time Tehran was becoming concerned about the reverse flow of nationalistic sentiments from the north to the south.

Soon Tehran was contributing directly to the efforts to re-establish strong Shi'ite Islamic identity in Azerbaijan. Financing was provided for the building of Mosques and the invitation of students to receive clerical training in Iran.② As early as in 1992, Iranian interests became apparent with the formation of the Iranian backs political party in Azerbaijan, the Islamic Party of Azerbaijan. The organization was forcibly shutdown by the Azerbaijani government in 1995.③ Iran might see these efforts as their duty to "revive" Islam in Azerbaijan, but Azerbaijan does not always see it the same way. While Azerbaijan has been generally open to renewed Islamic activities in the new republic, it does not want to import the Iranian Islamic revolution. The advent of Islamic militants and unrestrained Iranian influence in Azerbaijan's religious communities have led to increased concern. Recently the Azerbaijani parliament passed a new law requiring that clerics must have received their religious training in Azerbaijan and not abroad.

Tehran might also see these as efforts drawing the two nations closer by building common religious views, however the opposite will be the case. Azerbaijan has no interest in radical ideologies and specifically does not want to allow the possibility of increased foreign influence, increased militant ideology, nor of its conclusion, an Islamic revolution. Azerbaijan will continue being weary of Iranian religious influence and this will strain relations.

Conclusion

Azerbaijan and Iran have much in common as they are common in

① Goltz, pp.62–63.

② Tadeusz Swietochowski ,"Azerbaijan: The Hidden Faces of Islam," *World Policy Journal*, Vol. XIX, No. 3 (Summer 2002), p.73.

③ Swietochowski, p.74.

heritage, ethnic groups, religious affiliation, cultural influences, strategic borders, and claim on the resourceful Caspian Sea. They have also proven to be valuable trade partners to each other in recent years. History would seem to be against positive relations, given the past conquests by Iran or attempts by Russia to annex Iranian Azerbaijan via Caucasian Azerbaijan. Also in the way of good relations has at times been the modern view that ethnic groups are entitled to their own state, which has led to movements in favor of a unified Azerbaijani state. However, these issues do not present the most significant challenges to Azerbaijan's relations with Iran. Instead, the largest problems today revolve around the very modern and current issues of energy politics, economic security, polar alignment in the international community, territorial integrity and disputes, and cultural security.

The dispute over the Caspian Sea, competition over pipeline routes, East-West polarization, the Nagorno-Karabagh issue, and religious ideology conflicts are all ongoing stresses in Azerbaijani-Iranian relations. In the areas of energy and economics, Azerbaijan seems to have had the most success, often at Iran's expense. In the matter of Caspian Sea resources, Azerbaijan's claim to 21% of the Sea has held, although the Alborz field has not been fully explored due to the conflict. In pipeline development, Azerbaijan has consistently beaten out Iranian pipeline options and become the future corridor for Central Asian oil and gas. Iran's ongoing animosity with Israel and the U.S. also prove a major challenge. As Azerbaijan slowly draws closer to its strategic allies, Iran's conflict with the same parties is coming to a head over the nuclear issue. Iran has also aligned itself with Azerbaijan's enemy, Armenia, and with Russia, Armenia's other major supporter. This leaves Iran and Azerbaijan aligned with two different poles in the region. Iran has successfully maintained its territory by repressing any Iranian Azerbaijani cessation movements, while supporting the cessation of Nagorno-Karabagh, at least through material means and cooperation. Lastly, Iran has worked to invest in shaping Islam within Azerbaijan at times to a degree that has made Azerbaijan uncomfortable.

There does not seem to be any clear solution to any of these issues.

Possible political change in Tehran or shifts due to the Iranian nuclear crisis may open new doors or change the landscape in such a way that would allow for improvement. However, for the time being, Azerbaijan will have to continue taking these challenges into consideration in all of its dealings and relations with the state of Iran.

References

1. Gasanly, Jamil. "Iranian Azerbaijan: The Epicenter of a Cold War". *The Caucasus and Globalization* Vol. 2 Issue 1 (2008).
2. Ghafouri, Mahmoud. "The Caspian Sea" *Middle East Policy*. Vol. XV, No. 2 (Summer 2008).
3. Goble, Paul. "Baku's Detention Of Russian Nuclear Equipment Destined For Iran: Why It Happened And What It Means," *Azerbaijan in the World*, Volume I, No. 7 (May 1, 2008).
4. Goble, Paul. "Azerbaijan After Georgia: Ten Shattered Assumptions of Azerbaijani Foreign Policy," *Azerbaijan in the World*, Volume I, No. 14–15 (September 1, 2008).
5. Goble, Paul. "Is Iran The Main Beneficiary Of The Russian-Georgian War?" *Azerbaijan in the World*, Volume I, No. 21 (December 1, 2008).
6. Goltz, Thomas. *Azerbaijan Diary: A Rogue Reporter's Adventures in an Oil-Rich, War-Torn, Post-Soviet Republic*. NY: M. E. Sharpe (1999).
7. Guseinov, Rashad. "The Main Development Trends in Bilateral Relations Between Azerbaijan and Israel," *The Caucasus and Globalization*, Vol. 2 Issue 1 (2008).
8. Hajiyev, Asef. Interview: "The closer positions of Azerbaijan and Iran, the better: Azerbaijani MP," *Today Az* news site, http://www.today.az/news/politics/56983.html, Accessed: 28/10/2009.
9. Hasanli, Jamil. "The Republic of Azerbaijan in International Relations Systems (1918–1920)," *Azerbaijan In Global Politics: Crafting Foreign Policy*, Baku: Azerbaijan Diplomatic Academy (2009).
10. Heyat, Farideh. "The Resurgence Of Islam In A Post-Soviet Azerbaijan," *Azerbaijan in the World*, Volume I, No. 13 (August 1, 2008).
11. Inandzh, Gulnara. "Iran's Growing Role in the South Caucasus," *Azerbaijan in the World*, Volume I, Issue 21 (December 1, 2008).

12. LeVine, Steve. *The Oil and the Glory*. NY: Random House (2007).
13. Mammadov, Novruz. "Azerbaijan's Relations with the Islamic World and the Countries of Asia," *Azerbaijan In Global Politics: Crafting Foreign Policy*, Baku: Azerbaijan Diplomatic Academy (2009).
14. Parker, John W. *Persian Dreams: Moscow and Tehran Since the Fall of the Shah*. Washington D.C.: Potomac Book, Inc. (2009).
15. Swietochowski, Tadeusz. "Azerbaijan: The Hidden Faces of Islam," *World Policy Journal*, Vol. XIX, No. 3 (Fall 2002).

伊朗对阿塞拜疆外交政策的挑战

〔哈萨克斯坦〕法伊格·阿加巴拉耶夫（北京大学阿拉伯语系）

【内容提要】伊朗是阿塞拜疆在高加索地区最重要的邻国之一，对阿塞拜疆的外交政策施加着重要影响。本文回顾了 17 世纪以来阿塞拜疆—伊朗两国关系，重点分析了阿独立以来伊朗对其外交政策构成的挑战。本文的分析表面，能源政治、经济安全、国际盟友关系、领土完整纠纷、文化安全等现当代事务，最终构成了影响阿—伊两国双边关系的最主要障碍。

【关键词】阿塞拜疆　伊朗　外交政策

叙利亚德鲁兹派：认同、利益与挑战

李海鹏 *

【内容提要】德鲁兹派是叙利亚除阿拉维派之外最重要的伊斯兰少数教派之一，今主要分布于大马士革东南部的苏伟达省。近现代以来的历史经验造就了德鲁兹派对复兴党推行的世俗主义、阿拉伯民族主义的强烈认同。阿萨德家族执政以来，德鲁兹派精英在叙利亚政治体制中得到充分整合，同时教派人口结构、德鲁兹社群间的跨国联系以及移民网络也在一定程度上缓解了山区面临的社会经济压力。叙利亚危机爆发以来，现实利益、教派生存环境、集体认同等诸多考量决定了德鲁兹派总体保持中立立场。2013~2014 年，以“伊斯兰国”、“努斯拉阵线”为代表的伊斯兰极端主义势力在叙利亚迅速崛起，对叙德鲁兹派的生存产生了重大威胁，迫使后者在继续艰难维持中立的同时转向自卫性军事防御立场。

【关键词】德鲁兹派　叙利亚　叙利亚内战　伊斯兰极端主义

叙利亚危机爆发以来，叙各少数族群特别是叙库尔德人即成为国内学界判断叙利亚局势走势时关注的焦点之一，对其的分析中不乏一些略显偏颇的概括化论断。本文试图以叙利亚德鲁兹派为案例，通过对政治危机中教派集体认同、利益考量及内外部结构性条件间复杂互动的分析，从一个侧面揭示当前叙各少数族群政治立场的复杂性及其生存处境的脆弱性。

叙利亚德鲁兹人口主要聚居于大马士革东南部的苏伟达省（al-Suwaydā’），

* 李海鹏，北京大学外国语学院阿拉伯语系博士研究生。

此外在大马士革农村省（Rīf Dimashq）西南部、库奈特拉省（Qunaytirah）的谢赫山（Jabal al-Shaykh）东麓地区、大马士革农村省东南部的哲拉马纳镇（Jaramānā）以及叙北部伊德利卜省（Idlib）的素麦格山（Jabal al-Summāq）地区也有少量分布。德鲁兹派虽仅占叙全国总人口的3%，[①]但在叙利亚现代历史中长期扮演着远超其人口比重的重要角色。苏伟达省扼守大马士革东南门户，与德拉及大马士革农村省两个反对派武装活动中心毗邻，未来可能成为政府军和反对派争夺的重点区域。德鲁兹派在叙利亚人口分布相对集中，且是一个分布于叙、黎、以、约四国的跨国族群，在黎、以两国都有重要的政治影响，因而在未来关于叙利亚危机的任何政治解决方案中，德鲁兹派都是不容忽视的重要因素。

一　叙利亚德鲁兹社群的形成及其集体认同

德鲁兹派（Durzī，复数 Durūz）是由什叶派伊斯玛仪支派（Ismā'īliyyah）分化而来的宗教社群。“德鲁兹”一词源于该教派兴起阶段一位突厥裔传道师穆罕默德·本·伊斯玛仪·德赖齐（Muḥammad b. Ismā'īl al-Darazī）之名，教派成员常用的自称为“独一神论信徒”（Muwaḥḥidūn）。德鲁兹派起源于法特梅王朝时期一个以神化哈里发哈基木·比·艾姆里拉（al-Ḥākim bi-Amr Allāh，996~1021 年在位）为核心教义的新宗派运动。哈基木神秘失踪后，该运动追随者遭到迫害，但仍在黎巴嫩山南部及叙利亚部分地区获得了稳定的落脚点并流传至今。马木鲁克王朝时期，德鲁兹世俗领袖家族确立了对黎巴嫩山南部封地的世袭权力，以“智者”（'uqqāl）与“俗人”（juhhāl）二分为基础的宗教等级结构也逐渐成形，德鲁兹派转变为一个世俗与宗教权威相分离、遵循独特伦理体系（灵魂转世说、教胞互助信条等）、实行内婚制的封闭族群。

叙利亚苏伟达省德鲁兹社群的成形则是一个相对晚近的事件。1711 年、18 世纪末 19 世纪初期及 1860~1861 年，受德鲁兹家族派系争斗、地方强人压迫、大规模教派冲突以及西方军事干预的影响，德鲁兹派经历了三次

① 据美国中央情报局《世界概况》（*The World Factbook*）估算，2014 年叙利亚总人口为 17064854 人，其中德鲁兹派所占比例约为 3%，即约 51.2 万人，https://www.cia.gov/library/publications/the-world-factbook/geos/le.html。

大规模人口流散，巴勒斯坦、叙北部尤其是黎巴嫩山地区的德鲁兹人口开始迁往大马士革南部豪兰（Hawrān）平原（即今叙利亚德拉省）东部的山地地区定居。[①] 黎巴嫩山自治省时期（1861~1915年）黎德鲁兹派的政治边缘化更加速了这一人口流动。至19世纪末期，豪兰山区开始越来越多地被称为"德鲁兹山"（Jabal al-Durūz），成为奥斯曼帝国内与黎巴嫩山并立的两大德鲁兹聚居区之一。

自社团形成之初，豪兰山区相对封闭的地理环境、移民社会的组织方式、与平原逊尼派村落及荒漠贝督因部落的生存竞争关系，便造就了豪兰德鲁兹社群带有强烈部落色彩的"谢赫制"（al-nizām al-mashyakhī）社会结构、紧密的团体忠诚（al-'asabiyyah）和强烈的政治独立意识。奥斯曼帝国坦齐马特改革后期，中央政府试图将重要边缘地区纳入帝国政治轨道，也因而与德鲁兹的政治独立倾向发生了严重冲突—— 1862、1885、1910年，奥斯曼政府三次对德鲁兹山地区发动惩戒性远征。军事对抗以及帝国政治整合政策对豪兰德鲁兹社群的社会—政治结构、集体记忆乃至教派认同发生了深远影响：一方面，奥斯曼政府通过行政区划和对德鲁兹精英的吸纳政策，初步完成了对山区的政治整合和社会控制，德鲁兹山正式成为帝国叙利亚行省所属豪兰桑贾克（sanjak）下辖的一个第三级行政区（qadā'），而第四级行政区（nāhiyah）的边界基本与山区最重要的四大谢赫家族的控制范围一致，艾特赖什（al-Atrash）家族则逐渐成为豪兰德鲁兹社团中最重要的世俗领袖家族；[②] 另一方面，奥斯曼政府创制了"宗教长老"（shaykh al-'aql）一职，作为德鲁兹派与地方政府交涉时的官方代表，后来这一职位逐渐成为奥斯曼乃至法国委任政府维持在山区统治的重要基石。同时，反抗奥斯曼人压迫，维护社群自由、荣耀的记忆和神话通过口传民谣等方式流传至今，构成了豪兰德鲁兹集体记忆、族群认同的重要组成部分。

法国委任统治时期（1920~1943年），德鲁兹山地区的自治经历、法国

① Kais M. Firro *A History of the Druzes*（London；New York；Koln：E. J. Brill，1992），pp.37-53，129-137.

② Birgit Schaebler，"State（s）Power and the Druzes：Integration and the Struggle for Social Control（1838-1949），" in Thomas Philipp & Birgit Schaebler，eds.，*The Syrian Land：Processes of Integration and Fragmentation：Bilād al-Shām from the 18th to the 20th century*（Stuttgart：Franz Steiner Verlag，1998），pp.337-339.

殖民者的少数族裔政策以及阿拉伯民族主义的兴起都对叙德鲁兹社群的集体认同产生了重要影响。自 1921 年 10 月法国委任统治当局宣布“德鲁兹山国”（État du Djebel druze）成立直至 1936 年，德鲁兹山地区一直享受着脱离于大马士革政府的独立行政地位。同时，法国委任统治政府通过吸纳传统政治精英、构建“少数族裔权利”话语、推动个人身份法改革等一系列政策，[①] 竭力加大德鲁兹政治精英与大马士革民族主义者之间的距离。此外，1925~1927 年德鲁兹领袖苏尔坦·艾特赖什（Sultān al-Atrash）发动并领导了反对法国殖民统治的“叙利亚大起义”，叙德鲁兹民众在斗争中做出了重大牺牲。因而，法国委任统治时期历史经验同时产生了“离心力”和“向心力”，德鲁兹精英中亲法和反法两派共存，这些都对独立后德鲁兹山区与叙利亚现代民族—国家的关系产生了深远影响。“叙利亚大起义”则构成了叙德鲁兹派族群认同的重要内核——反抗暴政、反殖民、阿拉伯民族主义旗手的历史光环不仅极大地强化了叙德鲁兹社群的教派自豪感，也成为其区别于叙其他教派的最重要政治—文化资本。

二 教派主义与独立初期叙利亚国家建构，1943~1970 年

自独立起直至 20 世纪 70 年代初，叙利亚经历了长达近 30 年的政治动荡期。这一时期，中央政府在国家建构中推行的整合政策，遵循世俗民族主义、阿拉伯社会主义的现代政党的崛起，以及一个职业化军官集团的日益政治化，都对叙德鲁兹社群与中央政府的关系及其对新兴民族—国家的认同产生了重要影响。

1943 年独立之初，在原德鲁兹山国基础上重建的“苏伟达省”（Muhāfazah al-Suwaydā'）即成为叙利亚新成立的 14 个行省之一，然而，大马士革政府的中央化政策很快即与德鲁兹领袖维持半自治状态的政治诉求发生严重冲突。独立之初，叙中央政府对德鲁兹山区采取了一系列整合措施。舒克里·古瓦特里（Shukrī Quwwatlī，1943~1949 年在任）任总统

① Philip S. Khoury, *Syrian and the French Mandate: The Politics of Arab Nationalism, 1920-1945* (Princeton, N. J.: Princeton University Press, 1987), pp.55-61; Benjamin Thomas White, *The Emergence of Minorities in the Middle East: The Politics of Community in French Mandate Syria* (Edinburgh: Edinburgh University Press, 2012), pp.167-191.

期间，干预苏伟达地方议会选举，甚至公然介入叙德鲁兹内部矛盾，支持山区内反对艾特赖什家族特权的农民叛乱。艾迪卜·谢沙克里（Adīb al-Shishaklī，1949~1954 年在任）执政期间，着力于控制山区合法和非法的资金来源，有意忽视这一地区经济发展，通过通信发展、军事部署遏制山区的政治、军事独立倾向，甚至尝试打破德鲁兹领袖家族对山区重要行政职位的垄断、逐步削弱德鲁兹军官在叙军队中的影响。① 这些措施从根本上威胁到叙德鲁兹派，尤其是传统领袖家族的生存空间，因而遭到后者的强烈抵制，最终引发了 1954 年 1 月谢沙克里调动政府军炮轰苏伟达事件。② 可以说，经过建国初期的激烈整合与冲突，德鲁兹山—国家的关系已发生了根本改变：叙德鲁兹社群决定性地失去了与大马士革中央政府博弈的军事能力，通过经济整合、政治参与融入叙利亚社会成为维系社群生存的唯一途径；以艾特赖什家族为首的传统领袖家族仍保持着其社群—国家中间人的政治角色，但其政治权威已明显削弱。

20 世纪 30~60 年代，叙利亚经历了深刻的社会变迁——人口迅速增长，城乡区隔趋于瓦解，一个接受世俗教育的新兴中产阶层兴起，传统社会纽带受到巨大冲击；与之相应的是，一个职业化军官集团逐渐崛起，现代政党组织也发展迅速。可以说，这一进程对包括德鲁兹派在内的叙少数族裔政治命运的影响尤为关键。委任统治时期，法国殖民当局即在“黎凡特特别部队”（Troupes spéciales du Levant）的招募中倾向于包括德鲁兹派在内的叙少数族裔。③ 独立后，大量德鲁兹青年将进入军队服役作为向上流动的重要途径。至 20 世纪 50 年代初，一批德鲁兹军官已晋升至重要的军事职位，并直接参与了 1949~1954 年的一系列军事政变；1963 年复兴党取得政权前，更有少数德鲁兹军官进入了复兴党军事部门的权力核心。与此同时，在左翼政治、阿拉伯民族主义兴起的地区背景下，一批德鲁兹知识分子开始在阿拉伯复兴社会党的影响下进入全国政治舞台：很多早年就

① Joshua Landis, “Shishaklī and the Druzes: Integration and Intransigence,” in Thomas Philipp & Birgit Schaebler, eds., *The Syrian Land: Processes of Integration and Fragmentation: Bilād al-Shām from the 18th to the 20th century* (Stuttgart: Franz Steiner Verlag, 1998), pp.379–388.

② Patrick Seale, *The Struggle for Syria: A Study of Post-War Arab Politics, 1945-1958* (London: I.B. Tauris & Co. Ltd, 1965), pp. 134–141.

③ Hanna Batatu, *Syria's Peasantry, the Descendants of its Lesser Rural Notables, and Their Politics* (Princeton, New Jersey: Princeton University Press, 1999), pp.157–159; Philip S. Khoury, *Syrian and the French Mandate*, p.89.

读于大马士革的德鲁兹学生成为复兴党创始人最早的一批追随者；1954 年夏，第一批接受了复兴党意识形态的德鲁兹青年回到山区，至 50 年代末，他们已赢得了一批德鲁兹村民的支持，这些人后来也构成了复兴党地区党组织的领导核心。① 随着复兴党向军官层的渗透，以及党的权力中心向其军事部门的转移，至 60 年代初，复兴党德鲁兹军官集团已成为一支不可忽视的政治力量。应该说，尽管德鲁兹政治、军事精英在随后的政治斗争中失势，但复兴党世俗主义、社会主义的意识形态对德鲁兹精英、民众的影响力却不容低估。

1963 年复兴党夺取政权后，党内和军队内部的政治斗争趋于白热化。这一时期，复兴党文职部门和军官层的德鲁兹精英曾一度接近叙利亚权力中心，但最终都在党内权力斗争中陨落。夺取政权初期，复兴党地区中央（al-Qiyādah al-Qutriyyah）中曾出现以德鲁兹人哈姆德·舒菲（Hammūd al-Shūfī）为首，代表党内“极左”思潮的“舒菲集团”，他本人更是在 1963 年 9 月至 1964 年 2 月担任地区中央总书记一职。1964~1965 年，在与党内军事部门以及其他意识形态集团的斗争中，该集团包括哈姆德在内的很多重要成员被驱逐出党。1966 年 2 月 23 日政变后，作为复兴党“元老派”重要成员的曼苏尔·艾特赖什（Mansūr al-Atrash）也遭到清洗。②1966 年 9 月，德鲁兹少校赛里木·哈图姆（Salīm Hātūm）发动政变未遂。政变失败后，大量德鲁兹军官，乃至山区复兴党支部成员都遭到清洗，叙德鲁兹派在复兴党和军队内的政治势力遭受致命打击。③ 可以说，这一时期波谲云诡的政治局势直接决定了阿萨德时期德鲁兹派政治边缘化的命运：失去了军队中具有独立影响的军官集团的支持，德鲁兹派实际上再次被排除出了叙利亚的权力核心；1966 年未遂政变在阿拉维权力中心与德鲁兹派之间造成了深层的相互不信任；在军队、党组内新兴德鲁兹精英遭到大规模清洗的情况下，吸纳传统地方精英成为阿萨德时代的复兴党政权实现对山区政治控制的主要途径。

---

① Raymond A. Hinnebusch, *Authoritarian Power and State Formation in Ba'thist Syria: Army, Party, and Peasant* (Boulder, San Francisco & Oxford: Westview Press, 1990), pp.65, 245.

② Ibid., p.244.

③ Nikolaos van Dam, *The Struggle for Power in Syria: Politics and Society under Asad and the Ba'th Party* (London; New York: I.B. Tauris Publishers, 1996), pp.48–58.

三　复兴党体制内教派利益的表达与调适，1970~2011年

美国政治学家林德布洛姆将政府获取民众服从的手段归纳为三类，即强制力、收买/利益和说服。[①] 可以说，在由哈菲兹·阿萨德所发展、完善的复兴党统治机器中，党组机构（及其附属法团机构）、官僚体系、军事—安全机构正是从不同角度执行着上述三个功能的。对叙德鲁兹派而言，强制力因素主要表现为叙军事—安全部门在苏伟达省的分支机构，且这些机构主要由来自其他省份的非德鲁兹人员构成。在国家濡化能力方面，尽管对复兴党官方意识形态有所保留，[②] 但在1978~1982年伊斯兰极端主义团体发动暴力活动后，社群整体上仍强烈认同阿萨德政权的世俗主义、泛阿拉伯主义倾向。然而，决定德鲁兹派对阿萨德政权立场的最重要因素仍是利益因素，亦即在复兴党体制内的政治和经济利益。

1986~1987年，叙利亚政府开始尝试有限度的经济自由化改革（al-Infitāh），这一改革对叙社会各阶层利益分流产生了重大影响：以外贸、短期回报性投资为主的私有部门迅速崛起，部分资本精英与权力中心关系密切；一个由政权核心人物、军事—安全部门高层将领、上层文职官僚、前公有部门领导组成的新“国家资产阶级”逐渐形成；公有部门和政府中下层职员在改革中获益甚微，1994~2004年其工资、福利水平停滞不前；劳工、农民阶层的利益则受到直接威胁。[③] 巴沙尔·阿萨德继位以来，经济自由化改革继续得到稳步推进，而原有的权力—资本集团则发生重大洗牌，一个与总统家族有直接亲缘关系的寡头集团垄断了最核心的商业利益，“保守派”政治元老的利益网络遭受重大打击；同时，复兴党权力机构在政府决策中的作用也被进一步弱化。

应该说，自20世纪80年代末直至巴沙尔时期的经济自由化改革，以

① 王绍光:《中国公共政策议程设置的模式》，载王绍光《安邦之道：国家转型的目标与途径》，生活·读书·新知三联书店，2007，第144页。

② Birgit Schaebler, “Constructing an Identity between Arabism and Islam,” pp.71–74; Michael Provence, *The Great Syrian Revolt and the Rise of Arab Nationalism* (Austin: University of Texas Press, 2005), pp.15–16.

③ Bassam Haddad, *Business Networks in Syria: The Political Economy of Authoritarian Resilience* (Stanford, California: Stanford University Press, 2012), pp.64–69, 140–142.

小农、公有部门和政府机关职员为主的德鲁兹派并非受益者。苏伟达是一个农业省份，90年代末期全省57%的成年劳动人口从事与农业相关的工作，其支柱产业是经济作物，特别是苹果等果树的种植。[①]20世纪80年代中期以来，部分德鲁兹归国移民开始投资山区城市不动产、商业区开发以及农业—食品三大领域，但限于其教派身份和政治资源难以超越山区经济环境的束缚。对德鲁兹商人和小农而言，教派身份决定了其在大马士革、阿勒颇等主要城市缺乏必要的商业网络，因而在产品销售、运输、储藏等环节他们难以摆脱逊尼派城市批发商、运输商的控制和盘剥。此外，苏伟达省是叙所有边境省份中唯一一个没有出入境口岸的，因而德鲁兹农民很难直接受益于发展迅速的农产品出口贸易。落后的交通基础设施也限制了山区经济发展潜力的发挥：自叙利亚独立直至20世纪70年代中期，山区一直处于叙全国性交通网络的边缘——1975年，苏伟达市仅通过一条贯穿山区北部的二级国道与大马士革相连，直至1996年，一条连接苏伟达市与大马士革的一级国道才正式通车。[②]

在山区严重滞后于全国经济、社会发展的情况下，吸纳德鲁兹精英、扶植地方庇护网络，就成为叙利亚政府实现对山区政治控制的主要途径。相对于其人口比例，叙德鲁兹派政治利益在叙利亚政治系统——无论是在中央还是地方政府层面——都得到了充分表达：叙利亚议会中，苏伟达省占据了6个议席；行政职位方面，历任内阁中至少保留1名负责内政事务的德鲁兹部长；由21人组成的复兴党最高决策机构“地区中央”（al-qiyādah al-qutriyyah）中通常也会有一名德鲁兹成员。[③]但可以肯定的是，德鲁兹精英始终处于中央政府权力中心的外围。在地方和基层两个层面，除苏伟达省省长职位外，德鲁兹传统领袖家族几乎垄断了省政府行政、立法—咨询以及党组机构的所有重要职位，次级行政单位（mintaqah，nāhiyah）的划分

① Cyril Roussel, “L’agriculture dans la montagne druze (Syrie) entre clientélisme, blocages communautaires et libéralisation économique: un développement durable pour le paysan druze? ,” *Géocarrefour*, Vol. 83/3/2008, p.213.

② Cyril Roussel, *Les Druzes de Syrie: territoire et mobilité* (Beyrouth: Presses de l’Ifpo, 2011), p.106.

③ Birgit Schaebler, “Constructing an Identity between Arabism and Islam: The Druzes in Syria,” *The Muslim World*, Volume 103, Issue 1 (January 2013), p.69.

则基本与重要德鲁兹家族的传统势力范围保持一致。① 尽管自 20 世纪 80 年代中期以来，出口导向的商业化农业经济迅速发展，但叙利亚政府并未完全放弃 1964 年土改以来建立的农业合作机制：20 世纪 90 年代末期，山区农民中近半数人口仍是合作社成员，加入合作社、农民协会在很大程度上成为农民获得农业银行贷款的前提条件；山区重要领袖家族则长期控制着农村合作社和农业银行的领导职位。② 可见，传统领袖家族成为复兴党政权"顶层设计"受益者，他们也是叙政府实现对山区社会控制的主要媒介。同时，德鲁兹宗教学者集团日益成为叙政府实现对山区控制的另一主要支柱：自 19 世纪后半叶由奥斯曼官方创制并体制化后，德鲁兹宗教长老的职位就长期被哲尔布阿（Jarbū‘）、哈奈维（al-Hannāwī）和哈哲利（al-Hajarī）三大家族垄断。1982 年苏尔坦・艾特赖什病逝后，哈菲兹・阿萨德开始大力扶植亲政府的德鲁兹宗教长老。这一政策在巴沙尔・阿萨德时期得到进一步强化，侯赛因・哲尔布阿（Husayn Jarbū‘）已成为叙政府最倚重的德鲁兹社群代言人。

值得注意的是，苏伟达省的人口结构特点、德鲁兹社群间的跨国联系以及山区大规模移民网络等因素，在一定程度上有助于缓解山区面临的经济困境和社会压力。1960~2004 年，德鲁兹山地区人口年增长率持续下降，且自 20 世纪 70 年代起就低于叙全国平均水平。在人口年龄构成方面，其 15 岁以下人口比例明显低于叙全国平均水平。③ 这一人口结构以及移民造成的人口外流，决定了该省青年劳动力所面临的失业压力相对低于叙其他省份。此外，叙德鲁兹社群与黎、约德鲁兹社群之间的贸易、人员往来密切：部分叙德鲁兹商人利用叙、黎社群间密切的交通联系从事商品走私活动，叙德鲁兹青年，尤其是假期中的学生常前往贝鲁特、舒夫、约旦等地从事短期劳务工作，这一教派内部的跨国贸易、劳务网络无疑有助于缓解叙德鲁兹社群面临的经济、就业压力。最后，叙德鲁兹社群具有悠久的移民传统，根据 2004 年叙官方人口统计数据，苏伟达省是叙利亚男性劳动力

---

① Cyril Roussel, "L'interface des grandes familles druzes entre local et national," *Revue des Mondes Musulmans et de la Méditerranée*, n° 115–116, Aix-en-Provence, pp.135–153.

② Cyril Roussel, "L'agriculture dans la montagne druze (Syrie) entre clientélisme, blocages communautaires et libéralisation économique," pp.215–216.

③ Cyril Roussel, *Les Druzes de Syrie*, p.223, figure 15.

人口外流第二严重的省份（仅次于伊德利卜省），其主要原因是长期海外劳务和移民，主要对象国分别为海湾富油国（沙特、科威特）、利比亚和拉丁美洲国家（委内瑞拉、巴西等）。[①] 正如上文所述，20 世纪 80 年代中期以来，一个新兴德鲁兹商人—农业企业家阶层的兴起，在一定程度上加速了山区农业的商业化进程，为长期受到政府忽视的山区经济注入了新的活力。可以说，对叙德鲁兹派而言，体制外因素尤其是跨国教派、移民网络，在很大程度上弥补了其在体制内利益分配格局中的不利地位。

四 极端伊斯兰主义威胁与教派生存困境，2011~2015 年

2011 年 3~4 月，即叙利亚政治危机爆发之初，苏伟达省内也曾出现小规模示威活动，参与者主要是来自山区精英阶层的律师、工程师、左翼积极分子以及学生，宗教学者集团对这一群体的政治动员持保留态度。[②] 然而，随着 2011 年底 2012 年初军事冲突的迅速升级，世俗反对派在山区迅速被边缘化，反政府示威活动基本消失。尽管少数参与军事冲突的德鲁兹人中大多数站在叙政府军一方，但苏伟达省民众总体上持观望态度，同时苏伟达接收了来自周边省份的大量难民；[③] 德鲁兹宗教学者则更是明确反对山区居民参与示威活动或军事冲突，同时避免公开表明立场。

1. 中立立场的成型

首先，尽一切可能避免卷入内战暴力，以及对内战走向的基本判断，成为叙德鲁兹社群长期采取观望态度的基本出发点。一方面，德鲁兹派仅占叙人口总数的 3%，且无力确保阿拉维派主导的叙政府军精英部队的保护，因而无法承受卷入内战可能引发的大规模人员伤亡。另一方面，山区人口半数以上集中于以苏伟达为中心的中西部丘陵走廊，与逊尼派占绝对

① Ibid., pp.126 & 131, Table 13.

② Mona Alami, “Druze Take up the Fight,” https://now.mmedia.me/lb/en/reportsfeatures/druze_take_up_the_fight.

③ Marlin Dick, “Swaida: Resistance in Quiet Part of Syria,” *The Daily Star*, http://www.dailystar.com.lb/News/Middle-East/2013/Jan-08/201228-swaida-resistance-in-quiet-part-of-syria.ashx#axzz3D4BeHMUt.

多数的叙南部反对派活动中心德拉省紧邻。[①] 种种客观条件决定了“两不相助”才是德鲁兹派的最优选择。从内战战局的走向来看，内战爆发前两年战场局势并未显现出明朗化的趋势，政府军及其盟友与反对派在多数时间中处于拉锯战状态；“伊斯兰国”的崛起以及反对派武装各派系间的火并进一步加剧了叙利亚军事碎片化的局面。此外，2013 年下半年以来国际及中东地区局势发生的一系列戏剧性变化：2013 年 8 月叙利亚爆发化武危机，美国最终与俄罗斯达成妥协，并未对叙实施军事打击；2013 年 9 月伊朗大选后，美伊关系趋于缓和，就伊朗问题美国与沙特、以色列之间出现明显分歧；等等，都使叙利亚战事走向更加扑朔迷离。可以说，在军事冲突不断升级且日益带有教派色彩的背景下，避免被内战暴力波及成为德鲁兹精英和民众的首要关切，因而社群内绝大多数人表现出谨慎的观望态度。

其次，叙德鲁兹社群缺乏反对派对抗阿萨德政权的强烈动机。如上文所述，虽远离权力核心，内战前德鲁兹精英在叙政治系统中整合程度较高，传统领袖家族和宗教学者得到了政府的大力扶植；在社会经济领域，苏伟达省虽长期处于边缘地位，但其特有的社会—人口现实，教派和移民网络却在一定程度上起到“减压”作用，因而其面临的人口、失业等社会—经济问题相比德拉等省份稍显缓和；在治理方式层面，起义爆发以来阿萨德政府对山区整体采取怀柔政策，叙安全机构以相对温和的方式应对山区爆发的小规模抗议活动，避免杀戮或虐待示威者。就教派认同和历史经验而言，叙德鲁兹派支持世俗阿拉伯民族主义框架内各教派多元共存，对未来可能由逊尼派主导的政府——无论其更多强调世俗性质还是伊斯兰主义色彩——缺乏信任；同时，由于缺乏逊尼派对所谓“阿拉维派政权”的仇视，保守宗教学者和普通民众更强调共存和稳定的重要性。另外，德鲁兹反对派多来自世俗精英阶层，在山区内部影响力极为有限，山区外部各反对派集团对德鲁兹派的“拉力”也明显不足。可见，精英政治利益、普通民众的社会—经济状况、德鲁兹派政治认同以及反对派动员能力的乏力，都决定了绝大多数德鲁兹精英和民众对反对派事业缺乏热情。

最后，在对叙利亚政府的立场方面，尽管少数德鲁兹人站在叙政府军一方参与了军事冲突，同时叙政府通过教派主义动员、对叙政府军—安全

① Cyril Roussel, *Les Druzes de Syrie*, p.68.

部队中德鲁兹士兵的部署以及黎德鲁兹盟友游说等多种措施全力试图将德鲁兹社群“拉入”内战暴力冲突，德鲁兹精英总体上仍有意避免任何明确支持政府的政治表态。除避免卷入暴力冲突这一根本出发点外，黎德鲁兹领袖的介入对这一立场也产生了重要影响。叙内战爆发之初，黎德鲁兹领袖瓦利德·琼布拉特（Walīd Junblāṭ）曾公然支持推翻阿萨德政权，煽动叙德鲁兹人加入反对派武装，谴责德鲁兹合作者，甚至向多位叙利亚反对派和叛逃军官提供庇护。[①] 自2013年下半年起，尽管其立场发生重大变化，开始强调反对派与政府开展对话的重要性，琼布拉特仍公开呼吁叙德鲁兹派“警惕狭隘的教派主义观念，以免遭叙利亚政府利用”[②]。

2. 转向自卫性军事防御

自2013年以来，叙德鲁兹社群内部开始发生微妙变化，在坚守严格的中立立场同时开始强调军事自卫的必要性，德鲁兹民众政治动员水平迅速升级。2013年2月，德鲁兹武装人员在网上发布视频，宣布成立首支自卫性民兵武装“独一神论军”（Jaysh al-Muwahhidīn），明确表示不关心“打击恐怖分子，只关注保卫教派的土地和荣耀”[③]。至2015年8月，苏伟达省内德鲁兹民兵组织已分化为以“祖国之盾”（Dir‘ al-Watan）为代表的亲政府派和以“尊严之军”（Rijāl al-Karāmah）为首的相对独立派两派力量。[④]

究其原因，这一转向首先与“伊斯兰国”（al-Dawlah al-Islāmiyyah）、“努斯拉阵线”（Jabhah al-Nusrah）等伊斯兰极端主义组织的崛起密切相关。无论就其意识形态还是军事活动而言，这些组织都被包括德鲁兹派在内的叙少数族群视为对其生存的致命威胁。在意识形态层面，这些组织普遍强调严格实行带有瓦哈比色彩的伊斯兰教法，将德鲁兹派独特的信仰体系和

---

① Gary C.Gambill, “Syrian Druze: Toward Defiant Neutrality,” http: //www.meforum.org/3463/syrian-druze-neutrality; “Syria Druze Denounce Lebanese Saudi Reptile Walid Jumblatt,” https: //www.youtube.com/watch? v=sqeWvhwKvsM.

② “Jumblatt Issues Warning for Druze Sect in Syria,” *The Daily Star*, http: //www.dailystar.com.lb/News/Lebanon-News/2014/Aug-18/267590-jumblatt-issues-warning-for-druze-sect-in-syria.ashx.

③ Aymenn al-Tamimi, “The Druze Militias of Southern Syria,” http: //www.joshualandis.com/blog/druze-militias-southern-syria/.

④ Aymenn al-Tamimi, “The New Druze Militia Factions of Suwayda Province,” http: //www.joshualandis.com/blog/the-new-druze-militia-factions-of-suwayda-province/.

宗教传统视为必须加以纠正的异端邪说。2013 年下半年,"伊斯兰国"一度从叙利亚自由军武装手中夺取了伊德利卜省省会城市外的大部分地区,管理德鲁兹村庄的教法委员会随即要求村民"确认其伊斯兰信仰正统性",将德鲁兹功修堂(khalawāt)改造为清真寺,并强制男女村民遵循伊斯兰正统派的穿着规范。其间,德鲁兹宗教长老被迫发表联合声明,宣布皈依伊斯兰正统信仰,谴责灵魂转世学说。[①]2014 年 11 月初,"努斯拉阵线"从叙利亚自由军手中夺取了伊德利卜省素麦格山地区的控制权;次年 1 月,"努斯拉阵线"代表与该地区 14 个德鲁兹村庄的代表签署协议,声明村民已放弃德鲁兹信仰、皈依(逊尼派)伊斯兰教,强调在上述村庄中执行教法,尤其强调捣毁德鲁兹圣陵、修建固定的礼拜场所、向儿童和青少年讲授信条('aqīdah)和教法、妇女穿着遵循教法规定、学校中实行男女隔离等事宜。[②]伊德利卜省德鲁兹社群的处境迅速在叙、黎德鲁兹社群中引发极大震动。

对德鲁兹派而言,更危险的则是伊斯兰极端主义思想中所隐含的定叛观念。定叛(takfīr)意为"判定(或认定)某人为不信道者或叛道者"[③]。自 2003 年伊拉克战争爆发以来,以艾布·穆萨卜·扎卡维(Abū Mus'ab al-Zarqāwī,1966~2006)为首的部分伊斯兰极端主义者挪用并复活了罕百里派教法学家伊本·泰米叶(Ibn Taymiyyah,1263~1328)思想中的反什叶派因素,将定叛原则应用于什叶派及包括德鲁兹派在内的伊斯兰异端教派。2014 年 8 月"伊斯兰国"武装分子屠杀、强制迁徙伊拉克北部雅兹迪人事件发生后,黎德鲁兹领袖琼布拉特就曾在多个场合表示包括德鲁兹派在内的中东少数族群可能面临与雅兹迪人相似的命运。[④]2015 年 6 月 10 日,因房产纠纷,"努斯拉阵线"武装人员杀害了伊德利卜省盖勒卜·洛宰村(Qalb Lawzah)

---

① Firas Choufi, "ISIS Imposes 'Shari'a' on Idlib's Druze," http: //english.al-akhbar.com/content/syria-isis-imposes-'sharia'-idlib's-druze; Firas Choufi, "Saudi Preacher 'Guides' Syrian Druze to Wahhabi Salvation," http: //english.al-akhbar.com/content/saudi-preacher-"guides"-syrian-druze-wahhabi-salvation.

② Aymenn Jawad al-Tamimi, "Jabhat al-Nusra and the Druze of Idlib Province," http: //www.joshualandis.com/blog/jabhat-al-nusra-druze-idlib-province/.

③ 陈嘉厚等:《现代伊斯兰主义》,经济日报出版社,1998,第 149 页。

④ Mohmmed Zaatari, "Jumblatt Aims to Pre-empt Sectarian Strife," *The Daily Star*, http: //www.dailystar.com.lb/News/Lebanon-News/2014/Sep-23/271612-jumblatt-aims-to-pre-empt-sectarian-strife.ashx; Misbah al-Ali, "Jumblatt Worried about Druze in Syria, Security Backlash in Lebanon," *The Daily Star*, http: //www.dailystar.com.lb/News/Lebanon-News/2015/Jun-09/301166-jumblatt-worried-about-druze-in-syria-security-backlash-in-lebanon.ashx.

至少 23 名已“皈依伊斯兰教”的德鲁兹村民。[①] 尽管德鲁兹政治精英对盖勒卜·洛宰事件反应不同，但该事件显然极大强化了叙、黎德鲁兹民众对伊斯兰极端主义者的愤怒和恐惧。无独有偶，盖勒卜·洛宰事件后，“伊斯兰国”在第十期《达比格》（*Dabiq*）杂志中大肆“批驳努斯拉阵线”及其盟友对该事件做出官方致歉声明的做法，并援引伊本·泰米叶与德鲁兹派相关的法特瓦（教法新解），强调“德鲁兹派不应被视为顺民，而是比犹太人和基督徒更邪恶”，号召“在德鲁兹人忏悔并接受伊斯兰教的情况下，穆斯林政府仍须考虑到其‘谨防’（taqiyyah）原则而对其采取防御性措施”[②]。可以说，尽管在控制区治理中总体遵循实用主义原则，但随着内战深入而被标签化为“定叛主义分子”（takfīrist）的伊斯兰极端主义团体越来越被德鲁兹派视为对其社群生存的致命威胁。

在军事层面，伊斯兰极端主义团体也已成为叙德鲁兹人口中心苏伟达省所面临的迫在眉睫的军事威胁。内战爆发初期，叙反对派武装在苏伟达省内的首要打击对象是叙政府军空军基地等军事目标——早在 2012 年 12 月，以“努斯拉阵线”为首的近 300 名武装分子就曾对苏伟达省境内的一政府军基地发动过袭击。[③] 然而，考虑到豪兰山区德鲁兹社群与平原地区逊尼派社群间的长期龃龉以及亲政府德鲁兹民兵的存在，此类军事行动很快便染上逊尼派—德鲁兹教派冲突色彩：2014 年 8 月 16 日，贝督因武装人员在“努斯拉阵线”和德拉境内其他反对派组织支持下向苏伟达省北部的达马（Dāmā）和德尔·达马（Dayr Dāmā）两村庄发动袭击，造成 10 多名德鲁兹平民死亡，其中包括 3 名宗教人士。这一事件直接加速了叙德鲁兹民意的分化，部分新兴地方领袖发表措施强硬的声明，警告叙政府和反对派“苏伟达省人民……拒绝且不会接受任何敌对行为，不会保持沉默”；德鲁兹宗教长老则引用苏尔坦·艾特赖什“宗教属于真主，祖国属于所有人”的口号，呼吁德鲁兹民众保持理智、“遏止教派纷争”。[④] 更危险的是来自“伊斯兰国”的军事威胁：2014 年 12 月初，“伊斯兰国”武装分子首次渗入苏伟达省境内；

---

① Aymenn Jawad al-Tamimi, “The Massacre of Druze Villagers in Qalb Lawza, Idlib Province,” http: //www.joshualandis.com/blog/the-massacre-of-druze-villagers-in-qalb-lawza-idlib-province/.

② “The Allies of al-Qā‘idah in Shām: Part III,” *Dabiq*, Issue 10 (Ramadan, 1436), pp.7–12.

③ Gary C.Gambill, “Syrian Druze: Toward Defiant Neutrality”.

④ Karam Mansūr, “Rijāl dīn: al-Suwaydā’ laysat Ma‘lūlā wa lan takūn Kasab,” Radio Rozana, http: //www.rozana.fm/ar/content/رجال-دين-السويداء-ليست-معلولا-ولن-تكون-كسب.

2015 年 4 月，“伊斯兰国”武装袭击并占领了苏伟达省东北部村庄盖斯尔（al-Qasr），在邻近的德鲁兹村庄民众中引发了极大恐慌；5 月 19 日，亲政府德鲁兹民兵和政府军合作击退了“伊斯兰国”武装分子对位于苏伟达省东北部侯格夫村（al-Huquf）的进攻，战斗中多名德鲁兹民兵死亡。面对伊斯兰极端主义团体对其宗教—文化传统乃至政治自主性的致命威胁，建立防御性的军事自卫组织也成为苏伟达省德鲁兹社群的必然选择。

影响叙德鲁兹派立场的最后一个重要因素是叙利亚政府对苏伟达省整体策略的调整。自内战爆发伊始，阿萨德政府就寻求将叙少数教派与其政治生存绑定，德鲁兹精英出于现实利益考虑而采取的中立立场显然与这一策略背道而驰。从军事现实层面考虑，据分析家估计，至 2015 年 7 月，叙政府军基层士兵数量因伤亡或叛逃已减半，降至约 125000 人，而有 12000~26000 名适龄德鲁兹青年从政府军中逃逸或拒绝应征入伍，这对兵源日益捉襟见肘的叙利亚政府而言是一个不小的损失。[①] 基于上述原因，叙利亚政府开始诉诸多种途径强化在苏伟达省内征兵，试图将德鲁兹派“拉入”内战军事冲突：2014 年 8 月达马事件后，就有部分德鲁兹宗教学者指责叙政府军临阵脱逃，旨在挑动逊尼派—德鲁兹派冲突；11 月 6 日，隶属于国民卫队（Quwwāt al-Difā‘ al-Watanī）的德鲁兹民兵在大马士革农村省德鲁兹村庄盖尔纳（Qarnah）附近与“努斯拉阵线”武装人员发生冲突，据称叙政府军在挑起冲突后撤离战场，该冲突最终导致至少 35 名德鲁兹武装人员死亡。[②] 在德鲁兹政治精英内部，以瓦希德·拜勒欧斯（Wahīd Bal‘ūs）为代表的部分新兴政治领袖则公开对叙政府上述政策持强烈抵制立场：2015 年 1 月，拜勒欧斯及其支持者袭击了叙空军安全机构——检查站，称后者试图强行征收一名德鲁兹男子入伍；[③]6 月，针对阿萨德同意新入伍德鲁兹士兵仅需在本省内服役的保证，作为强硬回应，拜勒欧斯宣布“严格禁止”任何德鲁兹青年加入叙政府军。9 月 4 日，在一次针对政府腐败与公共服务瘫痪

① Frederick Deknatel, “Druze Face Hard Choices Picking Sides in Battle for Southern Syria,” http: //www.worldpoliticsreview.com/trend-lines/16191/druze-face-hard-choices-picking-sides-in-battle-for-southern-syria.

② Nicholas Blanford, “Lebanon’s Druze, unhappily, are being dragged into Syria’s war,” http: //www.csmonitor.com/layout/set/print/World/Middle-East/201...6/Lebanon-s-Druze-unhappily-are-being-dragged-into-Syria-s-war.

③ Ibrahim al-Assil & Randa Slim, “The Syrian Druze at a Crossroads,” http: //www.mei.edu/content/article/syrian-druse-crossroads.

的示威活动后，拜勒欧斯遭遇汽车炸弹袭击身亡。可以说，这一暗杀事件也折射出部分严守中立立场的德鲁兹精英面临的两难困境：一方面为维护教派利益竭力避免站在政府军一方卷入内战，另一方面面对伊斯兰极端主义者的威胁又不得不要求政府提供关键的军事支持和基本的社会服务。

结　语

内战爆发以来，对叙德鲁兹派政治立场及其变化必须结合其教派集体认同、现实利益考量以及客观生存环境加以分析。德鲁兹派集体认同的核心是以地方共同体纽带为基础的教派忠诚，其独特的历史经验决定了叙德鲁兹派强烈认同于复兴党推行的世俗主义、阿拉伯民族主义意识形态，对逊尼派主导中央政府则怀有疑惧。阿萨德家族执政以来，尽管苏伟达省经济、社会发展相对滞后，但德鲁兹精英得到充分吸纳，在叙利亚政治系统之中享有较多的既得利益；同时，教派人口结构、德鲁兹社群间的跨国联系以及移民网络也在一定程度上缓解了山区面临的社会—经济压力。生存环境方面，德鲁兹派人口规模有限且分布相对集中，并与一个素有历史仇怨的逊尼派省份毗邻。上述诸多因素决定了内战爆发以来绝大多数德鲁兹精英和民众持中立和不卷入立场。自 2013 年以来，伊斯兰极端主义势力在叙利亚迅速崛起，对叙德鲁兹派聚居区构成重大的意识形态和军事威胁；出于战场局势变化和军事需求的考虑，叙政府采取多种策略试图将德鲁兹派拉入内战冲突。正是在这一背景下，苏伟达省德鲁兹社群在艰难维持其中立立场的同时，迅速完成了地方军事动员与组织化。叙利亚德鲁兹派的案例表明，各少数教派绝非清一色的政府军坚定支持者，某一具体教派的立场可能经历复杂而微妙的变化。

2015 年 9 月 30 日起，俄对叙境内极端组织的空袭行动已彻底改变了叙利亚地面军事形势，10 月 30 日和 11 月 14 日两次维也纳会议似乎为结束叙利亚内战带来了一丝曙光，但实现各方有效停火乃至政治和解必将面临极大困难。对叙德鲁兹派而言，“伊斯兰国”、“努斯拉阵线”和其他相关组织被与会国列为打击对象，短期内缓解了苏伟达省遭受大规模袭击的威胁；一旦军事僵持的局面持续，考虑到其在就业、基本社会服务等领域对现政府的严重依赖，可以预见苏伟达省将在避免军事卷入的前提下继续接受叙利亚当前的政治框架。

Druze in Syria: Collective Identity, Multiple Interests and Current Challenges

LI Haipeng(Peking University)

Abstract: The Druze Community, mainly concentrated in al-Suwayda (Sweida) Governorate southeast of Damascus, is one of the most influential Islamic sects in Syria alongside the Alawites. Based on the developments in modern Syria, the Syrian Druze have long been staunch supporters of Baathist secularism and Arab nationalism. Under the Assad family's long reign, Druze elites have been systematically integrated into the political system, while their population structure, transnational sectarian linkages and immigration network help to some extent alleviate the socio-economic pressures facing the community. Since the outbreak of the Syrian crisis, the Druze in Syria have generally maintained a neutral stance due to pragmatic considerations, whereas the rise of Islamic extremism like ISIS and the al-Nursa Front since 2013, which posed a lethal threat both ideologically and militarily, has rendered their strategy of non-involvement more vulnerable, decisively pushing them toward military mobilization and self-defense.

Keywords: Druze; Syria; Syrian Civil War; Islamic Extremism

伊朗和中国：战略伙伴？

〔伊朗〕贝赫扎德·沙罕德[*]著
姜　楠[**]译

【内容提要】在一带一路的倡导下，伊朗与中国正经历着重要的战略发展机遇期。本文从基础设施建设、能源及地区间合作三个方面分析了中伊在双边关系上的合作前景，倡导双方应抓住机遇，共同打造双赢局面。
【关键词】一带一路　中伊关系　战略伙伴

“中国和伊朗是战略伙伴……”现在，这句话总是在伊朗人和中国人之间被听到。有些人甚至因此宣称在四十五年的交往历史中，两国的关系没有比现在更好过。两国在国际秩序中的地位被双方接受并强调，提升和发展两国的国家利益因其必要性而受到重视。从中国的角度来看，伊朗是一个重要的战略机遇，北京为了发展与德黑兰的关系在三个关键方面加大了活动力度：基础设施建设、能源、地区间合作。

中国国家主席习近平在2012年上任之初就提出了“一带一路”计划，并为执行这个计划准备了400亿美元。伊朗曾经是丝绸之路上的重要连接点，其也希望通过这个途径发展其经济贸易。伊朗像中国一样，重视自身在国境以外的强有力地位，并以此保持和活跃国内力量，强调为提升国家

*　贝赫扎德·沙罕德，德黑兰大学教授。
**　姜楠，对外经济贸易大学外语学院讲师，北京大学外国语学院博士生。

利益而与他国展开合作。而且必须强调的是，伊朗在经历了 12 年的制裁之后，迫切需要吸引投资，参与地区商业活动。伊朗因其位处唯一的过境线路、靠近能源运输路线而具有吸引经济投资的优势地位。正如一些中国专家强调的，这种商业贸易模式将使中伊贸易水平在 2025 年达到 2000 亿美元，并同时巩固双方的战略伙伴关系。“一带一路”是一个宏伟的计划，它涵盖了 55% 的世界生产总值，70% 的人口总量，以及 75% 的陆地能源储备。更重要的是，中国政府为该计划的必要基础建设保障了 3000 亿资金（这个数字还未包括中国发展银行最近公布的 8900 亿美元）。实施这一史无前例的计划将历时 35 年，其本身就是中国通过长期计划激活自身发展潜力的标志。习近平提出了到 2049 年，中华人民共和国建成 100 周年，将中国建成世界发达国家的第二个百年目标（第一个百年目标是 2021 年，即中国共产党成立 100 周年，将中国建设成为中等发展水平国家，人民年收入达到 12000 美元。这两个目标即北京提出的“两个百年”）。“一带一路”除了在经贸方面，在地缘政治学上也是一次创造，同时还是一次外交上的创举。习近平在亚洲政府间提出“命运共同体”的说法，以此保障这一大洲上各个国家的意愿和期望，标志着中国完善国际现有秩序的意愿，而非取代它。中国在这个方面提出中国新的地位应该被正式认可，但是这并不意味着中国在实现自身理想的同时不再谨言慎行。

中国在实施新丝绸之路计划中的巨额基础投资，对伊朗来说是一个千载难逢的机会。其中，建立并运行能源运输线，使之成为最安全的管线，仅此一项伊朗便能从中获得丰厚的收入及吸引必要投资，可用于重整经济，加强伊朗现有地位。中国在与伊朗的多次会晤中强调伊朗在“一带一路”计划中的重要作用，中方将伊朗视为连接阿富汗、巴基斯坦和中国的重要枢纽，并坚信伊朗在对抗地区极端主义、恐怖主义方面的作用。

在中国努力实施上述计划的同时，伊朗和中国希望提升双边能源关系。中国是伊核问题谈判的成员，伊朗对中国的立场持积极态度，而中国也很好地利用了这一机会，以达到与伊朗扩展能源合作的目的。制裁之后，伊朗在与他国缔结的协议中，坚持加上技术与知识传输的内容。中国最近已成为世界最大的能源进口国，迫切需要伊朗的能源，其因伊朗在国际关系上的独立地位而把它视为自己最可靠的能源供给国，因此在制裁后，其与伊朗保持着较为和谐的关系。伊朗和中国都希望提升发展双方的能源关系，因为这使两国寻求世界重要地位的可能性变得更加多样化。两国在这一领域的参与使国际能源市场趋于平衡，并削弱了沙特阿拉伯控制世界能源格局的政治分量。

在这里有必要提及的是，现在，中国表现出对伊朗的地区地位的更大关注。在过去的37年间，中国执行着邓小平提出的改革开放方针。在国际事务中，中国对自己的国际定位十分谨慎，暗中行动，以便不引起其他国家的动作。中国遵循着邓小平提出的“韬光养晦”的行动方针（中国壮大力量，成为世界最大的一个经济体，2015年10月的GDP达到了18.5万亿美元，这使中国坚持强调自己在国际制度中的全新地位，应该得到世界人民的重新认识。基于这种全新地位，中国在外交政策上表现得更加活跃积极，当然其仍然坚持一贯的谨慎小心的态度。中国的新动向值得我们关注。现在，中国并没有对抗其他国家的想法，而是为自身的国家利益而与世界合作）。中国在推动与伊朗的能源关系上，特别是在联合行动方案通过和执行之后，坚持寻求把能源战略贸易关系作为与伊朗发展的主要策略。伊朗应该在这场双赢的博弈中积极布局。

中国一直十分强调与伊朗发展关系，中方不管是在联合行动方案通过之前还是之后，在与伊朗方面的交流中都间接地表达过对伊朗向西方转向的担心，而伊朗则屡次强调以平等关系和双赢观念保持与发展同中国的关系，如发展技术交流等，两国关系也将因此掀开新的篇章。鉴于地区及国际局势的变化，特别是两国在世界上的独特定位，两国的合作需要构建一种新的平衡。

安全是发展和提升经贸合作的保障，换句话说，这也能保障国家的实力。伊朗和中国在这方面都需要双方的合作，而边境稳定是经济活力保障的必要条件，双方对此都十分重视。中国对极端主义和恐怖主义的扩散十分担忧，并将其视为国家安全的重要威胁（如其西部新疆地区的分裂势力）。

伊朗在周边地区对抗极端主义取得的胜利让伊朗有能力，并已准备好，基于其对中国邻国的历史影响和友好关系，在这方面维护中国与伊朗两国的安全。因此，伊朗和中国可以达成战略合作关系。双方都加倍努力，以阻止极端主义和恐怖主义在与阿富汗交界的地区扩散。不论是伊朗在其东西部边境，还是中阿边境地区，中伊双方都不能容忍这些势力的存在。

两国之间530亿美元的贸易额远低于其潜在的能力，两国经贸合作关系的贸易额到2025年增加到2000亿美元并非遥不可及（去年，两国双边贸易额增长为30%，考虑到双方近年来实力的增强，这一增速还将加快）。中国已然成为世界贸易中的重要角色，这个事实是不可否认的，以至于它已成为130个国家的第一贸易合作伙伴。尽管面临诸多反对意见，伊朗仍旧参与了地区事务，这是无疑的。最近一个突出的例子就是伊朗受邀出席旨在解决叙利亚危机的维也纳谈判——该谈判的第一轮，因为部分势力的挑拨导致伊朗的缺席，最终以失败告终。

基于上述原因，伊朗对于中国来说是具有战略重要性的。中国已准备好加强与伊朗的经贸合作。在联合行动方案通过之后的投资中，中国同意与伊朗进行技术交换，并参与伊朗工业领域活动。伊朗作为原油出口国，不会再以销售原材料来换取中国低质量的产品了，因为强大的伊朗已在各方面都得到了中国的重视（即使有一天强大的中国成为美国的合作首选——今天这已是事实，伊朗对于中国也同样具有这种重要性）。伊朗也希望中国在世界上变得强大，并把其理解为对自己有利的形势。两国在这一领域的参与将使中伊两国的战略关系更加牢固。

两国的关系现状，根据上述原因，在中伊建立全新外交关系的45年中，没经历过这么好的状态。因此这算是一次特殊的机遇，只要伊朗采取相应措施，就会获得发展的良机。同时，基于中国的意愿，伊朗通过参与中伊共同项目，不仅能够恢复、启动多个未完成的建设项目，还能跟这个为保持经济发展而迫切需要燃料，并已成为世界最大能源进口国的国家实现关系转变，并以此振兴伊朗这个石油储量排名世界第四、天然气储量排名世界第一（根据最新统计，伊朗的天然气储蓄量比俄罗斯更大、更集中）的国家那受到重创的能源工业。中国已经准备好为伊朗提供伊朗能源工业的发展所需的6000亿美元投资中的一部分。

伊朗的新措施包括以购买一家亚洲银行的股份来参与全球金融市场活动。伊朗已购买了由中国发起设立——很多国家持有其股份——的亚洲基础设施投资银行2.8%的股份，并计划购买世界五大势力（中国、俄罗斯、印度、巴西、南非）及其他一些国家持有股票的金砖国家开发银行的股份。

伊朗在亚投行的成员及持股身份的重要性在于这家银行将成为“世界银行”的竞争者。中国为配合自己在国际社会的政治独立性而发起创建这个银行，并向其注入500亿美元作为第一轮投资。这个银行将促进对亚洲各国建设项目的投资。这对伊朗来说是重建与改造其受制裁重创经济的良机。

在两国关系有如此史无前例、千载难逢的发展机遇之时，我们应该抓住机会。我们的门铃已经响起，就看我们是否在家，并把门敞开。

Iran and China: Strategic Partners?

Behzad Shahandeh (University of Tehran)
Translated by JIANG Nan

Abstract: Under the guidance of the Belt and Road Initiative, Iran and China are experiencing an important period of strategic opportunities for development. The author analyzes the prospect of bilateral cooperation between Iran and China in infrastructure construction, energy and regional cooperation, and advocates that both sides should seize the opportunity to jointly create a win-win situation.

Keywords: The Belt And The Road; China-Iran Relations; Strategic Partnership

书 评

评亚历山大·莫里森的《俄国在撒马尔罕的统治，1868~1910：与英属印度的比较》

施　越*

【内容提要】亚历山大·莫里森的《俄国在撒马尔罕的统治，1868~1910》是英美学界近年来最新的关于俄属中亚的历史学研究作品。作者以撒马尔罕地区为例，通过研究突厥斯坦总督区当局在基层宗教管理、土地制度、税收、水利、司法方面的政策目标和实践，认为沙俄在此地的统治是失败的。作者强调，作为沙皇俄国的边疆政府，突厥斯坦当局在财力和人力上难以克服的困难，是其失败的直接原因；更深层次的原因则是当局军政官员与本地穆斯林之间文化上的隔阂和政治上的疑惧。

【关键词】俄属中亚　突厥斯坦总督区　伊斯兰教

“在将亚洲并入版图之后，我们自己也吸收了一些亚洲的特性。这可能会导致我们变得更像那些被征服的亚洲人，但我们的力量最终来自于我们

* 施越，本科毕业于北京大学外国语学院乌尔都语专业，现于美国乔治城大学攻读历史学博士学位，主要研究中亚近代历史。

① Mikhail A. Terent'ev, *Rossiya i Angliya v srednei Azii.* (Saint-Petersburg, 1875), p. 329. 转引自 Alexander Morrison, *Russian Rule in Samarkand*, 1868–1910: A Comparison with British India. (Oxford: Oxford University Press, 2008), p. 50. 作者亚历山大·莫里森博士毕业于牛津大学，现任教于哈萨克斯坦纳扎尔巴耶夫大学。

和他们的差异。”[①] 亚历山大·莫里森（Alexander Morrison）在其2008年出版的《俄国在撒马尔罕的统治，1868~1910：与英属印度的比较》一书首章结尾援引沙俄军官作家捷连季耶夫的这句话，开始展示他关于沙俄在突厥斯坦统治（1867~1917年）诸多方面的研究。[①] 本书通过探讨1868~1910年这一时段内沙俄当局在泽拉夫尚河地区的行政体制以及宗教管理、土地、税收、水利、司法等方面的政策，勾勒了沙俄当局与本地穆斯林之间的关系，并进而以这一视角来评价沙俄在突厥斯坦统治的成败。

沙俄军队于1865年占领塔什干后，以此为基地，逐渐在接下来三年间征服了原属于布哈拉埃米尔国和浩罕汗国的泽拉夫尚河流域，并在此地建立泽拉夫尚区，[②] 并入于1867年建立突厥斯坦总督区（Turkestanskoe general-gubernatorstvo）。然而将这一帝国版图内乌拉尔山以东最大规模农耕区整合入沙俄帝国体系却并非易事。1870年代，初到塔什干以南的数千沙俄军队面对的是约400万的本地居民（绝大多数为穆斯林）。即使到1897年（沙俄第一次全国人口普查时），俄罗斯族、鞑靼族等俄欧移民也仅占突厥斯坦总督区约600万人口的4%（第43页）。语言、宗教、历史传统的巨大差异，加上与首都圣彼得堡将近4000公里的距离，对沙俄在此地的统治造成了巨大的挑战。作者的核心观点是，“尽管沙俄突厥斯坦当局拥有军事和技术方面的优势，俄罗斯人（the Russians）在撒马尔罕以及突厥斯坦的绝大多数地区并不能垄断知识或权力（either power or knowledge）”（第286页）。沙俄当局并不具备足够的财税和军事力量来实现他们所期望的文明使命（civilizing mission），其行政体系无法控制县级以下的基层社会。而基层的村长（Aksakal）、宗教法官（Qazi）和治水乡约（Aryk-Aksakal）则以他们所掌握的本地田地税收、人情礼法和水资源分配习俗等方面的本地知识，抵制帝国权力的渗透。作者由此认为，沙俄在突厥斯坦50年的统治是失败的。

为方便读者更好地理解本书梗概，这里简要介绍一下沙俄在突厥斯

① 突厥斯坦（Turkestan）为沙俄时期受当时西欧的东方学研究影响，指称今日中亚南部地理区域的名称，其地理范围涵盖今日哈萨克斯坦共和国南部加上乌兹别克斯坦、吉尔吉斯斯坦、塔吉克斯坦和土库曼斯坦四个共和国的大部分疆域。

② 泽拉夫尚区（Zerafshan Okrug，1868~1886）作为突厥斯坦总督区下属行政单位，设立于1868年沙俄军队征服撒马尔罕周边地区之后，涵盖以撒马尔罕为核心的泽拉夫尚河中游，与布哈拉埃米尔国和浩罕汗国（1878年后被征服，改为突厥斯坦总督区费尔干纳州）交界。1886年行政改革后，该区改名撒马尔罕州。下文视历史时段应用两个名称。

坦建立的行政体制。沙俄在征服塔什干和泽拉夫尚河地区后，于1867年建立军政合一的突厥斯坦总督区。总督区行政采取军事—土著管理体制（Voenno-narodnoe upravlenie）。该边疆地区总督负责军事和对周边政权的外交工作，上级为陆军部。总督区下分州（oblast'）和县（uezd）两级。总督以下的州长（Voennyi gubernator）和县长（Uezdnyi nachal' nik）均为现役军官。此外，县一级下分若干警察片区，分派片区警长管理治安（Uchastkovye pristavy）。县级以下为土著穆斯林的乡（volost'）和村（aul）则引入1860年代大改革时期兴起的地方自治办法，每50户（在牧区的单位是游牧帐户）推举一位选举人（pyatidesyatniki），由选举人集会选出村长（Aksakal/Selskii starshina）、乡长（Volost' pravitel'）和宗教法官。乡长和村长的主要工作是协助当局收税。一般一次集会选举投票选举两名候选人，管辖该乡村的县长有权决定最终人选，甚至否决选举结果，要求重新选举。[①]

全书正文第二至第七章节依次对应宗教、土地财税、军政府官僚素质、基层乡村自治体制、灌溉和基层司法这些主题。在“宗教与伊斯兰教问题”一章，作者开篇即为下文定调，突出俄国军官对伊斯兰教的敌意：“在突厥斯坦的俄国军官眼中，伊斯兰教，或穆斯林的狂热（Musulmanskii Fanatizm）是阻挡该边疆地区融入帝国的最大障碍。”（第43页）由于绝大多数参与1865年以后突厥斯坦军事行动的军官均有参与高加索战争（1829~1864年）的经历，加上1867年成立的突厥斯坦总督区为军政府性质，作者认为俄属突厥斯坦当局官员大多对伊斯兰教抱有敌意。在具体的政策方面，1867年第一任也是任期最长的突厥斯坦总督考夫曼（K.P. fon Kaufman，任期为1867~1882年）采取了两方面的政策。首先，借助军事征服的威信，他废除了一些布哈拉埃米尔国政权内的高级宗教职务，如伊斯兰大法官（Qazi-i Kalan），试图打散原先初具规模的地区性教权组织。其次，在他的建议下，突厥斯坦的穆斯林独立于沙俄最高伊斯兰教管理机构奥伦堡穆夫提委员会的管辖范围。作者对此的解释是，考夫曼试图避免鞑靼人和巴什基尔人把持的穆夫提委员会利用该机构在突厥斯坦增强鞑靼人和伊斯兰教的影响力。而在突厥斯坦本地，考夫曼执行的是所谓漠视政策（ignorirovanie）：在宗教活动和组织管理方面，他既排斥东正教会在此地的传教活动，禁止迫使穆

① 关于基层选举的实践及其相关的地方争斗和腐败，参见本书第五章。

斯林皈依东正教，以避免传教活动引起本地居民的抵制甚至反抗；同时也不鼓励伊斯兰教组织和机构的发展。作者援引当时突厥斯坦军政官员的文章，显示他们中的许多人抱着这样一种观念：中亚的伊斯兰教是一种落后的文化，没有国家政权的支持，在本地俄罗斯人社区所展现的文明优势面前，本地穆斯林居民会自然而然地抛弃伊斯兰信仰 。政府方面的激进强制措施是没有必要的（第 57 页）。虽然作者发现，考夫曼在 1881 年（其去世前一年）对这一政策的效果有所保留，认为东正教的地位在突厥斯坦的边缘化，可能导致边疆政权的威信不足，但禁止东正教会在突厥斯坦传教的政策一直延续到沙俄末年。作者进一步发现，到 1890 年代后期，本地的俄罗斯族居民对此政策有所不满，认为本地需要更多东正教牧师和教堂来为子女提供宗教教育。至于该政策的实际效用，作者以 1898 年安集延叛乱为例，否定该政策促成了中亚伊斯兰教的消亡。

在宗教财产（waqf）方面，考夫曼加强对征服之后民间新设宗教地产的登记管理，要求申报批准且需正常缴纳土地税；而对待征服前已经存在的宗教财产，当局则从首都聘任熟悉伊斯兰教法的东方学家协助调查各处宗教地产的成立年份，以确定是否要对其征税。但该政策在落实时存在很多困难，如绝大多数的本地清真寺或宗教地产并没有任何盖有权威印章书面文件可以确证所有权，难以界定其法律地位。此外，负责此项工作的人事和财务资源相当有限，撒马尔罕省到沙俄末期都没能完成全省的宗教地产普查工作，遑论有效征税了。在实际操作中，各县县长往往利用政治机遇干预辖区内重要宗教财产机构（如清真寺地产等）受托者（mutawalli）的任命，以确保宗教财产的经营活动不会影响公共安全。但对于一般宗教财产日常管理和人事任命中的腐败现象，当局往往不加干涉。

对突厥斯坦穆斯林朝觐的管理在 1888 年外里海铁路通达撒马尔罕后逐渐进入当局的视野。由于担心因朝觐人流迁徙带来的财产纠纷和流行疫病传播，以及奥斯曼帝国影响力的扩张，突厥斯坦当局一度试图通过乡村两级基层自治政府监控朝觐人流。尤其是在 1898 年安集延叛乱之后，由于有传言叛乱首领马达里（Madali，即 Muhanmmad Ali）曾借朝觐之名在麦加和麦地那驻留四年之久，突厥斯坦当局在事发后一段时间禁止朝觐（第 65 页）。此外，当局层考虑以官方力量组织交通服务，以便实现保障安全和社会控制两重目的。但以上种种政策均因没有足够的人力财力而不了了之。

宗教政策相关的第三个方面，是官方教育机构的运作。1860 年代和 1870 年代，俄突厥斯坦当局主要在筹措对布哈拉、希瓦、浩罕和外里海土库曼人的战争，无暇顾及民事。总督区首都塔什干的第一所学校开办于 1884 年末，因为当局意识到在本地招募熟悉俄语的土著穆斯林公务员相当困难（第 68 页）。此类学校被称为俄—土著学校（Russko-tuzemnye shkoly），同时招募俄欧和土著穆斯林学生。初期主持开设学校的往往是本地开明的穆斯林商人和沙俄军队中少数有东方学训练背景的军官。作者在档案文献中发现，为吸引穆斯林学生入学，俄—土著学校向家长保证开设伊斯兰教课程。但开设学校的主要困难首先在于经费不足。中央拨给突厥斯坦的主要经费用于维持武备，行政和民事方面的开支相当有限。而在 1890 年代后期棉花种植推广之前，本地税收规模相当有限。因此最初开办的学校往往难以长期坚持。此外，有些地区宗教界和土著社会的保守人士或明或暗地抵制当局开办的学校。他们往往以孤立排挤甚至公开诋毁那些受学校聘任的穆斯林教师的方式造成社会氛围，阻止家长将学生送去上学（第 70 页）。作者对当局办学效果的评价比较负面，认为基本没有实现将本地人同化的目标。

从作者所勾勒的突厥斯坦当局诸多方面宗教管理实践中可看出，当局意识到很多问题的存在，但受制于边疆地区可调动的人力财力，各类政策的执行均遇到极大阻力。接下来两章，作者从土地财税制度（财力）以及当局官僚素质（人力）两个角度出发，深入讨论沙俄政权在突厥斯坦的困境。

与宗教政策类似，初到突厥斯坦的总督考夫曼先是驱逐了一批布哈拉埃米尔政权下的伯克，没收了他们的地产。紧接着总督在制定土地税制方面碰到了与监管宗教财产类似的困难：首先，征服前本地并无整齐划一的税制，各地有名目繁杂的税目，且即便是受过学术训练的俄国的东方学家也难以辨清本地各类土地制度和税制术语之间的关系；其次，总督手下并没有足够的人手开展细致的土地丈量勘察工作，即便规定统一的税制，鉴于行政监管成本和语言文化差异，土著村长也有足够的空间瞒报税收，中饱私囊。作者估算，1876 年当局在泽拉夫尚区的实际税率仅约 10%（第 80 页）。在土地制度与税收问题上，作者认为突厥斯坦当局征税困难的核心原因是征服之初驱逐了本地原来的大土地贵族而没有选择与他们合作。作者强调，是沙俄军政官员对伊斯兰教根深蒂固的偏见导致了这一结果。

在人事方面，作者从两个方面解释俄当局在行政方面遇到的困境。首先，出于对本地人可靠性的疑虑，军事—土著管理体制并没有沿用俄欧地区已经实行的地方自治局（zemstvo）制度，允许本地土著形成类似地方议会的机构来协助立法。其次，军政府的官僚均来自沙俄军队系统，整体受教育水平较低，普遍存在公文处理能力低下、懒惰、酗酒等情况。在本章中作者花了大量篇幅考证突厥斯坦各级军官的受教育程度，强调仅有不到1%的军官有高等教育背景，不到10%的军官接受过中学以上教育。剩下的军官大部分仅仅在士官学校接受过教育（第136页）。相应地，突厥斯坦各地当局也并不重视图书馆等文化设施建设。此外，作者的另一个关注点是穆斯林军官，以及为俄欧军官充当翻译或中介的穆斯林办事人员。作者强调，在总督区建立之初，官僚队伍尚且中有三位穆斯林军官。但作者认为，在1873年锡尔特兰诺夫（Syrtlanov）事件后，官僚系统内部对穆斯林军官的容忍程度急剧下降（第145页）。[①] 作者指出，到1896年，撒马尔罕州下辖各县的县长和片区警长已经没有穆斯林军官，仅撒马尔罕县的县长助理是一位中校军衔的穆斯林。

穆斯林正职官僚的减少并不能解决当局官僚政务能力有限的问题，相应的变化是，官僚愈加依赖鞑靼和巴什基尔人翻译来处理公文。由此，作者转入语言文化问题的探讨。1880年代，当局认识到语言训练之于行政效率的重要性，故自1886年起，突厥斯坦第一个本地语言培训课程开办，讲师正是上文提到开办第一批俄—土著学校的军官纳利夫金（V.P. Nalivkin）。但语言学习的困难、繁重的公务和对本地语言文化的负面态度，让大部分军官望而却步。沙俄外交部和总参谋部下属院校也试图开设相关东方语言课程，为边疆培养人才。但完成课业的学生通过各种途径找到在首都的职位，避免被派往突厥斯坦边疆工作（第148页）。此外，由于缺乏教学经验，各机构开设的语言教学课程与实际要处理的公文情况相差很大。边区

① 作者于乌兹别克斯坦国立档案馆发现的某件档案显示，俄历1873年11月9日，时任撒马尔罕代理区长的上尉锡尔特兰诺夫（Syrtlanov）戴着头巾穿着中亚穆斯林长袍（khalat），带领一些在当地政府中任职的穆斯林到市内某清真寺与穆斯林市民一起做礼拜。仪式结束三天后，上尉还在家中宴请300余本地穆斯林。这一事件引起总督重视。事后不仅该上尉被批评解职，且驻突厥斯坦沙俄军队内部的鞑靼和巴什基尔军官也受到怀疑。参见原书第145页。

官僚中极少数掌握东方语言的军官，往往也是自发地从本地毛拉那里学会的（如纳利夫金）（第 150 页）。简言之，作者认为，人事方面的困境，主要也是由于俄军官对于伊斯兰教的疑虑和偏见导致的。

在财税和人事两章分析的基础上，第五至七章作者分别讨论了上述困境在基层选举与治理、乡村水利资源分配和基层司法三方面的表现。作者的研究显示，当局在文明使命的冲动下引入的乡村两级选举，往往加剧基层乡党部族之间的争斗，导致贿赂和贪腐变成常态，甚至命案也时有发生。水利灌溉在泽拉夫尚河地区直接影响农业收成，故治水乡约组织水利工程、分配水资源的工作对于基层具有极大重要性。乡一级的治水乡约一般由县长任命，但由于上文反复提及的人力财力不足以及本地知识隔阂，县长能任命的人选也受到基层政治的影响。掌管税收的乡长和管理水资源分配的治水乡约往往是基层权力的中心，而两者勾结霸占村民土地的情况也时有发生。作者对 1890 年代几个基层暴力事件的案例考察表明，军政府县长对此类弊政并无有效管制手段，尽管县长有将在任基层官员免职的权力，但为避免引起基层权力格局剧烈震荡，县长们往往采用象征性的罚款来表明态度（第 221 页）。司法方面，军政府配套的国家法庭下达县级，但主要处理政府—军队内部的案件。与土著穆斯林相关的民事诉讼交由宗教法官（Qazi）处理，政府界定的刑事案件则不归宗教法官受理。宗教法官的人选也以乡村两级人大会选举的方式产生，但其收入来自向讼案双方收取的诉讼费，沙俄当局并不支付其工资。在法律文本方面，沙俄当局一度试图通过借鉴英法在穆斯林地区的殖民经验，翻译编纂法典化的伊斯兰教法，以规范基层司法实践，但这方面的努力最终沦为脱离基层现实的学术工作（第 274～282 页）。作者因此认为，俄当局司法体系吸纳本地伊斯兰法的尝试是失败的。

军政府官僚素质低下、基层管理腐败混乱、水利灌溉管理无从下手、司法系统整合失败，作者将这一切都归结为俄当局缺乏足够的人力财力来控制县级以下的基层社会。而这种统治失败的根源，则是沙俄军政官员在边疆统治目标和手段上的脱节：许多官员幻想将突厥斯坦在行政、经济和文化上全面吸纳入帝国，但边疆政府所掌握的资源却远远无法达到这样的目标（第 288 页）。然而在结论的后半部分，作者笔锋一转，以英国在印度的殖民经验作为参照，认为俄突厥斯坦当局虽然统治乏力，但至少税率较低（农作物收成的 10% 左右）。英帝国在印度的平均税率为 20%~33%，且大多用于维持殖民政府的行政开支和帝国军队的全球征战。在失地农民的比例方面，英属印度也要比俄属突厥斯坦高很多（第 291 页）。因此，作者最后的评价是，虽然沙俄在突厥斯坦的统治是失败的，但“至少比 1917 年之后发生的情况要人道（humane）得多”（第 292 页）。

本书是 1990 年代以来西方学界兴起的“帝国学”（Imperial Studies）研究的新近力作。这一批文献的主要论点是将原先对英荷法等殖民帝国的一些研究视角应用到其他相关学术领域，探讨近代殖民帝国如何整合新征服领土上的多元异质文化。在俄罗斯帝国历史方面，侧重点则是帝国对其东部、西部和南部边疆少数民族的政策。但受西方学界 1970 年代以来盛行的后现代和后殖民主义思潮的影响，帝国学的研究自然也带有鲜明的理论先行色彩和价值判断取向。如本书中，作者反复强调沙俄当局在中亚的统治是失败的，理由是其军政官员设定同化边疆人群的目标，而实际上其影响力难以达到县级以下。但事实上，国家政权（尤其是发达工业国家以现代军事和通信技术为手段）控制基层社会的财税和司法是相当晚近的现象。即便是在有 2000 多年官僚制传统的中国，绝大多数历史时期朝廷的官僚也只下派到县级，国家主要依赖官僚系统对地主和自耕农家庭在政治上和文化上的吸纳来整合基层社会。基层治理中的贪污腐败、土地兼并、偷漏税款等现象在中国历史上也屡见不鲜 。莫里森书中也描述了类似的情况，以 1871 年的泽拉夫尚区为例，平均每个县下辖 2 万余户，每个乡下辖 1500 余户（第 178 页）。以国家财税力量控制基层，其成本显然难以负担。以“边疆当局控制力无法穿透县级以下”得出沙俄在边疆统治失败的结论，似乎有点勉强。

本书结论中没有指明，但全书各章反复强调的另一个论点是文化偏见论：作者暗示的另一条论证沙俄当局统治失败的原因是军政官员对伊斯兰教的怀疑和歧视，甚至是俄欧各族与本地穆斯林之间的文化隔阂。正因如此，作者在全书各部分顺理成章地阐释以下分论点：对伊斯兰教的敌视导致俄欧军政官僚驱逐土地贵族、排斥本地宗教精英，导致不能吸收本地穆斯林中的优秀人才进入官僚系统，导致不信赖干部队伍中的穆斯林官员，更使得俄欧官僚不主动学习本地语言文化以提高行政效率。而缺乏本地政教两界盟友，加上官僚队伍人力财力有限，结果就是基层选举治理、水利管理和司法的全面失败。这种后殖民思潮影响下以文化偏见为核心要素来解释历史进程的历史研究在西方学界颇为流行。但若仔细考察每一个分论点则会发现，单一的文化解释就略显单薄。

而全书理论框架的价值诉求多少会影响作者对一些史料的评价。如在讨论当局兴办俄—土著学校时，作者援引了苦盏县长的一份报告，其中提及许多当地有影响力的土著居民参加夜校学习俄语。而作者的评论则是，“并不清楚事实是否如此，因为他（县长）在某种压力之下被要求提交关于教育进步方面积极情况的报告”。至于“某种压力”具体是什么，作者并没有具体解释。且同样在教育这个问题上，作者似乎以所谓的“文明使命”作为主要动机，替换了当时当局办学的主要目的：培养能用俄语交流的土著居民中介人。作者提到全突厥斯坦入学的学生，从 1886 年的 116 名，增长到 1909 年的 3000 名。[①] 如果从培养政府工作的本地代理人角度来考虑，结合 19 世纪末中亚前工业时代的社会经济背景，一年 3000 人入学已经不在少数，为各地县级行政单位提供本地人助手的目标应该可以达成。如此思考，当局办学的尝试未必是失败的。再比如，在讨论基层选举时，作者为强调竞选者多为乡村社会中的富人，因为他们喜欢在自己的姓氏后面加上“巴耶夫”（–baev）这个后缀，显示自己祖上是富人（bai）。[②] 而这个例子恰恰反映，俄当局在基层推行的选举制度无形中吸引了至少是基层社会的上层人群，说明俄当局在突厥斯坦并非完全没有本地盟友。即便假设作者反复强调的军政官员对伊斯兰教的强烈敌意是确实存在的，这也并不能否定存在一批本地上层人群有和当局合作的倾向，且合作者可能以文化标记的改变来展示与当局合作的诚意。作者似乎为追求理论框架的自洽性和论点的鲜明性，回避了对许多史料细节的推敲和对理论叙事的反思。

本书在史料文献搜罗整理方面所做的工作值得称赞。在档案方面，作者于 2000 至 2003 年间多次访问乌兹别克斯坦共和国国家档案馆和国家图书馆。书中援引的泽拉夫尚区下辖各县相关的档案均在乌国家档案馆发现。作者还利用了莫斯科的俄罗斯联邦国家档案馆、彼得堡的国家历史档案馆等机构的

① 第 72 页，转引自 Adeeb Khalid，*Muslim Cultural Reform: Jadidism in Central Asia.*（Berkeley: University of California Press, 1999），p.159。

② 第 178 页。俄化的姓氏后缀“–baev”来自“bai”一词，在突厥语族诸语言中指富有的人，即中文转写的“巴依”。

馆藏档案。此外，作者还系统梳理了相关主题各个历史时期的研究文献。从 19 世纪晚期沙俄时期帝国首都学术界关于边疆的研究，到苏联时期中亚各加盟共和国科学院关于本国近代历史的研究，再到 1990 年代以来西方学界关于俄罗斯帝国和俄属中亚的研究，作者均有涉及。除上文提及的主题以外，作者还顺带探讨了诸如沙俄征服以前泽拉夫尚河地区的社会性质、俄属中亚与英属印度西北地区的统治政策比较等话题。该作品在理论框架和文献整理方面都较能展现当代西方学界主流历史研究作品的特点，且涉及的内容对于多民族国家的边疆民族宗教政策有借鉴意义，故值得关注。

A Reading of *Russian Rule in Samarkand, 1868–1910: A Comparison with British India* by Alexander Morrison

SHI Yue (Ph.D. Candidate in History, Georgetown Univeristy)

Abstract: Alexander Morrison's *Russian Rule in Samarkand, 1868–1910* is a recent historical study of the Russian Empire in Central Asia. Through the study of Samarkand region, governed by the Turkestan Governor-Generalship, the author delves into various sources to demonstrate the Governor-Generalship's policy goals and implementation in various aspects such as religion, land ownership, taxation, irrigation and judicial institutions. The author considers that the Russian rule in Turkestan was a failure. On the one hand, a frontier government of the Tsarist Empire, the Turkestan Governor-Generalship never had enough financial and human resources to penetrate the societies below the district level (*uezd*). On the other hand, such a failure was fundamentally due to the cultural barrier and political mistrust between the military bureaucrats and the local Muslims.

Keywords: Russian Central Asia; Turkestan Governor-Generalship; Islam

阿拉伯总统制与总统们的命运

——评《阿拉伯终身总统的兴衰》

张一哲 *

【内容提要】本文主要评介哈佛大学罗格·欧文教授的著作《阿拉伯终身总统的兴衰》，该书创造性地运用了安全国家、裙带政治等一系列中观理论，对阿拉伯国家盛行的“终身总统”现象进行分析，指出了其共有的结构性因素和在各国特定经济社会环境下的变化，对于读者了解当代阿拉伯世界的政治，尤其是“阿拉伯之春”有很大的参考价值。

【关键词】终身总统　安全国家　裙带政治　阿拉伯之春

《阿拉伯终身总统的兴衰》（*The Rise and Fall of Arab Presidents for Life*）是哈佛大学中东历史 A. J. 梅耶荣休教授（A. J. Meyer Professor of Middle East History，Emeritus）、哈佛大学中东研究中心前主任罗格·欧文（Roger Owen）的著作，出版于 2012 年，是一部对阿拉伯世界终身总统这一特殊现象进行系统分析的著作。根据作者在前言中所述，该书的构思始于 2009 年阿尔及利亚总统布特弗利卡修改宪法，为自己成为终身总统扫清障碍之时。书稿事实上完成于 2010 年，其时阿拉伯之春尚未爆发，而在该书出版前夕，本·阿里和穆巴拉克政权均已被推翻，作者于是在书中加入了关于“阿拉伯之春”的讨论，并将书名改为《阿拉伯终身总统的兴衰》。

*　张一哲，北京大学外国语学院阿拉伯语系研究生。

全书除去绪论和结语共分十章，前三章主要是对终身总统制度演变和结构的概述，第一章探讨了殖民时代刚刚结束时阿拉伯各国的权力结构，以及独立后第一代政权向第二代政权的转变。作者认为独立后阿拉伯国家对主权的重视，导致了其对警察、国家安全等方面的强调，为威权统治奠定了基础。而在阿拉伯世界大部分地区，第一代政权不久都为更为激进的政权通过革命所取代。第二章则以纳赛尔、阿萨德等为例叙述了王朝式共和制的起源，前者属于魅力型领袖，而后者的个人魅力并不突出，但二者都得益于“人民主权”等观念带来的合法性，相信自己深受民众欢迎，是国家发展不可或缺的人物，并且都通过掌握军队牢牢控制政权。第三章以“政权的基本要素”为题，分析了构成这些政权的基本因素，其核心概念是所谓“安全国家”（security state），这些国家以军队、警察、特务机关等镇压力量为主要支柱，以对内高压维系其威权统治，权力高度集中在总统及其少数亲信手中。同时以宪法、操纵选举等为政权取得合法性。在经济上以稳定的增长、低通胀和一定的公共福利作为目标，并通过利益输送维持政权高层的效忠。

第四至第七章是个案性分析，分别讨论阿拉伯世界的三种总统制政权以及与其相近的君主制政权。第四章分析了埃及、叙利亚、突尼斯、阿尔及利亚的总统制政权，其共同特点是高度的中央集权，而这多少得益于革命前就保留下来的一些因素。第五章分析了利比亚、苏丹和也门，其共同特征是国家内部部落因素突出，中央政权比较弱小，统治者需要有更强的政治技巧。第六章分析了两个比较特殊的例子，即黎巴嫩和后萨达姆时代的伊拉克，在这两个国家总统的权力都受到了严格的限制，并且政治权力的划分带有鲜明的教派色彩。第七章以摩洛哥、约旦、巴林、阿曼为例，对比了君主制和共和制，作者认为在统治的基本结构上，阿拉伯世界的君主国和共和国非常接近，只是在政权合法性与继承问题方面，君主国要更加占有优势。

第八章至第十章则对与阿拉伯终身总统现象相关的几个方面进行了专题性分析，并进行了一定的预测。第八章讨论了终身总统的继承问题，其本质是如何把权力移交到自己子嗣手中的问题，由于迄今为止只有叙利亚的阿萨德家族成功进行了总统职位的家族继承，因此这一章主要分析了阿萨德家族的权力传承，并将其同埃及的情况进行了对比。作者认为叙利亚总统一职的顺利传承有其阿拉维派集团的特殊因素，但在具体操作上对其他阿拉伯国家也不无借鉴之处，此外作者还对利比亚、也门的继承问题进行了展望。第九章是对颇有争议的“阿拉伯例外论”（Arab Exceptionalism）的讨论，作者认为一定程度上阿拉伯世界确实是特殊的，毕竟除了后苏联时代的中亚，没有任何一个地区的终身总统现象像阿拉伯世界这样普遍，但是这种“特殊”是一定的社会历史条件造成的，比如以以色列为代表的外部威胁、阿拉伯国家间密切的联系所造成的示范效应等，因此阿拉伯人本身的特征并不必然引致这种“例外”，一旦其他地区具有这种特性，也会出现同样的情形。第十章是针对刚刚出现的“阿拉伯之春”进行的分析，虽然题目叫作“突然的崩溃”（The Sudden Fall），但从作者的分析可以看出，这种崩溃并不突然，而是终身总统制的问题长期积累的结果，在这种统治下，政权随着其统治者一起衰老、僵化，并最终失去了应对危机的能力。作者认为只有经过“制宪时刻”（constitutional moment），把革命合法性转化为宪政合法性，革命成果才能真正稳定下来，现在对未来还无法进行准确的预测，唯一可以确定的是终身总统制这一现象再也不会回来了。

在该书的引言中作者指出，“本书的目的是结合我的长期经验和一些人近期的原创性研究，创造出一系列中观理论（middle-level theories）来分析本地经济和政治权力的结构”，明确了该书的主要研究方法为结构分析，所依循的则是其提出的一系列中观理论，这正是该书和那些就事论事的著作最大区别所在，也是其优秀之处。在分析过程中，作者首先抓住了构成终身总统制度的几个结构性要素，分别是以军警情治系统为代表的国家安全力量、寻求合法性的努力以及裙带政治（cronyism）。[①] 这几个因素与总统个人的特点，以及包括部落、教派在内的基础社会环境相互结合、作用，构成了终身总统制政权的发展演变，既维持了其的长时间存在，也导致了其最终的衰落。

强大的国家安全力量是所有终身总统制政权的共同特点，并且与后面所说的“安全国家”（security state）密切相关，他们是这些政权最主要的支持力量。一方面他们通过强力镇压反对力量维持着终身总统们的威权统治，

① 对于“裙带政治”（cronyism）一词，本文作者最初采用了“亲信政治”的译名，感谢对外经济贸易大学丁隆教授纠谬。

钳制着社会的方方面面；另一方面，为了维持镇压机器的有效性，必须将安全力量控制在少数信得过的人手中，并且赋予其极大权威，这就导致了亲信政治的盛行，而这些亲信凭借权力对国家经济进行控制，极大破坏了国家正常的经济运行。

在镇压的同时，出于获得外国援助等目的，一些终身总统制政权极为重视政权合法性的获得，并为此采取了一些措施，包括执政党的建立、设定有利于自己的宪法以及操纵选举和公民投票等，这促成了一些各个阿拉伯国家共同拥有的政治特点，比如埃及等国的《政党法》都明文规定，不得在特定宗教、种族、地域认同的基础上建立政党，在这种限制下建立起来的反对党无法对特定的选民群体产生吸引力，缺乏坚实的群众基础，根本无法在所谓的“多党”竞争中战胜强大的执政党。

如上所述，裙带政治是终身总统制度的必然结果，这也构成了影响这些政权政治经济各方面的重要因素。裙带政治的特点是权力高度集中在总统及其家族以及其周围的一小圈亲信手中，这些人依靠血缘、教派族群背景、利益输送等手段，发展出一套覆盖全国的庇护网络，依托权力控制国家经济，获取巨额垄断利益，形成维系这一政权的基础力量。对总统的个人统治，裙带政治固然起到了维护的作用，但对国家的发展，却产生了极为恶劣的影响。一方面决策由少数内圈人物做出，政治缺乏透明性；另一方面这些亲信及其追随者已形成了强大的利益集团，反对任何触及他们利益的改革，有时即使总统也不得不对他们让步，比如卡扎菲之子赛义夫在利比亚推行的一系列政治民主化举措在亲信集团的反对下不得不倒退回原点，赛义夫本人的继承人地位也因此动摇。

上面三个特点是各个阿拉伯总统制国家普遍存在的结构性因素，但其发挥作用的具体形式、强弱在各个国家有所不同。其与具体的社会环境和总统的个人情况相结合，又产生种种不同的变化。以国家安全力量为例，在也门等部落力量比较强大的国家，国家的正规武装力量比较薄弱，并且和部落存在密切联系，很多部落领袖同时是军队将领，而社会武装化程度较高，极易发生内部冲突，现在的也门就是最明显的例子。而在苏丹，在镇压南方分离要求的后期，巴希尔不得不借助残酷的部落武装，以致引发了严重的人道主义危机，并成为南苏丹最终独立的重要肇因。在中央政权掌控的安全力量比较强大的国家，因总统的好恶及对各种力量倚重的程度有所不同，文官出身的布尔吉巴总统奠定了轻视军队而重视警察力量的传统；而在埃及由于连续三位总统出身军人，军队则对政治发挥着极为巨大的作用，作者认为这也影响了突尼斯和埃及在“阿拉伯之春”后的走向。

在对宪法合法性的追求方面，各国的重视程度也有所不同。埃及等国对此比较重视；而叙利亚的阿萨德家族则不将合法性建立在宪政之上，而是诉诸对自己家族的神化，同时利用叙利亚的教派形势，依靠自己所属的阿拉维教派联合其他少数教派，统治人口占多数的逊尼派。至于特立独行的卡扎菲，则索性绕开现代政治文明的框架，直接将统治建立在一套自己凭空创造出来的制度上，并凭借庞大的石油收入来维系这套体制的运转。

亲信政治围绕着总统形成，带有鲜明的总统个人色彩。往往总统统治年限越长、性格越多疑，其所依赖的亲信圈子就越小。而且总统的亲信圈子往往是自己的同龄人，这就导致随着总统年龄的增长，整个统治集团都会老化、停滞。除此以外，作为维系政权稳固的重要途径，亲信政治的特点还和国家的整体社会环境有着莫大关系。在叙利亚的教派环境下，亲信政治衍生出的庇护网络成为将阿拉维派军政官员集团和逊尼派商业精英集团联系在一起的工具，起到了向逊尼派上层进行利益输送、缓和教派矛盾的作用。而在苏丹和也门，总统则更像一个寡头委员会的主席而非独裁者，其通过自己的亲信圈子把主要部落的首领集合在一起，共同治理国家。

除了这些内生因素之外，外在干预也对一个阿拉伯政权的演变有着或隐或显的影响，有时这种影响甚至是决定性的。比如黎巴嫩、叙利亚和后萨达姆时代的伊拉克都存在着复杂的教派因素，但黎巴嫩和伊拉克都形成了教派按比例分享政权的特殊整体，叙利亚却由占人口少数的阿拉维派充当统治阶层，其最重要的差别就在外来干预方面。黎巴嫩和伊拉克的特殊政体是分别在法国和美国的主持下形成的，而叙利亚则没有这种外力干预。在第七章，作者把黎巴嫩和后萨达姆时代的伊拉克当作一种具有代表性的情形进行讨论，认为这种按教派比例分享权力的模式是教派情况复杂的结果，但是这无法解释叙利亚以及萨达姆时代伊拉克的政治情形。笔者认为恰恰是萨达姆时代伊拉克的情形才是具有代表性的，在一个多教派并存的国家，各教派经过不断斗争最终会产生一个教派成为统治集团、其他教派处于受支配地位的结果。而各教派分享权力是一种非常态，是外来干预强行压制教派矛盾的结果，黎巴嫩的内战与现今“伊斯兰国”在伊拉克的横行，都体现了这种权力结构的脆弱性。

在这种结构性分析下，总统的个人作用退居到了相对次要的位置，我们看到，终身总统制度并非完全取决于总统个人的意愿，而是特定政治结构下各种因素相互作用的结果。相较以策略和利益作为出发点的分析，这种分析方法由于所依靠的变量是更为客观的结构性因素，其对局势的判断也更加准确些。在预测阿拉伯之春后的政治转型走向时，作者认为短期内可能只有有着庞大中产阶级以及较为突出的职业社群划分的突尼斯会比较顺利，而其他一些国家的未来并不乐观。部落因素突出的也门和利比亚即使发生了政权更迭，新上任的政府力量依然会比较薄弱，面临政局不稳和庇护网络的盛行。虽然这部书出版于 2012 年，但现在看来，作者所做的预测基本上是准确的。

介绍完本书的主要分析思路，对于作者所特别标举的中观理论也有必要加以说明。作者在本书中运用的两个主要概念是“安全国家”和“镜子国家”，其概括了这些终身总统制政权的主要特点。所谓“安全国家”，在上文已经有所提及，即这些政权均以强大的安全力量作为维系统治的主要支柱，依靠这支力量镇压反对派、钳制舆论、操纵选举。

“镜子国家”的理论更加富有原创性，意思是整个政权运作像一面镜子，统治者所看到的都是他想看到的情形，给予他的只有正反馈而无负反馈，这在利比亚的例子中尤其突出。依据周围人反馈的信息，卡扎菲直到局势失控的时候，还以为国家在按照他的想法稳定运转，而在通过虚假信息满足了卡扎菲的幻想之后，政权高层则按照自己的意志进行统治，通过权力攫取巨额利益，直到将整个政权拖垮。

当然这部著作也有一些不完善之处，比较突出的有以下几点。

首先，为了分析的便利，该书对这些政权的描述有模式化之嫌。利比亚和也门、苏丹都被归入了部落化国家的行列，但利比亚不论从政权运作还是从领导人个人素质方面，都和另外两个国家有着明显的区别，而更接近埃及等国。虽然利比亚依然有着显著的部落因素，但凭借庞大的石油财富，卡扎菲政权对国家和社会的控制力要远远大于苏丹与也门的领导人，其武装力量也更为强大，而且卡扎菲政权的意识形态色彩也更为浓厚。

其次，在作者的分析中，终身总统制度似乎有百害而无一利，但这是以当代民主政体的理论作为参照的结果。终身总统这种现象之所以会在阿拉伯世界产生，是有其特定历史环境的；而其能够维持几十年，也是因为它们确实对国家发展起到了一定的积极作用。比如也门的萨利赫总统，在其上台前北也门先后有两任总统被暗杀、两任总统逃亡，政局极为动荡。他上台后至少维持了政局的相对稳定，从而使国家发展获得了一个较为稳定的环境，并最终实现了也门的南北统一。毫无正面影响的政权，即使暴力机器再强大，也维持不了多久。不能因为近几年这些“终身总统”统治的纷纷崩溃，就以“后见之明”将其贬低得一无是处。

另外，全书内容主要集中在政治运作方面，对社会经济方面的分析过于薄弱，比如作者在最后论及阿拉伯之春时，曾指明突尼斯的中产阶级力量，但这在第四章对突尼斯的分析中基本没有涉及。作者于 20 世纪 70 年代在英国读书时，曾撰文批评当时刚刚出版的《剑桥伊斯兰史》，对其中社会经济分析的缺失进行了猛烈抨击，并借此一举成名。然而在其功成名就的今天，他还是或多或少地陷入了这一问题。当然，对于一个 200 页的小册子来说，其分析已足够全面。该书无疑是一部优秀的当代阿拉伯政治研究著作。

The Similarities and the Differences of Presidents for life
——A Book Review of *The Rise and Fall of Arab Presidents for Life*

ZHANG Yizhe(Peking University)

Abstract: This article is a book review of *The Rise and Fall of Arab Presidents for Life*, which is written by Professor Roger Owen, the A.J. Meyer Professor of Middle East History at Harvard University. In this book, Professor Owen uses a series of middle-level theories, such as security state and cronyism, to analyze the rulers who make up “presidents for life” in the Arab world. In the analysis, he refers to the structural sectors of these regimes and the combination between sectors the societies and economies of different countries. It greatly contributes to the understanding of politics in the Arab world. The exerpts on concerning Arab Spring are of exceptional reference value.

Keywords: President for Life; Security State; Cronyism; Arab Spring

作为历史、思想和文化标本的纪伯伦*

——《哈利勒·纪伯伦：他的生活和世界》中译本译者序

马　征**

【内容提要】本文是当代英语纪伯伦传记代表作《哈利勒·纪伯伦：他的生活和世界》中译本的译者序，总结了纪伯伦生命的历史、思想和文化意义，也概述了这部传记的主要内容。首先，纪伯伦的个人成长史，是一部早期阿拉伯移民在美国的奋斗史，他的移民动因、经历和生活是20世纪上半叶阿拉伯裔美国人境遇的缩影。其次，纪伯伦的生命存在本身，便标志了一种思想、一种文学、一种艺术，是现代主义的注解。最后，在文化的意义上，纪伯伦的人生、文学与艺术，交相辉映着西方人对"圣经所述"之"东方"既熟悉又遥远的怀恋与好奇，这一经久不息的文化想象，在根本上成就了纪伯伦的人生、文学和艺术。

【关键词】纪伯伦　《哈利勒·纪伯伦：他的生活和世界》　阿拉伯裔美国人　现代主义　东方想象

与20世纪20年代美国现代艺术家心目中那位"空降"于纽约、讲着

* 本文为国家哲学社会科学青年项目"阿拉伯裔美国文学研究"（项目批准号：12CWW037），河南大学教育部人文社科重点研究基地黄河文明与可持续发展中心国际合作项目"伊斯兰文化的'全球化'和'地方化'研究"的研究成果。

** 马征，河南大学黄河文明与可持续发展研究中心、河南大学协同创新中心研究员，副教授。

流利英语、风度翩翩、举止得体的“世界公民”形象不同，更与一些美国评论者在纪伯伦成名后所渲染的“生来好运”“在爱、美和富足的氛围中长大成人”这一“纪伯伦神话”[①]不同，纪伯伦是20世纪初期第一代阿拉伯移民的缩影，在某种意义上，他的成长史，代表了20世纪早期阿拉伯移民的奋斗史。

1883年1月6日，纪伯伦出生于黎巴嫩的小山村贝舍里，这个小山村历经政治变幻、文化更迭，埃及人、巴比伦人、亚述人、波斯人、罗马人、拜占庭人、十字军东征时的欧洲人、阿拉伯人和土耳其人都曾统治过这里，但这里的人们却“幸免于侵扰，孑然不变，他们传承着自己的田园生活，生老病死，世代沿袭”。[②]这里的人们从公元5世纪开始信奉基督教马龙派，而19世纪40年代以前的贝舍里，与中东的其他地区近似，基督徒与穆斯林之间的宗教屠杀并未出现，他们之间的通婚、交往非常普遍，纪伯伦母亲的祖父一代，便是穆斯林。[③]纪伯伦成长的这种宗教和文化多元背景，从根本上解释了纪伯伦文学中宗教和文化的统一性思想。

童年纪伯伦生活在一个缺少稳定和爱的家庭环境中，父亲老纪伯伦自负任性，好赌善饮，而母亲卡米拉公然违抗，毫不妥协。于是，童年时代的纪伯伦便从乡村美景和内心世界汲取力量——贝舍里乡村四处可见的山峦、遗迹、河流与雪松林，激发了他浪漫主义的想象，成年后，这些美景成为他作品中田园诗般的绝美回忆；而这里世代口耳相传的基督教的传说与奇迹，传奇、故事和歌谣也使古代圣徒和圣人的故事成为纪伯伦后来创作的一个重要资源。

1895年6月，因丈夫被捕、房产被没收而深感耻辱的卡米拉，带着两子两女加入了世纪之交的移民大军，希望能到美国这块新大陆谋求更好的物质生活。哈利勒·纪伯伦是卡米拉的次子，时年12岁。与众多早期阿拉伯移民一样，他们居住于美国第二大移民聚居区波士顿南恩顿（South End）边上的奥利佛（Oliver Place），现在的奥利佛是“中国城”的一部分，当时

① 简·纪伯伦和哈利勒·纪伯伦:《哈利勒·纪伯伦：他的生活和世界》，马征译，中国社会科学出版社，2016，第22章《最后的岁月》(以下只标明该书章节，不再重复该书信息)。
② 第1章《贝舍里的贫困岁月》。
③ 同上。

居住着来自地中海沿岸的移民，贫穷、低贱而拥挤不堪。[①]

纪伯伦终身视这段棚户区经历为“污点”而闭口不谈，甚至“用想象的故事来虚饰奥利佛区的悲惨生活”，在他编织的故事中，他有出身高贵的父母和享有特权的童年，他甚至在脑海中以某种方式抹去了自己早年的真实生活。[②] 但这个充斥着贫穷、疾病和死亡的移民区，确实是纪伯伦美国生活的起点，在这样的环境中，美国的公立教育制度和慈善制度，成为众多移民孩子“汇入美国洪流”最重要的媒介。

1895年9月30日，作为家中唯一一位入学的孩子，纪伯伦进入居住区附近的昆西学校读书，昆西学校的生源复杂，包括居住于南恩顿的爱尔兰人、美国人和犹太人，还有少量的中欧、东欧和中国人。[③] 纪伯伦进入一个“专为需要零起点学习英语的移民孩子设置”的不分级的班，在这个至少有六种不同语言的班级里，纪伯伦成绩优异，尤其在素描和绘画方面表现突出。

在波士顿移民区丰富、庞杂、来自不同国度的街区文化中，在世纪之交的波士顿城市“犹抱琵琶半遮面”的现代大众文化中，少年纪伯伦接触到了完全不同于黎巴嫩山村的一个“新世界”，然而，如果不是19世纪90年代以后美国“新慈善”事业的发展，纪伯伦或许会难以摆脱“小商贩”的命运。

19世纪90年代是美国“新慈善”革新的开创时期，“新慈善”主要建立在“重建”的原则上，其目标是“从这个区域自身的物质和所蕴含的内在生命力出发，建构更好的生活”。[④]1896年11月25日，慈善工作者杰西・弗莱蒙特・比尔小姐给富有的波士顿文化名人弗雷德・霍兰德・戴伊写了一封推荐信，推荐纪伯伦这名展现出绘画天赋的移民孩子，她的推荐信贴切地映射出那个时代的纪伯伦作为一名移民孩子的“幸运”：

我亲爱的戴伊先生：

……不知你是否碰巧有一位搞艺术的朋友，可能会对一个叫哈利

① 第2章《城市旷野》。
② 同上。
③ 同上。
④ 同上。

勒·纪伯伦的叙利亚男孩儿感兴趣。他与任何社团都没有联系，因此，无论谁和这小伙子交朋友，他都能按自己的评判和智慧来规划他的未来。去年冬天，他闲逛到泰勒街上，上了一次绘画课，他所表现出的绘画才能，足以使皮尔斯小姐相信，如果有人愿意帮助他得到艺术方面的教育，他有一天就能够以更好的方式谋生，而不是在大街上卖火柴或报纸。

如果我们不去立即帮助他，他将来很可能会成为一个街头混混。他与家人居住于奥利佛，极度贫困，如果他没有其他更好的选择，他的家人会在法律允许时，让这小男孩儿工作以贴补家用。明年他就 14 岁了，超出了上学的年龄，因此情况允许的话，我们特别希望让这小家伙儿今年能开始绘画。

（第 2 章　城市旷野）

弗雷德·霍兰德·戴伊是响应“新慈善”号召、经常拜访南恩顿移民区的文化名人之一，是 1890 年代活跃于波士顿“病态世纪末”的波西米亚艺术群体的核心成员，这是一个“遭人非议的灵性群体”，“夜半宴饮，放纵调情”，视行为和艺术为一体，以行为描画艺术，视艺术为灵魂的给养。戴伊的写作技巧和语言表达庸常，却具有非凡的现代审美力，是推动美国现代主义运动的“小杂志”的早期创办者。在戴伊起到重要推动作用的小杂志《桃心花木》（*The Mahogany*，1892 年 1~7 月）末期刊载的一段话，很形象地表明了纪伯伦即将进入的世界，这个世界以“对物质主义的轻蔑”和“以反叛寻求精神的救赎”而著称，而这将成为纪伯伦文学和艺术精神的基点：

世界出于自身的利益，以过快的速度运行。对于那些要改良这自以为是的 19 世纪文明的人来说，这速度显得尤其地快……我们一直尝试着去变革这个世界，扭转人们疯狂的拜金主义，我们抽雪茄，阅读奥斯卡·王尔德；我们反对电车、自行车和豪威尔斯先生；我们玩儿通灵，因为我们发现那很有趣；我们褒扬乔治·梅瑞迪斯先生，因为我们对他怀有诚挚的敬意；我们歌颂香烟和咖啡，并非由于它们自身的缘故，而是由于它们代表了对这个时代的反抗——这个时代将生活

> 变成特快列车，并使人未老先衰。
>
> （第 3 章　病态世纪末）

戴伊引领纪伯伦进入的这个弥漫着现代主义精神的精英群体，将会对纪伯伦的文学理念和生活态度产生根本的影响。他作品中对精神和空灵世界神秘主义的描绘、弥漫着浓浓思乡情绪的东方图景、他波西米亚式的生活方式、他要“手捧着火焰”“不眨眼地看太阳”的生活态度是对中产阶级价值观和幸福观的叛离，这些文学、艺术和生活观念从根本上来自他少年时代所见到的波士顿的现代主义者们。

1893 年，戴伊和赫伯特·科普兰合作，成立了“科普兰和戴伊出版公司”，在五年半的运行时间里，公司共发行了 98 本书，不仅引介了莱昂纳尔·约翰生、爱丽丝·梅尼尔、威廉·巴特勒·叶芝等英国诗人的作品，与英国出版商合作出版了马修斯和莱恩主编的十卷本《黄皮书》，而且还推介了斯蒂芬·克雷恩等现代美国作家的作品。当时的纪伯伦几乎不懂英语和阿拉伯语，但戴伊经常给他读书，在他的引导下，哈利勒发现了文学、艺术和思想的世界。比利时作家梅特林克《谦卑者的财富》，英国学者约翰·兰普里尔的古典神学著作《古典辞典》，以及布莱克、比尔兹利和波恩·琼斯的文学和艺术作品对纪伯伦的影响最大。有艺术天赋的纪伯伦，甚至在 14 岁时就参与了科普兰和戴伊出版社所发行图书的封面设计；而通过出版社的活动和戴伊的引荐，纪伯伦得以自由出入于波士顿精英艺术家群体，这个群体波西米亚式的生活方式、先锋性的文学和艺术理念预示了纪伯伦此后一生的生活、文学和艺术精神：

> （戴伊）悉心培植的百合花和玫瑰，并未生长在贫瘠的土地上，小哈利勒将会把这些最初和最重要的艺术影响，移植到他自己简朴的雪松之茎上。多年以后，当人们已遗忘艾里斯·布朗的《牧地草》、泰伯神父的《诗集》和露易斯·奎尼的《路标》，年轻的哈利勒却仍能回忆起他们的精神并效仿他们。移民所造成的文化混杂将对哈利勒·纪伯伦产生复杂的影响，而这些都来自弗雷德·霍兰德·戴伊的遗赠。
>
> （第 3 章　病态世纪末）

更为重要的是，戴伊还通过他的摄影艺术向纪伯伦展示了另一个世界，这个世界来自西方人对黎巴嫩和近东经久不息的浪漫主义想象，将会从根本上塑成纪伯伦的人格和创作基调。

戴伊前往移民聚居区，并不仅仅出于慈善的目的，还有一个更关键的原因。他喜欢移民区那“令人炫目的地方色彩，街区孩子们的多种族特点给予他灵感，促使他尝试彩色摄影的新艺术试验。意大利人、中国人、黑人和地中海人都令他着迷，他秉着严肃的态度，去寻找新的和有趣的模特”。当时的戴伊所进行的摄影试验之一，是要找到“最具有震撼力、不寻常和奇异生动的模特类型——黑人、白人和黄种人，在相机前摆各种姿势”。

戴伊对纪伯伦这位“安静、橄榄色皮肤、褐色眼睛”的叙利亚男孩儿，自然特别满意，而他的拍摄给少年哈利勒留下了微妙却又是难以磨灭的精神印记，这一精神印记将会持续在纪伯伦一生的文学创作中：

> ……戴伊让他穿上神秘的阿拉伯长袍，就像他让亚美尼亚人裹上头巾，让黑人穿上埃塞俄比亚华服，让中国人拿着长笛，让日本人穿上和服。这些孩子们并不仅仅将这当作假扮游戏，经由戴伊的镜头，这些贫民区的流浪儿发生了魔幻般的转型。他们变成了“亚美尼亚王子”、“埃塞俄比亚头领”和“年轻的首长”，这些称谓赋予孩子们从未有过的特权和高贵感。而哈利勒尤其强化了这一自我形象，并幻想着自己高贵的出身，以此来抵御现实的窘迫。在戴伊高贵的标签下，他不再是一个生活在黑暗街区的贫民窟中的孩子，他在戴伊铂金镶框的照片中所看到的闪光的自我形象，蕴含着更丰富的内容。在这一年里，他竭力使自己符合戴伊照片中的形象。
>
> （第 4 章　年轻的首长）

1898 年，纪伯伦返回黎巴嫩，在贝鲁特马龙派教会学校马德拉赛特·阿·希克玛学院学习阿拉伯语。已在波士顿艺术圈见闻广博的他，在黎巴嫩表现出令人印象深刻的自信，通过学习，他的阿拉伯语写作水平得到显著提高，赢得了“校园诗人”的称号。

1902 年，在黎巴嫩完成阿拉伯语学习的纪伯伦回到美国，在途经巴黎时得知了妹妹桑塔娜的死讯。在随后一年的时间里，刚回到家中的纪伯伦，目睹了哥哥和母亲的因病离世。在他生命中最痛苦的岁月，美国浪漫主义女诗人约瑟芬·普林斯顿·皮勃迪给予了纪伯伦精神上的抚慰。这位美丽的“缪斯女神”认为纪伯伦“具有不可战胜的创造精神”，她帮助纪伯伦举办第一次画展，允许纪伯伦走进自己的私密世界，他们营造的那个浪漫的理想世界，帮纪伯伦挨过了他生命中最无助的时光。而更重要的是，她对纪伯伦的浪漫主义想象，映射了西方人对“圣经所述之地”经久不息的记忆，也映照了纪伯伦这位黎巴嫩“天才”多得“贵人襄助”的秘密。

1902 年 12 月，初识纪伯伦的约瑟芬瞬间被纪伯伦吸引，她在日记中写道，“我最好的朋友将会成为什么？这是最难以预料的事，其中有三个理由：这男孩儿是叙利亚人；他也是一位绝对富有天才的先知；我不记得第三个理由，但理由远远不止三个。”约瑟芬经常在日记和书信中称呼纪伯伦为“我的天才”“先知”等。

事实上，当约瑟芬最初看到纪伯伦给她的画像，当她听戴伊讲述纪伯伦来自黎巴嫩的东方身份，她便已相信“这男孩儿生来就是一名先知”，当时已出版一部诗集的约瑟芬在日记中写下了对这位 15 岁男孩儿的最初印象，这段话很能代表纪伯伦所遇到的一位美国庇护者和崇拜者的心理：

> ……我明白，他（戴伊）和我一样相信——这男孩儿生来就是一位先知，确实如此。他的画比任何事物都清楚地表明了这一点，这年轻人无法逃避。你满怀欣赏和喜悦的欢欣，（这是）极大的精神拥有。通过每一幅草图和每一种感觉，你能看到一位来自阿拉伯本土的有预言能力的智者。感谢我看到这些的那一天，因为我遇到了与上帝如此亲近的一个生灵，没有什么如此温暖过我的心，振奋了我那在黑暗中逐渐迷失的思想。

10 月，纪伯伦要求与约瑟芬进一步发展男女之间的情谊，他们之间带有明显浪漫色彩的短暂关系结束了，这再次印证了约瑟芬对纪伯伦的“爱”，是一位西方“恩主”对一位来自“圣地”的少年天才的赏识与浪漫想象，这与当时波士顿精英群体迷恋东方和神秘事物的风尚密不可分。然而，作为纪伯伦早期创作与生活中的“缪斯女神”，约瑟芬的感伤、浪漫和非凡的想象力，对纪伯伦的文学创作产生了不可低估的影响。

1903年，纪伯伦暂时放弃了自己“仍然难以驾驭的”英语，开始在纽约的阿拉伯语报纸《移民》上发表阿拉伯语短文。1905年，纪伯伦出版第一部阿拉伯语作品《音乐短章》。纪伯伦的阿拉伯语创作采用了口语的形式，受到阿拉伯移民读者的喜爱，传记作者的分析极富启发性：

> 贝鲁特的四年学院生活，没能完善纪伯伦的阿拉伯语写作能力，也没有记录表明，他与波士顿的任何一位阿拉伯语学者保持着友谊，的确，他与叙利亚群体没有形成密切的联系，于是，当他写下自己的思想，他被迫求助于农民的耳朵。他忽视传统词汇和古典阿拉伯语形式，从贝舍里孩童时代和南恩顿街区所体验过的普通语言中汲取资源。他使用口语，并非出于某种特殊的目的，而是由于他疏离于正统的阿拉伯语文学。然而，他对作品语言独特和简约的处理方式，却吸引了成千上万的阿拉伯移民。他的很多读者几乎不认识自己的母语，因而他们能认同和接受纪伯伦无意中对阿拉伯语的现代化（改造）。
>
> （第8章　奇怪的音乐）

1906年，纪伯伦出版阿拉伯语小说集《草原新娘》，作品采用了现实主义手法，表现底层社会人物，表达反教会的主题，与当时阿拉伯文学的矫揉造作和形式主义形成了鲜明对照，迅即吸引了纽约移民作家的注意。

1903年，纪伯伦在戴伊的工作室第一次举办画展，同时也遇到了对他的人生与职业生涯产生重要影响的人物——玛丽·哈斯凯尔。哈斯凯尔小姐培养了自己逐条客观记录生活的习惯，她的这一习惯将记录下自己与纪伯伦延续一生的爱情、友谊与合作，为后人呈现珍贵的纪伯伦研究资料。而纪伯伦与玛丽持续一生的通信，不仅是研究纪伯伦创作和生活的重要文献，而且早已成为书写爱情、友谊的世界名篇，被翻译成多种语言并广为流传。当然，纪伯伦和玛丽之间的关系，也历来被纪伯伦传记作者们津津乐道。这位年长纪伯伦十岁的美国知识女性，与纪伯伦到底是一种什么样的关系？

首先，与其他纪伯伦早年的美国欣赏者一样，玛丽同样对纪伯伦的天赋深信不疑，她甚至用“转世轮回说”来描述纪伯伦的天才，在她看来，

“布莱克死于 1827 年，罗塞蒂出生于 1828 年；罗塞蒂死于 1882 年，而纪伯伦生于 1883 年。”但与其他美国庇护者不同，玛丽打破了纪伯伦的“天才”神话，更为理性客观地看待纪伯伦。第 7 章《优雅和新奇头脑的画廊》记述了玛丽与此前纪伯伦众多的美国庇护者的差异：

> 此前的纪伯伦一直被一个矫揉造作的群体宠爱着，他从这个群体中学习，并受到约瑟芬的浪漫主义精神的滋养。而此时的他，可能厌倦了自己这种像猴子一样被耍弄的角色，他需要得到某个人实用性的分析和指导。玛丽·伊丽莎白·哈斯凯尔理智而又不易动感情，于是，她便被赋予这一新的角色。

玛丽开始审阅、修改纪伯伦阿拉伯语作品的英译稿。1908 年春，纪伯伦将玛丽修改后的英文译作《死之美》发表在《移民》报纸上，这是二人长期文字合作的开始。自此，玛丽成为纪伯伦一生的经济资助者、文学和艺术上的崇拜者和合作者。

1908 年 7 月 1 日，哈利勒在玛丽的资助下，前往巴黎学习艺术。在巴黎期间，纪伯伦出版了另一部阿拉伯语短篇小说集《叛逆的灵魂》，赢得了广泛关注，巩固了他在美国阿拉伯移民作家中的地位。

当时的巴黎是西方现代艺术的中心，各种各样的“先锋”艺术层出不穷，产生和吸引了众多世界级的艺术家。纪伯伦曾居住在巴黎著名的先锋派艺术家聚居地蒙特马高地，亲身感受了先锋艺术狂放自由的精神。纪伯伦从威廉·布莱克、尼采、卢梭、伏尔泰的作品中汲取营养，为后期的文学创作提供了思想储备。其中尤为重要的是布莱克和尼采的影响，在读了布莱克的作品后，纪伯伦感到他找到了“自己灵魂的姐妹”。而在纪伯伦看来，尼采的《查拉图斯特拉如是说》是“所有时代中最伟大的作品之一”。在巴黎学习期间，纪伯伦延续了他在早期波士顿时期所接受的象征主义作家的影响，选择性地接受了象征主义的绘画理念。在此期间，他开始着手一个雄心勃勃的计划——创作一系列“绘画作品，画出他们时代的伟大艺术家——现代艺术和文化的支柱”，这个延续一生的工程，使纪伯伦以独特的方式接触了众多现代艺术家、文学家和思想家。1910 年 6 月，哈利勒结识了另一位移民作家艾敏·雷哈尼，年长的雷哈尼在当时的美国和阿拉伯文坛都享有更高的知名度。

1910年，纪伯伦返回波士顿，向玛丽求婚，为了和玛丽的婚姻，纪伯伦做出种种努力，但年龄的差距和社会背景的悬殊，使玛丽对二人的婚姻摇摆不定。后来他回忆道，玛丽的冷静和毫无激情，重重地打击了他的骄傲：

> 我从巴黎回来，全是对你的爱。我那么简单、率真和真诚地把全部的心灵给你，我只是一个孩子，将全部的我放在你的手里，但你却对我那么冷淡，疑心重重……在巴黎，我一直能感受到你的信任和温暖；我回到波士顿，仍然觉得你是那么甜蜜、善良和美好——然而当那天我向你提到婚姻，你便开始伤害我。

这是纪伯伦第二次对婚姻的努力，但玛丽坚决地拒绝了他；经过理性的思考，选择了婚姻可能之外的恋人关系。在临去世前，纪伯伦还曾对自己缔结婚姻做出了第三次努力，但仍然没有成功。纪伯伦一生的三次“求婚”和为稳定的婚姻生活所做的努力，应为后人所诟病的纪伯伦的生活方式提供一种很好的反击：一个一味追求波西米亚自由不羁的感情生活的纪伯伦，怎么又会在一生中三次求婚呢？

玛丽曾在日记中忠实地记录了她和纪伯伦之间的关系，这段文字解释了二人最终在经济资助和工作合作中形成的灵魂伴侣关系，而也正是由于要达成更大的自我、结成这样的灵魂伴侣关系，二人克服了金钱关系所带来的困扰，结成了工作上的合作关系：

> 关于在金钱关系上我们的“小自我”所遭受的痛苦，我们比任何时候都谈得更坦白和全面——对我而言，那是我想要的那种爱的障碍，对他而言，他不确定在我未来的岁月里，我是否还会有足够的积蓄。他认为我正失去自我。他说，他的阿拉伯语作品并不比绘画作品少，那是给我的礼物——
>
> “你曾意识到这一点吗？”
>
> “没有。”
>
> “你给了我文学生命，因为我相信，如果我不能做这项工作，我无

法活下去，”哈说。

“但如果你死了，你就不会遇到灾难，如果你不在我的生命里，我却还活着——那个生命要微小得多，那会是灾难。”

我们都那样看待我们的合作，从商业效果看，我们的合作很可笑，因为我们不断地变化—但从更大的方面看，那是一种智慧……我认为，我们几乎不再有对金钱的痛心……因为它只是为了使我们成为内心的伴侣，当我们一起朝着“大自我”成长，我们发现我们变得越来越完整。

（第15章　征服纽约）

1911年5月，纪伯伦出于事业发展的考虑，移居当时美国的新兴文化中心纽约，并居住在纽约的艺术家聚居区格林尼治村。在这个新兴的现代主义艺术中心，纪伯伦得以和众多文化名人接触，这使他能敏锐地把握最前沿的文学趋势和时代脉搏，更为重要的是，通过迁居到这个新兴都市，纪伯伦“逃离”了早期波士顿那个世纪末群体给他打下的文化烙印，在该书的《后记》中，传记作者通过无意中发现的史料，令人信服地分析了纪伯伦移居纽约的心理原因：

……在理解纪伯伦作为一位不断发展的艺术家的人格特征时，更为关键的一点是，他总是不断地表现出对自己的双重文化和语言背景的焦虑。在当时的世纪之交，他的“东方”风格和气质，曾令波士顿的精英美学家们着迷，崇尚和追寻富有诱惑力的“欧玛尔·海亚姆文化”是一种风尚。然而，后来的纪伯伦不适应这种婆罗门式的家长作风，因为这使他畏惧自己会停滞不前。无疑，当他长大成人，他开始对自己一成不变的“叙利亚天才”的标签怀有敌意，他不再满意于做阿拉伯风尚的点缀品，也不愿再用行为去迎合“黎凡特”或“东方”英才的普遍概念。对于贬低自己和自己的文化，纪伯伦感到厌倦，他决定离开波士顿，到一个更为都市化、更少有先入之见的地方去，使他不再像早年一样认同“一成不变的东方”的普遍认识。事实上，近代的先验主义者，也就是那些喜爱他的外表和出身并给他拍照的“灯塔山”的东方主义者，其实是他成功逃离的小群体。

1913 年 4 月，阿拉伯社团第一份文艺类杂志《艺术》首期在纽约发行，该杂志反映了纪伯伦的趣味与风格，他的设计、插图、散文诗和文章，令杂志别具一格。而他第一年在期刊上发表的很多诗作，成为后来《疯人》写作的核心。他还开始创作一系列关于前伊斯兰和伊斯兰诗人与哲学家的文章，并发表一些想象性的绘画作品。经由他的作品，阿－麦阿里、伊本·阿·法里德、伊本·哈尔丹、阿－加扎里、伊本－阿－穆卡法和伊本－西拿被介绍给了大多数阿拉伯基督徒读者。

1914 年 12 月在纽约第五大道的蒙特罗斯画廊所举办的画展，叩开了纪伯伦“征服纽约”的大门。1916 年，著名的小杂志《七艺》(*Seven Arts*) 创刊，这家刊物邀请了瓦尔多·弗兰克、凡·威克·布鲁克斯、罗伯特·弗罗斯特、罗伯特·埃特蒙德·琼斯等后来“名留青史”的美国作家，纪伯伦是顾问委员会中唯一的移民代表。而尤金·奥奈尔、D.H. 劳伦斯、舍伍德·安德森、西奥多·德莱赛、约翰·多斯·帕索斯和 H.L. 门肯这些将成为“美国文学史中光芒四射的名字”，都是《七艺》杂志的作者。纪伯伦《疯人》中的大部分作品，最初都首先在《七艺》上发表，而在《七艺》发表的一系列作品，也使他开始得到纽约文学界的关注与认可。

1914~1919 年“一战”时期，是纪伯伦精神和创作上的“双重时期”。一方面，民族主义立场使他希望借助战争使黎巴嫩和叙利亚摆脱土耳其的统治；另一方面，他也支持他的那些持和平主义信念的美国朋友们。这两个世界的差距，成为他“每日不得不跨越的鸿沟”。他对两个世界的矛盾态度，表现在这一时期所创作的《疯人》与《先行者》中。1912 年，在写给玛丽的一封信中，纪伯伦充分表明了其在这一时期对待战争与和平的矛盾心态：

> 我一直因欧洲的这些过分冷静的话语而感到疲倦和恶心，因为他们自己拥有自由与和平，他们便认为整个世界都应该为之满足。玛丽，在幸福人们的乐观主义中，有一种冷酷。富有和幸福的人们反对巴尔干政权，因为他们害怕那可能会“打破了世界和平”——为什么他们不应该打破这虚伪的世界和平？他们已经在单方面的和平中遭受了太多的痛苦，我祈祷上帝，这次战争有可能会带来土耳其帝国的分解，

> 以至于那些贫穷的、被压榨的近东国家能够再次存活……我不是爱国主义者，玛丽，我是一个过分的绝对主义者，绝对主义思想里没有国家——但我的心仍为叙利亚燃烧。命运一直对她太残酷了。……她的众神已死，她的孩子离开她，到远方的国度寻找面包……然而，她却仍然活着——那是最痛苦的事情。
>
> （第 17 章　战争年代）

玛丽协助纪伯伦进行英语文学创作的语言润饰和思想沟通，在这样一种合作关系中，1918 年 10 月，纪伯伦的第一部英语著作《疯人》出版了。这部作品的出版使纪伯伦在美国文学界声名鹊起，同时也标志着玛丽对纪伯伦长期英语语言训练的结束。随后，已停刊的《艺术》杂志的主编纳西布·阿里达出版了纪伯伦的阿拉伯语长诗《行列》。而 1920 年出版的《先行者》，其英语表述已经不再需要玛丽的任何校正。在玛丽看来，纪伯伦的英语是自己所见过的“最出色的”，“不需要改动一个字”；而在纪伯伦看来，他过去的一切写作，似乎都仅仅是培训他的学校，他要以自己的“全部存在”“进入《先知》”。[①]

一战爆发后，纪伯伦逐渐放弃了自己要直接参与战斗的政治幻想，将自己的艺术创作作为参加祖国战斗的“最好形式”。他参与和组织了一系列具有政治色彩的救助活动。1919 年 2 月的巴黎和平会议期间，他告诉玛丽：“无论巴黎发生什么，我和许多叙利亚人一起，会为我的国家而战斗。或许战斗的最好形式是绘画和写诗。”[②] 整个 20 年代早期，纪伯伦坚持这一主张。1920 年 4 月，著名的阿拉伯旅美作家团体“笔会”成立，纪伯伦任会长。1920 年《你有你的黎巴嫩，我有我的黎巴嫩》在《年轻女性》上发表。在随后四年间，纪伯伦还发表了相关思想的系列作品——通过语言、写作和人们的创造活动，使阿拉伯文化重获新生。

进入 20 世纪 20 年代，已在文学界得到广泛认可的纪伯伦，思想上发生了“质”的转变。在 1921 年写给玛丽的一封信中，他坦承了这种转变：伴随他一生的、追寻自我身份的痛苦和矛盾，已经让位于一种圆融的整体

---

① 第 19 章《笔会》。
② 同上。

性目标：

> 我过去常常认为，我是另一个碎片——不同于其他一切生命——我所写的一切作品，都是要直接或间接地表达孤独。但那其实是错误的。没有任何一种东西是孤独和与众不同的。现在我明白，我是一个整体中的一部分——一个坛子的一个碎片，不是来自于另一个坛子的碎片。现在我已经找到了适合自己的位置，在某种方式上，我是那坛子——坛子是我。当我觉得自己总是与众不同和孤独，我是自我中心的……现在当记起我过去总把自己当作疏离于社会的个体，我感到很羞愧。你知道，如果一个人在一个房间里，他可以探究房间的一角——或者让自己填满这个房间。填满这个房间更加困难，但却更为真实……当一个人确实接受了整个房间，或接受了整个生活，包括生活的苦难、与其他人的关系——那么，一个人就会发现自己在整体中的位置，一个人就能感受到整个生活。
>
> （第 20 章　不再分离）

这种整体性思想，使纪伯伦的生命达到更加圆融的状态，此后发表的《先知》、《沙与沫》、《人子耶稣》、《大地之神》和《流浪者》，将不会再有《疯人》和《先行者》中的孤独和愤世色彩。生命的圆融和通达感，将使纪伯伦的文学创作达到纯然的“无我”之境；也正是这些并不被当时的先锋艺术界推崇的作品，将因其对生命本然状态的“通融”表现，使纪伯伦成为一名作品跨越时空、广为流传的世界性作家。

纪伯伦关于《先知》的酝酿与构思，见诸玛丽从 1912 年到 1922 年的日记中。从一开始，纪伯伦便立意要写一部可以“留于身后的生命之作”，他对《先知》的写作一拖再拖，因为“《先知》对我的生命意味着很多，在全部 37 年的时间里，我一直在创作着它——我已经有了一本阿拉伯语原作，是碎片化的形式。它包含了我甜蜜的内心生活……我已经开始（写作），它总是在我的内心世界，但我不能仓促地写，不能早一些完成它”[①]。他称《先知》为“我职业生涯中的第一本书——我第一本真正的书，我丰硕的果

① 第 19 章《笔会》。

实”[①]。

1923年以后，由于阿拉伯文学界对纪伯伦文学作品的质疑，纪伯伦选择终止阿拉伯语文学创作，将全部精力用于英语文学写作。他搜集了自己的一些短篇格言——其中有很多已经用阿拉伯语或英语出版——为自己的美国追随者们编成了一本现成的书《沙与沫》。

1925年，纪伯伦应邀参加以圣雄甘地为首的“新东方社团”（The New Orient），该社团具有国际化特点，纪伯伦与其他诸多著名的“世界公民”一起，成为该社团的高级官员。社团对他的评价表明了纪伯伦在当时纽约这个国际大都市达到了荣誉上的巅峰：“在当今的西方，没有一位东方人比哈利勒・纪伯伦更真诚、可信和富有才华，并起着重要的作用。”

1926年，纪伯伦创作了两部英语戏剧《拉撒路和他的爱人》和《盲人》，接着，纪伯伦着手完成“自己二十年的愿望”，开始创作自己“最有抱负的作品”——写作关于耶稣的生平。1928年，纪伯伦完成他篇幅最长的作品《人子耶稣》。与《先知》和《沙与沫》在批评界反响不佳不同，《人子耶稣》广受赞誉。评论者认为，这些“来自耶稣同时代人”的独白，使作品“独一无二”。1931年3月，《大地之神》（*The Earth Gods*）出版。在他生命的最后三周，纪伯伦仍然在对《流浪者》（*The Wanderer*）进行最后修订工作。1931年4月10日晚间10：50，在被送入其工作室附近的一家医院12个小时后，纪伯伦病逝。伴随着这位伟大诗人的逝去，“纪伯伦神话”在阿拉伯世界和美国达到顶峰。之后，关于他的遗嘱、画作和遗稿，在他的美国移民社团的亲友、格林尼治村的故交和家乡贝舍里之间，产生了一系列纷争，《先知》的续写、改编延续至今。

纪伯伦在世时，便已经在美国和南美洲的阿拉伯移民群体中声名赫赫，阿拉伯移民视他为代言人。1929年1月5日，美国的阿拉伯裔社团为纪伯伦发起了一个感谢晚宴，表彰他25年来对阿拉伯文学所做的贡献。菲利普・希提的总结式发言概述了纪伯伦在阿拉伯移民群体和阿拉伯世界不可磨灭的影响力：

> 在某种方式上，纪伯伦给阿拉伯现代文学所带来的实际影响，要

① 第20章《不再分离》。

以两个标准来衡量，其一是阅读他的书的人们的数量；其二是近年来产生的大批“纪伯伦式”、“类似于纪伯伦”和“模仿纪伯伦”的人们，他们像雨后春笋般涌现出来，遍布阿拉伯世界。在当今的贝鲁特、开罗、巴格达、圣保罗或布宜诺斯艾利斯，你拿起任何一份阿拉伯语报纸，几乎都能发现有人在有意识地模仿纪伯伦。当然，这种神秘的、比喻的、想象的风格……并不是阿拉伯文学中的新现象……但我们今晚的主人公，通过他对这一艺术无可比拟的掌握，通过他纯粹和丰富的想象，通过他高尚和崇高的理想主义，通过他无与伦比的措辞和写作——无论是阿拉伯语还是英语——使他的思想成为一种新流派，他则成为这一思想的奠基者。当其他人运用空洞的词汇，惯于矫饰和因袭，纪伯伦却创造了思想的珍宝，那思想永恒、自然而又崇高。

（第 22 章　最后的岁月）

早在 1927 年年底，被病痛和死亡追逐的纪伯伦就写下了与这个世界告别的诗句，这些诗句是纪伯伦的生命写照：

遗憾啊
我们困倦得太快；
遗憾啊
我们睡去
在我们的歌声
飞扬到高空以前，
在我们的手
触摸到深处以前。

感谢主，
我们没有财产，
我们不是占有者。
我们没有伴侣，没有子嗣，没有亲属。
我们是行走在大地上的影子，
只有那些眼中藏着阴影的人们，能看到我们，因而，我们为世人的笑声而悲叹。
我们是作为灵魂的存在，
你们说“多么奇怪。”
但我们说，“你们——作为身体的存在，是那么奇怪。”再见。

（第22章　最后的岁月）

纪伯伦的个人奋斗经历，是一部早期阿拉伯移民在美国的奋斗史。其一，他的移民动因和经历、移民后的生活和学习环境，是早期阿拉伯移民境遇的缩影。在他被贫穷、疾病和死亡追随的短暂生命岁月里，我们能感受到早期阿拉伯移民在异域他乡痛彻心扉的无奈，更能感受到一位有着强烈成功欲望和艺术天赋的青年“置之死地而后生”的坚决与抗争。其二，现代主义者的人生本身，便是他们的思想、他们的文学和他们的艺术。纪伯伦的生命存在本身，便标志了一种思想、一种文学、一种艺术，是现代主义的注解。其三，在文化的意义上，纪伯伦的人生、文学与艺术，交相辉映着西方人对“圣经所述”之“东方”既熟悉又遥远的怀恋与好奇，这一经久不息的文化想象，在根本上成就了纪伯伦的人生、文学和艺术。

Kahlil Gibran as an Embodiment of History, Thoughts, and Culture

——An Introduction to the Chinese Translation of *Kahlil Gibran: His Life and World*

MA Zheng(Henan University)

Abstract: This is an introduction to the Chinese translation of the book titled “*Kahlil Gibran: His Life and World*”.This book is one of the English biographical representations of the life works of Kahlil Gibran. This article summarizes the meanings and values of the life of Kahlil Gibran from the perspectives of history, ideaology, as well as culture and outlining the main content of Gibran’s biography.First, the personal development of Kahlil Gibran represents the history of early Arab-Americans hardships and struggles in as part of a diaspora.The article also provides an account of what motivated his migration to America, his experiences, and how his life epitomizes the circumstances of the Arab-American migrants in the early 20th century. Second, this article illustrates the existence of Kahlil Gibran providing annotations for modernism as being one thought, literary genre, as well as an artistic form. Third, culturally, the article delineates the curiosity and nostalgia on biblical descriptions of "the Orient". The perpetual and lasting vision of "the Orient" in the mind of western people shaped and fashioned the foundation of Kahlil Gibran's life, literature ,and arts.

Keywords: Kahlil Gibran; Kahlil Gibran: His Life And World; Arab-Americans; Modernism; Oriental Vision

الرؤساء الأبديين تشابهاتهم وخلافاتهم : في كتاب **صعود وسقوط الرؤساء العرب الأبديين**

بقلم: تسانغ بيتساي (جامعة بكين)

موجز المحتوى: هذه المقالة تناقش كتاب **صعود وسقوط الرؤساء العرب الأبديين** مؤلف روجر أوين الأستاذ بجامعة هارفرد. في هذا الكتاب، يستخدم الأستاذ أوين **الدولة البوليسية** و **سياسة المحسوبية** وغيرها من النظريات الوسطية لتحليل ظاهرة **الرئاسة مدى الحياة** المنتشرة في الدول العربية. أشار الأستاذ إلي العوامل الهيكلية التي توجد في كل الدول وتغييرها في البيئات السياسية والاجتماعية الخاصة لكل دولة. فللكتاب قيمة عالية في مساعدة القراء على فهم السياسة في العالم العربي المعاصر، وخاصة لفهم الربيع العربي.

المفردات المفتاحية: رئاسة مدى الحياة، دولة بوليسية، سياسة المحسوبية، الربيع العربي

جبران خليل جبران كنموذج تاريخي وفكري وثقافي

بقلم: ما تسانغ (جامعة خه نان)

موجز المحتوى: لقد لخصت مقدمة **خليل جبران: حياته وعالمه** بقلم مترجمته للغة الصينية معاني حياة جبران تاريخيا وفكريا وثقافيا، كما راجعت المحتويات الرئيسية لهذه السيرة. أولا: يُعتبر تاريخ نشأة جبران تاريخ نضال الجاليات العربية الأولية في الولايات المتحدة، وكانت هدفه للسفر ومسيرته وحياته تعكس باختصار ما كانت تواجهه الجاليات العربية في أمريكا في أوائل القرن العشرين. ثانيا: ترمز حياة جبران إلى نوع من الفكر، ونوع من الأدب والفن. إنها تعقيب على الحداثة. ثالثا: لو نظرنا إلى حياة جبران وآدبه وفنه من وجهة نظر ثقافية، لوجدنا نوعا من العشق والفضولية المألوفين والبعيدين للغربيين تجاه **الشرق** الذي ذكره الكتاب المقدّس. فقد اجترحهذا التخيل الثقافي الطويل الأمد حياة جبران وآدبه وفنه.

المفردات المفتاحية: خليل جبران، **خليل جبران: حياته وعالمه**، الجاليات العربية في أمريكا، الحداثة، مخيّلة الشرق

الشراكة الاستراتيجية بين ايران والصين؟

بقلم: بهزاد شهاندة (جامعة طهران)
الترجمة: جيانغ نان

موجز المحتوى: فى اطار مبادرة الحزام والطريق، تشهد إيران والصين فترة مهمة من الفرص الاستراتيجية للتنمية. يحلل المؤلف آفاق التعاون الثنائي بين إيران والصين في بناء البنية التحتية والطاقة والتعاون الإقليمي، ويدعو انه يتعين على الجانبين اغتنام الفرصة لتحقيق المصالح المشتركة والمتبادلة.

المفردات المفتاحية: الحزام والطريق، العلاقات بين الصين وإيران، شراكة استراتيجية

مراجعة الكتب: ألكسندر موريسون، الحكم الروسي في سمرقند، ١٩٠١-١٨٦٨: مقارنة مع الهند البريطانية

بقلم: شي يوى (جامعة جورج تاون، الولايات المتحدة)

موجز المحتوى: الحكم الروسي في سمرقند، ١٩٠١-١٨٦٨ للكاتب ألكسندر موريسون بحث تاريخي من أحدث أعمال الكاتب عن الأمبراطورية الروسية في الآسيا الوسطى. من خلال التركيز على منطقة سمرقند تحت حكم تركستان الروسية، يغوص الكاتب في مصادر مختلفة لكشف أهداف السياسة لحكومة تركستان الروسية في المنطقة وتنفيذها على أصعدة مختلفة مثل الدين وملكية الأراضي والضرائب والري والمؤسسات القضائية. يعتبر الكاتب الحكم الروسي في تركستان محاولة فاشلة بشكل عام، حيث أن حكومة تركستان الروسية بصفتها حكومة حدودية تحت الأمبراطورية القيصرية لم تكن عندها مصادر مالية وإنسانية كافية من جهة، ومن جهة أخرى تقف الحواجز الثقافية وعدم الثقة السياسية بين البيروقراطيين العسكريين والمسلمين المحليين صلبة متحجرة، الأمر الذي جعل فشل الروم مكتوبا.

المفردات المفتاحية: آسيا الوسطى الروسية، حكومة حاكم - جنرال لواء في تركستان، إسلام

تحديات إيرانية للسياسة الخارجية الأذربيجانية

بقلم: فائق أغابلاياف (قسم اللغة العربية جامعة بكين)

موجز المحتوى: باعتبارها واحدة من الدول المجاورة الرئيسية لأذربيجان، كانت ولا تزال إيران تترك تأثيرا كبيرا على السياسة الخارجية الأذربيجانية. بعد استعراض وجيز للعلاقات الثنائية بين البلدين منذ القرن السابع عشر، تكشف هذه الرسالة التحديات الأساسية التي تشكلها إيران أمام السياسة الخارجية الأذربيجانية بعد استقلالها عن الاتحاد السوفييتي مشيراً إلى أن سياسات الطاقة والأمن الاقتصادي والتحالف السياسي و النواعات فيمنطقة القوقاز والأمن الثقافي هى العقبات الجوهرية الحالية أمام العلاقات الثنائية بين البلدين.

المفردات المفتاحية: أذربيجان، إيران، السياسة الخارجية

الدروز في سوريا: الهوية والمصالح والتحديات

بقلم: د. لي هاي بينغ (قسم اللغة العربية، جامعة بكين)

موجز المحتوى: تعتبر طائفة الموحدين الدروز من أهم الطوائف الإسلامية في سوريا، حيث يتمركز أبناؤها في محافظة السويداء في جنوب شرق دمشق. اعتنق الدروز بقوة، شأنهم شأن الأقليات الأخرى، العقيدة العلمانية والقومية العربية بناءً على تجاربهم الخاصة في عهد الانتداب والاستقلال.إبان حكم عائلة الأسد تم دمج النخبة السياسية الدرزية في النظام البعثي السوري، في حين كانت الصلات الطائفية عبر الحدود وشبكة الجاليات الدرزية تسهم في تخفيف الضغوط الاقتصادية والاجتماعية التي تواجهها المناطق الجبلية. بعد اندلاع الحرب الأهلية السورية اتخذ الدروز موقف الحياد نظرا للوضع العسكري غير الحاسم من جهة ومصالح الطائفة وهويتها من جهة أخرى، غير أن الصعود الخاطف لـ»داعش» و جبهة النصرة وغيرها من الجماعات المتطرفة منذ عام ٤١٠٢ يشكل خطرا واقعيا لأمن الدروز السوريين، الأمر الذي قد يدفع الطائفة إلىاعتماد موقف دفاعي عسكري أكثر إيجابيا.

المفردات المفتاحية: الدروز، سوريا، الحرب الأهلية السورية، التطرف الإسلامي.

الباحث: لي هاي بينغ، طالب الدكتوراه، قسم اللغة العربية في كلية اللغات الأجنبية في جامعة بكين (بكين، ١٧٨٠٠١).

المفردات المفتاحية: الممالك، تجارة الممالك، النظام المملوكي، مصر

موجز استعراض للدراسات الاسماعيلية في العصر الحديث

بقلم: عامر سيدلة (معهد الدراسات الاسماعلية، بريطانيا)

موجز المحتوى: الاسماعيلية هي احدى فروع الشيعة الرئيسية وقد تركت للباحثين المعاصرين تراثا واسعا في شكل المخطوطات بخصوص تاريخها وعقائدها والتشريع وإلخ. تعود الدراسات العلمية للشيعة ومن ضمنها الاسماعيلية إلى عصر التنوير وقد تأثرت إلى حد كبير بالتقاليد الاستشراقية الأوروبية. تستعرض هذه المقالة التقدمات الحديثة في مجال الدراسات الإسماعيلية مركزةً على الأعمال الأكادمية المعاصرة من قبل الباحثين الغربيين والمسلمين على حد السواء.

المفردات المفتاحية: دراسات اسماعيلية، عصر التنوير، التقاليد الاستشراقية الأوروبية

تحليل المنهج التفكيكي للتغيرات في العالم العربي

بقلم : د. فريد عبود(الأستاذ الزائر لقسم اللغة العربية جامعة بكين)

موجز المحتوى: تكشف الاضطرابات التي تشهدها الدول العربية منذ عام ٢٠١٠ وأحداث العنف التي عقبتها مشهدا محيرا للطلاب والباحثين المهتمين بالإسلام أو بالمسائل المتعلقة بالعالم الإسلامي. من أجل تقديم تفسير لتلك الأحداث، تحاول هذه المقالة أن تتخذ منهجا تفكيكيا لتوضيحها من خلال ٨ متغيرات ولتحليل التفاعل بين هذه المتغيرات. لا يجنب هذا المنهج الباحثين من تفسير هذه الظواهربالتعميم والصور النمطية فحسب، بل يسهل أيضا فهمها لغير المتخصصين الذين لم يعتادوا على مجال الدراسات الإسلامية.

المفردات المفتاحية: المنهج التفكيكي، التغيرات في العالم العربي، غير متشغل، الشرعية

المفردات المفتاحية: الجزيرة العربية، العلاقات العربية الصينية، حوار ثقافية، الثقافة الإسلامية

دولة إسلامية: بين المثال الأعلى والواقع

بقلم:وانغ يوجيه (جامعة رينمين الصينية)

موجز المحتوى: يتبنى بعض المفكرين والساسة المسلمين و بقوة فكرة تأسيس دولة إسلامية "حقيقية" ويبذلون جهودا كبيرة في دفعها من خلالالسياسة وذلك كنتاجلما حصل في العالم الاسلامي من تغيرات حادة منذ أواسط القرن العشرين. إن نشاطاتتنظيم داعش (أي الدولة الإسلامية في العراق و الشام) هذه السنوات قد عمقت تساؤلات العالم الخارجي إلى حد أبعد نحو الأنظمة السياسية في العالم الاسلاميإضافة إلى المفاهيم الأخرى المتعلقة بها. تتخذ هذه المقالة مفهوم "الدولة الإسلامية" كانطلاق لتحليل "الدول الإسلامية" المختلفة على مرور الزمان وأحوال تطوراتها، مما يشير إلى أن الدعوة إلى إعادة إنهاض "الدولة الإسلامية" أو إعادة تأسيسها هى نابعة من التفسير المثالي لتاريخ مجتمع المسلمين وسياساتهم، ولكن ربما أن التأكيد الأعمى اليوم للدور النموذجي الذي كان يعلبه مجتمع المسلمين سيؤدي في الواقع بالإسلام إلى ورطة جديدة.

المفردات المفتاحية: الأمة، الدولة الإسلامية، الخلافة

الجذور تاريخية لنظام المماليك في مصر وتطوره في المراحل المبكرة

بقلم: شياو كون (قسم اللغة العربية، كلية اللغات الأجنبية، جامعة بكين)

موجز المحتوى: إن نظام المماليك ليس بظاهرة تاريخية فريدة في مصر، بل قد ضرب جذوره في خلفيات اجتماعية للامبراطورية العربية ولا سيما الدولة العباسية، متشابكا مع التبادلات التاريخية بين المناطق والحضارات الأخرى. قد شارك الحكم المملوكي في مصر خلفيات الصدور مع الأنظمة المملوكية في مناطق أخرى للامبراطورية العربية، لكنه يختلف عنها، نظرا لموقع مصر وتقاليدها السياسية الفريدة. إذا قلنا إن النظام المملوكي عند صدوره في القرن التاسع كان نظاما لإدخال المماليك العسكريين واستغلالهم، فيمكن أن نعتبر ارتفاع القوة المملوكية في القرن الثالث عشر تحولا ناجحا للنظام المملوكي تجاه نظام الحكم للدولة. وفي الحقيقة، قد شهد النظام المملوكي تطورات بمختلف الدرجات في مختلف المناطق للامبراطورية العربية. وحين نبحث في النظام المملوكي في مصر، فلنركز أكثر على الفئة المملوكية في مصر ونمط الحكم السياسي المصري الذي تتحكم فيه الفئة المملوكية.

المفردات المفتاحية: جمال الغيطاني، التصوف ، التناص، **متون الأهرام**

السجع العربي والنثر المقفّى الصيني

بقلم:شيرين آيلين تشيان (الولايات المتحدة)

موجز المحتوى: السجع هو نمط اصطناعي للغاية يرجع تاريخه الى ما قبل الإسلام. يتميز السجع بايقاعاته الموسقية وقوافيه المتنظمة ومفرداته الصعبة. وبسبب علاقاته مع الكهّان العرب والقرآن الكريم، توقف تطوُّره في القرنَيْن ا الأول و الثاني هجري. أما في القرن الرابع هجري، أصبح أسلوب السجع رائجا جدا مع ارتفاع مكانة الكتّاب في المجتمع العربي. أُستخدم السجع في مقدمات الرسائل (التحميد)، عناوين الكتب، والخطبة، وخاصة في النمط الأدبي--"المقامة".كان يوجد في الأدب الصيني نمط نثري مقفىّ يسمى بـ**تسي فو**. ومثل السجع العربي، كانت جذور **تسي فو** في تقاليد الديانة الشامانية ويُستخدم في مجالاتعدة مثل المحاكمات، والتضحيات والصلوات. وكانت المدرسة الكونفشيوسية تولي أهمية كبيرة لـ**تسي فو** فأصبح النمط الكلاسيكي في أسرة هان (من 206 ق.م. الى 220 م).و بسبب قلة الدراسات المقارنة بين السجع العربي و"**تسي فو**" الصيني، نحاول في مقالنا هذا أن نتحدث عن أصول الأسلوبين، ونشرح مصائرهما المختلفة بعد قدوم الإسلام والكونفشيوسية، كما نقارن بعض النصوص الأدبية في الأسلوبين على أمل أن ندرس في سياق أوسع هذين المثالين المشهورين من النثر المقفىّ في الأدب العالمي.

المفردات المفتاحية: السجع، النثر المقفىّ الصيني **تسي فو**، الخطبة، الكاهن، المقامة

العلاقة التاريخية بين الجزيرة العربية والصين منذ نشأة الإسلام إلى بداية القرن العشرين

بقلم:جعفر كرار أحمد (جامعة بكين)

موجز المحتوى: يرجع تاريخ العلاقة الودية بين الجزيرة العربية والصين إلى ما قبل ألف سنة. العناصر الجغرافية والاقتصادية والثقافية قررت ضرورةالتبادلات والامتزاج بين المنطقتين من أجل المصالح المشتركة للإنسانية جمعاء. فشهدت التبادلات الثنائية استمرارية منذ عام ١٥٦ الميلادي. تراجع هذه الرسالة تاريخ العلاقة بين الجزيرة العربية والصين منذ نشأة الإسلام إلى بداية القرن العشرين بالاستناد إلى وثائق عربية وصينية ومعلومات جمعها الكاتب خلال تحقيقاته على أرض الواقع، وتحاول إثبات أن التحسن السريع للعلاقة بين الجزيرة العربية والصين هو عودة إلى حالة طبيعية.

الرواية تنبأت بالحرب الأهلية اللبنانية. إن هذه الرواية تتبلور فيها تجارب وافرة كسبتها الكاتبة بعد فترة طويلة من الإبداع في القصص القصيرة، وهي علامة نضوجها في مهارة السرد وهمزة الوصل بها بدأت غادة إعادة الترتيب وإعادة التحديد لهويتها. لذلك تعد الرواية لحظة بدأت فيها الكاتبة تواجه الماضي وتفكر في الذات، كذلك هي أول خطوة تخطوها الكاتبة في أن تربط بين قدر الذات وقدر البلد وسلكت بها في طريق محاولة إعادة تشكيل الهوية على أساس إدراك الوعي الذاتي.

المفردات المفتاحية: غادة السمان، الكتابة النسائية، الذات، الآخر، الهوية

ذاكرة للمكان وحنين الكاتب إلى الموطن

بقلم:تسو لانفانغ (جامعة التجارة والاقتصاد الدولية ببكين)

موجز المحتوى: إن تأثير المكان في تشكيل و صياغة الهوية، وما يتركه مسقط الرأس في ذاكرة الكاتب من الحنين إليهوالحزن بسببه، قد جعلا معا الكاتب في كتابة سيرته الذاتية يصور بوعى الناس والحياة والثقافة والتاريخ لذلك الموطن. فالذاكرة للمكان والحنين إليه دائما ما يتأثران ببعضهما البعضويرتبط أحدهما بالآخر ارتباطا وثيقا، الأمر الذي يترك علامة واضحة في سيرة الكاتب الذاتية. فمن خلال قراءة السيرة الذاتية للكاتب عبد الرحمان منيف بعنوان سيرة مدينة - عمان في الأربعينات، تحلل هذه المقالة كيفية تأثير المكان في تشكيل هوية الكاتب وكيف يتمثل حنين الكاتب إلى بلدته في هذا العمل.

المفردات المفتاحية: ذاكرة، مكان، حنين إلى الموطن، الكاتب، السيرة الذاتية

متون الأهرام: التوافق بين السرد الصوفي والتناص

بقلم: تشانغ شيمين(متحف تسايجيانغ للفنون)

موجز المحتوى: كان جمال الغيطاني روائيا مصريا شهيرا في تاريخ مصر المعاصر، وكانت رواياته تتصف بسمة صوفية بارزة. اتخذت هذه المقالة روايته متون الأهرام موضوعا، حيث ركزت على البحث في الميزة السردية التناصية التي تنعكس في هيكل الرواية ومحتوياتها، وتوضيح استعمال «الأهرام» كصورة فضائية من خلال التناص في صيغة النص ومحتوياته وعلاقة التكامل بين «الأهرام» والموضوع الصوفي. إلى جانب ذلك، تهدف هذه المقالة إلى تحليل المغازي الصوفية المخفية تحت الظواهر المتعددة المتشابكة، و أيضا إلىكشف هدف الإبداع للروائي، الا وهو أن التجارب الصوفية لها قيم عمومية قوية في المجتمع المعاصر.

阿拉伯文摘要

دور الملحمة القومية كجسر رابط بين الثقافة الإيرانية قبل العصر الإسلامي وبعده

بقلم:ليو يينغجون (جامعة بكين)

موجز المحتوى: تضرب جذور تقاليد الأدب الملحمي الإيراني في أعماق التاريخ . دخلت إيران العصر الاسلامي لقرون طويلة بعد انهيار الإمبراطورية الساسانية أمام الفتوحات العربية الاسلامية في أواسط القرن السابع. وأصبحت اللغة الفارسية الحديثة اللغة المستخدمة والأدبية في إيران منذ القرن التاسع وبرز عدد هائل من الملاحم القومية بهذه اللغة الجديدة أثناء القرون الثلاثة التالية. تغلب على الملاحم القومية الإيرانية روايات القصص المنقولة و كتاباتالأدباء كمصدر رئيسي مع إكمال ما يوجد في المخطوطات البهلوية المتفرقةإضافة إلى إبداع الشعراء المجدد. فهي وارثة للتقاليد الإيرانية العريقة المنقولة والمكتوبة على حد السواء. وعن طريق إعادة سرد قصص الملوك والأبطال القدماء في الخرافة الإيرانية وتسجيل بعض العوامل الثقافية الواردة من الأفكار المجوسية، إن الملحمة القومية الإيرانية تعلب دورا حاسما في تربيط الثقافة الإيرانية قبل العصر الإسلامي وتلك التي بعده، حتى في إعادة تشكيل هوية الأمة الإيرانية في العصر الإسلامي.

المفردات المفتاحية: إيران، الملحمة القومية، دور كجسر رابط، العصر الإسلامي، العصر قبل الإسلام

البحث عن الذات في الكتابة الإبداعية في بيروت 75 لغادة السمان نموذجا

بقلم: شي يويه (جامعة الدراسات الدولية بشانغهاي)

موجز المحتوى: تعتبر رواية بيروت ٥٧ أول رواية للكاتبة السورية المشهورة غادة السمان وهذه

دراسات الشرق الأوسط

مراجعة الكتاب

阿拉伯文目录

الفهرس

الدراسات في اللغة والأدب

الدراسات في التاريخ والحضارة

图书在版编目（CIP）数据

北大中东研究. 2016年. 第1期 : 总第2期 / 林丰民主编. -- 北京 : 社会科学文献出版社，2016. 12
ISBN 978-7-5097-9628-3

Ⅰ. ①北… Ⅱ. ①林… Ⅲ. ①中东-研究 Ⅳ. ①D737

中国版本图书馆CIP数据核字(2016)第205481号

北大中东研究 2016年第1期（总第2期）

主　　编 / 林丰民

出 版 人 / 谢寿光
项目统筹 / 高明秀
责任编辑 / 许玉燕　廖涵缤　于　跃

出　　版 / 社会科学文献出版社 · 当代世界出版分社（010）59367004
地址：北京市北三环中路甲29号院华龙大厦　邮编：100029
网址：www.ssap.com.cn
发　　行 / 市场营销中心（010）59367081　59367018
印　　装 / 三河市尚艺印装有限公司

规　　格 / 开　本：787mm×1092mm 1/16
印　张：16.5　字　数：263千字
版　　次 / 2016年12月第1版　2016年12月第1次印刷
书　　号 / ISBN 978-7-5097-9628-3
定　　价 / 79.00元